Blockchain

區塊鏈

不改變就淘汰，
「**區塊**」＋「**鏈**」的無限可能

走進未來生活，殺手級應用全面來襲

國家圖書館出版品預行編目資料

區塊鏈 / 王擎天 著 . -- 三版 . -- 新北市：
創見文化出版，采舍國際有限公司發行，
2017.08　面；　公分（優智庫；60）
ISBN 978-986-90494-8-1（平裝）
1. 金融管理　2. 金融自動化
561.029　　　　　　　　　　　　106010737

創見文化

區塊鏈

出　版　者 ▸ 創見文化
作　　　者 ▸ 王擎天
總　編　輯 ▸ 歐綾纖
副總編輯 ▸ 陳雅貞
責任編輯 ▸ 古振宇
美術設計 ▸ 吳吉昌

本書採減碳印製流程並使用優質中性紙（Acid & Alkali Free）與環保油墨印刷，通過綠色印刷認證。

郵撥帳號 ▸ 50017206 采舍國際有限公司（郵撥購買，請另付一成郵資）
台灣出版中心 ▸ 新北市中和區中山路 2 段 366 巷 10 號 10 樓
電　　　話 ▸ （02）2248-7896　　　傳　　　真 ▸ （02）2248-7758
I S B N ▸ 978-986-90494-8-1
出版日期 ▸ 2018 年 2 月三版八刷

全球華文市場總代理 ▸ 采舍國際有限公司
地　　　址 ▸ 新北市中和區中山路 2 段 366 巷 10 號 3 樓
電　　　話 ▸ （02）8245-8786　　　傳　　　真 ▸ （02）8245-8718

新絲路網路書店
地　　　址 ▸ 新北市中和區中山路 2 段 366 巷 10 號 10 樓
電　　　話 ▸ （02）8245-9896
網　　　址 ▸ www.silkbook.com

創見文化 Facebook https://www.facebook.com/successbooks

本書於兩岸之行銷（營銷）活動悉由采舍國際公司圖書行銷部規畫執行。

來自未來的新技術

　　區塊鏈已成為新世代網路代表，特別在金融科技領域火熱的概念，吸引了越來越廣泛的關注、研究乃至投資熱潮。區塊鏈的出現，為人們帶來新興的網路經濟並在思維和運用上的造成巨大衝擊與創新：由於網路世界是在現實世界基礎上隨著網際網路的發展而出現的，各種財富和交易，都是從線下向線上遷移和推廣。因此，線上身份認證、交易確認與記錄、資金清算等，也就自然地沿用線下規則。但隨著網路世界的發展和交易的日益頻繁，人們發現完全沿用線下的規則，很難適應和滿足線上的需求，必須有更大的革新乃至革命，來創造出不同於現實世界的全新的網路世界。因此，非常有必要不斷加強和加深對區塊鏈的研究和創新，特別是尋求如何將現實世界的財富向網路世界遷移並擴大交易範圍。王博士的《區塊鏈》一書，不僅對區塊鏈的概念和原理進行了必要的梳理，更重要的是提供了大量具有典型意義的全球應用案例，突出研究和應用並重，並作為重要的研究結論，提出區塊鏈可能成為人類首次大規模協作和相互認證的開始，分布式記帳方式、去中心化自治組合和智能合約，將會顛覆現代商業社會，重塑社會結構和運行方式。相信，本書會給讀者帶來很多啟發。

上海中歐國際工商學院教授　王人傑 博士

我不是奇葩，他才是！

擎天與我相識於高中，我們同為建中高一24班同學，當時他的座位就在我旁邊。每次段考我的數學成績幾乎都是滿分，因此其他同學總是以奇葩稱呼我。高分的精妙不外乎不斷練習，我幾乎寫遍了各類的參考書。有的題目寫過多次以後，甚至不須計算就已知道答案。而擎天與我不同，他不須用這種背多分方法，就能在大學聯考中把自然組與社會組數學都考滿分，所以他才是奇葩！

原本我以為像他這樣的數理資優生，應該是醫科的料，但沒想到他在高二時，因對文字創作更感興趣，為了主編校刊與其他刊物（還說將來要開出版社），竟然選了社會組就讀！在種種條件的限制下，擎天仍然帶領團隊排除萬難，出版了象徵建中精神的《涓流》等刊物，證明了人定確可勝天，也足見其文學造詣不凡，不愧為當年紅樓十大才子之一。

受到當時「來來來，來臺大。去去去，去美國。」的風氣影響，我們各自在完成大學及兵役後前往美國。他當時在西岸的加州大學，而我則是在東岸。完成學業後我留在美國繼續我未竟之志，擎天則選擇回來臺灣。

幾年前我與擎天因緣際會碰面，他還在堅持當初的理想，更甚者，他已成為內容整合業界的巨擘。他不遺餘力的投入文化事業，將美好的文字傳播到世界的各個角落；他創作的字裡行間處

處可見那高人一等的思維，獨樹一格的觀點每每讓讀者流連忘返。

除了聽他述說在內容整合產業的功績外，他也投入到成人培訓的領域中。在獲得當代亞洲八大名師及世界華人八大明師尊榮後，他就期望能領導眾人一起邁向富足的美好人生。我十分推崇他的想法，讀者若想要了解擎天是如何幫助平凡大眾過上財富自由的人生，切莫錯過每年舉辦的世界華人八大明師大會。

擎天善於觀察這個大而複雜的天地，也樂於分享他自己從生活中覓得的寶藏。這本《區塊鏈》是他生涯中十分精闢的經濟領域應用著作，包準讀者能在書中了解目前網路世代帶來的金融變革與商機。如果讀者想觀賞擎天的知識精華，請密切關注每月第一個星期五的「新絲路視頻」一睹大師風采！

在此祝福各位！

建雛　沈冰　於紐約曼哈頓

未來已經來臨，只是尚未流行

在網際網路、大數據時代的滾滾洪流之中，各種思維、理念、技術及模式創新日新月異。當人們對大數據還沒有完全搞清楚的時候，網際網路的快速發展又把人們推向了區塊鏈發展應用的新階段。

區塊鏈的發展及其廣闊前景，已經引起各界的高度重視。作為一個迭代性的重大創新技術、一種全新的底層協議構建模式，區塊鏈將把目前運行的網際網路升級為2.0版，實現從訊息網路向價值網路的改朝換代，進而從解決信任問題入手加快推動數位經濟發展，從共識共治共享入手到網路治理變革，從破解數據資源流通與安全保護難題入手發展至大數據發展。進一步來講，區塊鏈的發展應用將重構社會在線上和線下的價值信用體系，以便捷、流動、互認為特徵和標尺，通過廣泛共識和價值分享，形成人類社會在訊息文明時代新的價值度量衡，構建一套經濟社會發展以及人們各類活動的新誠信體系、價值體系、秩序規則體系。

可以預言，在區塊鏈的支撐和推動下，網際網路的發展將完成華麗的「三部曲」，即訊息網路、價值網路和秩序網路。這一重大提升和演進過程是由區塊鏈技術自身所具有的特性所決定，儘管從目前來看，區塊鏈技術應用還需要一段時間的探索、發展和完善過程，但是這一趨勢已經變得不可阻擋。我們可以預料到，未來在區塊鏈架構下，網際網路將形成一種全新的生態，人

類可以憑藉線上線下統一的誠信支撐，推動數據資源、訊息和知識像現實中交易性資源一樣自由流通，實現共識價值跨主權、跨中心的流通、分享及增值，最終形成一個「主觀為人、客觀為己」的社會價值形態，推動全球秩序網際網路真正到來。

　　從投入比特幣一段時間以來，常常在新聞及網路上看到關於區塊鏈在多個領域應用的案例，深受啟發。相信這本《區塊鏈》一定會幫助讀者更加了解和認識區塊鏈，特別是區塊鏈的應用領域，提供很大的幫助，並發揮重要作用。

臺灣比特幣教父　王聲裕　博士

於臺北上林苑

目錄
Contents

Block

3

變革全球市場，
區塊鏈有何洪荒之力

Block

4

區塊鏈走進生活，
各領域將百花齊放

Block
5

殺手級應用全面來襲，從老闆到學生都想玩

網路經濟、行銷、成交等相關主題
歡迎各大學術機構、企業、
組織團體邀約演講＆企業內訓！

王博士 演講邀約

電話：(02)2248-7896 分機302
E-mail：iris@book4u.com.tw

Block 1

關於區塊鏈，這些應用場景都為你準備好了

- 區塊鏈將開啟未來世界的大門
- 震驚全世界的第一個區塊鏈－比特幣
- 全世界為什麼都在研究區塊鏈
- 「區塊」與「鏈」的火花

區塊鏈將開啟未來世界的大門

隨著數位網際網路時代的來臨，網路三大效應持續發酵，未來世界與網際網路也已經產生密不可分的關係，而所謂的網路三大效應分別是「去中心化」、「去邊界化」、「去中間（介）化」，下面簡單舉三個例子來說明何謂「去中心化」、「去邊界化」、「去中間化」。

去中心化

假設 A 菜市場發行一種貨幣為 A 幣，其貨幣的統一發行中心就是 A 菜市場（中心化），這種幣專門用於全國所有菜市場內的交易。但如果今天 A 菜市場倒了或是關閉了，那麼這種所謂的 A 幣便會變得沒有任何價值，因為統一管理的中心不見了。

而所謂的去中心化，即是今天由 A 市場提出一個貨幣概念，經由其他 B、C、D、E 等市場的認可後，一同發行出新的貨幣 A 幣，且每個市場都可以管理 A 幣，所以就算今天 A 市場倒了或關了，其他市場依然可以利用 A 幣交易，其貨幣價值依然會存在。而這項議題也將是「區塊鏈」（Blockchain）所探討的重點！

去邊界化

在現實生活中，每個國家間都有所謂的邊界，一旦需要越界便要向海關提出一連串的申請才能進入。但是網際網路卻克

服了這個設定，達到網路無國界的狀態。也就是今天只要有一臺電腦和網路，我就可以透過網路去任何國家網站查看，不需經過海關的認證。

去中間化

今天假設我要賣一本書，則經由書店銷售，最後才會到讀者手上，這個過程要經過一個中間人，也就是會被收取中介費用，這相當於你所獲得的利潤就變少了。若今天我只要透過網路就可以直接把書賣給讀者，去除掉中介人角色的部分，這樣我所獲得的收益便會最大化。

 ## 區塊鏈到底是什麼？

自從進入 2017 年開始，「區塊鏈」這個聽起來硬生生的名字迅速紅遍整個網際網路世界。現在，各行各業和網際網路組織對區塊鏈都抱持著極大的期待與熱情，期望它能夠在金融服務、供應鏈管理、文化娛樂、社會公益、智慧製造、教育學習等各個領域發揮其重要的作用。

區塊鏈概念為什麼會受到各領域的追捧呢？這源自於區塊鏈技術中的那些特點呢？區塊鏈到底改變了哪些和我們息息相關的東西呢？它究竟有什麼優、缺點？現在就讓我們一同來揭開它神秘的面紗。

本質上講，區塊鏈其實是一種去中心化的資料庫，或者說是一種公共記錄的機制，例如比特幣的使用、帳戶安全的應用等。而它是通過建立一本位於網路上公開的公共帳本，由網

13

路上所有的用戶共同在帳本上記錄與核帳，保證了訊息的真實性和不可篡改性。而之所以叫區塊鏈，是因為它是由一連串用密碼學相關的方法所產生出來的數據塊（區塊）（Block），每一個區塊中都記錄了一次網路交易訊息，可用於驗證其訊息的有效性（防偽）和生成下一個區塊，進而形成一條鏈狀（Chain）。說得更簡單一點，區塊鏈可視作進化版的帳簿或記錄，而這本帳簿稱之為「分布式帳本」，讓所有得到授權的參與者不需要通過中介，都可以直接使用查詢。也就是一種利用「去中心化」和「去信任化」方式集體維護一本帳本的可靠性的技術方案。

　　舉個例子，以往假設 A 想付錢給 D，必須要經過中心機構 O（銀行或是政府），如圖 1-1。

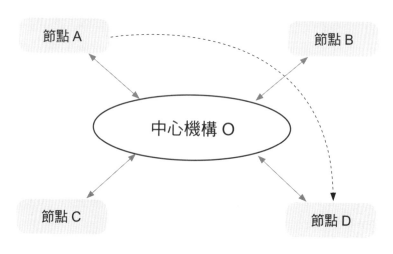

圖 1-1　中心化交易

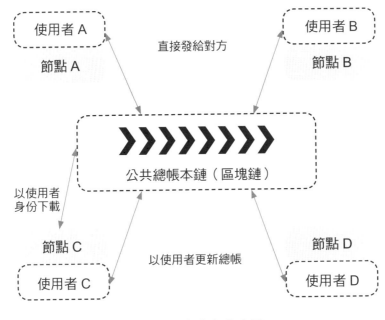

圖 1-2　去中心化交易

現在有了區塊鏈。A 就可以直接和 D 交易，而其他人會一起確認並驗證交易的真實性，更新了公共帳本後，所有人再同步更新最新的帳本即可。

這裡我們將記錄與核帳的權力下放至每一個使用者手中，並且通過加密來保障交易的真實可信性。所以，在區塊鏈中我們不需要核對帳本，只需要共同維護一本總帳就可以（相當於每個人都可以看到的公共帳本）。

如何使用區塊鏈呢？

首先，區塊鏈使用了獨特的數據結構。區塊鏈按照時間順

序，將一段時間內的交易區塊通過哈希值（Hash）❶以鏈條的方式組合成特定結構。鏈條式的數據結構通過密碼學算法確保訊息不會被篡改、不可偽造。

其次，區塊鏈建立了去中心化的分布式共享帳本。此帳本為系統中所有的（用戶端）節點所共享，系統每經一次交易，這筆交易訊息都會被記錄至每個節點，並由節點上的用戶進行驗證和更新記錄。且節點與節點之間的關係是平等的，不會有中心化的服務節點存在。這種數據共享的機制也確保了假如有少數節點關閉或是退出，都不會影響其他人帳本資訊的完整性。

再者，區塊鏈是公開透明且可查驗的。為了避免中心化系統的訊息不對稱和信任危機，區塊鏈提供了訊息透明機制（來自兩個層面）：一是交易層面，當交易發生時，鏈上的所有參與方都會收到同樣的訊息，且這些交易記錄都是公開可查詢的。二是區塊鏈協議是完全開放的，任何人都可以知道區塊鏈系統運行的邏輯和規則。

最後，區塊鏈建立了基於工作量證明的共識機制。著名的拜占庭將軍問題（於 Block 2 有相關說明）指出：在分布式通訊中，相互不信任的前提下，處理共識問題是很難的。但是，區塊鏈引入工作量證明方法，通過採用 POW（工作量證明）、POS（權益證明）、DPOS（股份授權證明）、POOL（驗證池）等共識機制，解決了點對點下的拜占庭將軍共識問題。

---

❶ 哈希值是透過哈希算法（散列函數）所計算出來的值。它是一種單向密碼體制，即它是一個從未加密文字到加密文字的不可逆映射，只有加密過程，沒有解密過程。

共識機制概述

1. POW（**工作量證明**）：亦即俗稱的「挖礦」。經電腦運算出一個滿足系統規則的隨機數，即可獲得記帳權，並發出需要記錄的數據，供其他節點驗證後再儲存。

2. POS（**權益證明**）：POW 的一種升級共識機制；根據每個節點所佔代幣的比例和時間；等比例降低挖礦的難度，從而加快找隨機數的速度。

3. DPOS（**股份授權證明**）：類似於董事會投票，持幣者投出一定數量的節點，代理他們進行驗證和記帳。

4. POOL（**驗證池**）：基於傳統的分布一致性技術，加上數據驗證機制；是目前行業鏈大範圍在使用的共識機制。

共識機制的優、缺點

共識機制	優點	缺點
POW	完全去中心化、節點可自由進出系統。	(1)目前比特幣已經吸引全球大部分的算力（電腦計算能力），其他再用 POW 共識機制的區塊鏈應用很難獲得相同的算力來保障自身的安全。 (2)挖礦造成大量的資源浪費。 (3)共識達成的周期較長，不適合商業應用。

POS	在一定程度上縮短了共識達成的時間。	還是需要挖礦，本質上沒有解決商業應用的痛點。
DPOS	大幅縮小參與驗證和記帳節點的數量，可以達到秒級的共識驗證。	整個共識機制還是過於依賴於代幣，很多商業應用是不需要代幣存在的。
POOL	不需要代幣也可以工作，在成熟的分布一致性算法（Pasox、Raft）基礎上，實現秒級共識驗證。	(1)去中心化程度不如比特幣。 (2)更適合多方參與的多中心商業模式。

 ## 區塊鏈的特點

傳統帳本 vs. 區塊鏈帳本

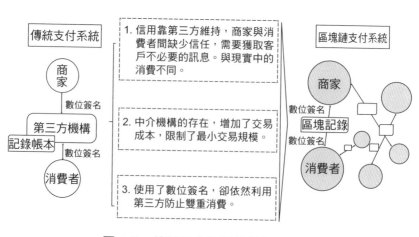

圖 1-3　傳統帳本和區塊鏈帳本比較

傳統帳本	區塊鏈帳本
通常只有一個中心帳戶，每筆交易訊息都會記錄在中心帳本上，並且會適當的收取中介費用。	每個人都會有一本帳本，每筆交易訊息會記錄在每個人的帳本上，且不需給付中介費用。交易一旦記錄，便不可撤銷或篡改。

由上表可以知道區塊鏈帳本與傳統帳本相比，區塊鏈具有去中心化、開放性、自治性、信息不可篡改、匿名性等特點。

1. **去中心化**：由於使用分布式核算和存取，不存在中心化的硬體或管理機構，所以任何一個用戶的權利和義務都是均等的，而系統中的每個區塊均由該區塊鏈中所有的用戶來共同維護。

2. **開放性**：由於系統是開放的，除了交易雙方的私有訊息會被加密之外，區塊鏈中的所有數據是對所有用戶都公開的。任何人都可以通過公開的接口查詢區塊鏈上的數據和開發相關應用，因此整個系統訊息呈現高度透明化。

3. **自治性**：區塊鏈採用基於協商一致的規範和協議（比如一套公開透明的演算法），使得整個系統中的所有用戶都能夠在「去信任」的環境下自由安全的交換數據，使得對「人」的信任改成了對「機器」的信任，任何人為的干預都無法引起作用。

4. **訊息不可篡改**：一旦訊息經過驗證並添加至區塊鏈中，就會永久的儲存起來，除非你能夠同時說服系統內超過51%的用戶一同更改區塊中的資訊，否則個人對資料庫的修改是無效的，因此區塊鏈的數據穩定性和可靠性極高。

5. **匿名性**：用戶之間的交易遵循固定的演算法，其數據交易是無需以信任為前提的（區塊鏈中的程序規則會自行判斷交易是否有效）。因此交易雙方無須通過公開身份的核對，讓對方產生對自己的信任，對信用的累積非常有幫助。

綜合上述特點，可以知道區塊鏈是一部透過網路連結而成的「信任機器」，它開源、開放和去中心化。基於這些特性，可以想像，一個項目具備了區塊鏈的屬性並被認可後，這個項目將會得到信任和追捧。如用戶使用基於區塊鏈的去中心化而成立的交易所，能避免對中心化的交易所帶來的虛假交易、捲款逃走等擔憂。這也就是「區塊鏈」的影響力和讓人們期待的地方。

震驚全世界的第一個區塊鏈——
比特幣

　　自網際網路誕生以來，線上電子貨幣交易的理念一直是熱門話題，因它使用方便又不可追蹤，且不受政府和銀行的監管。上世紀 90 年代，一個名為密碼朋克（Cypherpunk）的自由主義密碼破譯組織就全心投入到創建電子貨幣的項目中，但是一切的努力換來的都是失敗。匿名「電子現金（Ecash）」系統也在上世紀 90 年代初期由密碼破譯者大衛・丘姆（David Chaum）所推出，而這種電子貨幣失敗的原因在於它還是依賴於政府和信用卡公司等現有的金融基礎設施。然而之後雖然有比特金（Bit gold）、RPOW、b–錢（b–money）等多種電子貨幣出現，但都沒有一個獲得全面性的成功。直到比特幣的出現！

 比特幣是什麼？

圖 1-4　比特幣（無實體貨幣）〈取自 T 客邦〉

對於許多人來說，比特幣或許是一個陌生的名詞。而你現在也許會問：「比特幣（Bitcoin）到底是什麼鬼？」比特幣是一種強調開源、開放、去中心化且全球通用的虛擬貨幣，一種可以透過電腦或手機網路就可以讓世界各國的人與人間在不計名下使用的數位錢幣、電子錢包，和收付款平臺間的整合，卻不需要任何政權的背書。而比特幣系統是以對等式網路技術（peer-to-peer， 簡稱 P2P ❷）和密碼學維持其安全性，當然，這就是一種區塊鏈的應用。

比特幣是一種貨幣

比特幣源自於 2009 年 1 月開始發行的電子貨幣，它可以在全世界相關的網路上透過電腦、手機等行動裝置供消費者使用，只要賣方願意收持，持有比特幣的買方即可用其向賣方支付所購買的商品或服務，它的功能無異於一種可以當成錢用的貨幣。

比特幣是網際網路上的科技產物

使用比特幣必須要透過網路以及其專屬的比特幣軟體，這種軟體你可以把它想成是一個銀行帳戶，也像是一個類似 PayPal 的帳戶或是虛擬錢包。在比特幣的世界裡，它其實就被稱為錢包（wallet）軟體，錢包軟體裡放的是你的帳號私鑰（一組別人不知道的密碼），有私鑰的人才可以動用屬於那帳號的

---

❷ 對等式網路又稱點對點技術，是無中心伺服器、依靠用戶群（peers）交換資訊的網際網路體系。

結存餘額。

 ## 比特幣的發展與其發行者──中本聰

中本聰（Satoshi Nakamoto，日本翻譯為中本哲史），是比特幣協定及其相關軟體的創造者，他在網上留下的個人資料很少，對外資料中說他住在日本，但是他電子郵件地址卻是來自於一個免費的德國服務站點。他其實是一位澳洲人，但利用 Google 搜索他的名字也找不到任何真實的訊息，很顯然中本聰是個假名！不過，就算中本聰本身是個謎團，但他的發明卻解決了困擾密碼破譯界長達數十年的難題。

比特幣發展史

● 2008 年，中本聰發布了一篇名為〈比特幣：一種點對點的電子現金系統〉（*Bitcoin: A Peer-to-Peer Electronic Cash System*）的研究論文，文中詳細描述了他發明的一種新型電子貨幣，名叫「比特幣」，其原理是利用公開的分布式帳本方法廢除了中心化管理，中本聰將其稱之為「區塊鏈」。

● 2009 年 1 月 3 日，中本聰發布第一個比特幣軟體和最初「挖出」的 50 個比特幣，並正式啟動了比特幣金融系統。

● 2010 年 4 月開始交易的頭半年，比特幣市值不到 14 美分。

● 2010 年 5 月，在比特幣論壇上，一位使用者以 10,000 個比特幣買了一個約 25 美元的披薩，成為使用比特幣進行的第一筆

交易。同年，中本聰逐漸淡出並將系統移交給比特幣社群的其他成員處理。

2010 年夏天，比特幣受到虛擬市場的牽引，供不應求，網上交易市場的價格開始大幅上漲。

2011 年春天，《福布斯》雜誌上刊登關於這個新的「神秘貨幣」的報導，比特幣的價格在一定程度上受到了催化，開始爆發性上漲。從 4 月初到 5 月末，比特幣的匯率從 86 美分上升到 8.89 美元。

2011 年 4 月，中本聰發出「要去忙別的事了！」的通知之後，就消失無蹤，而在發表論文以來，中本聰的真實身份便長期不為外界所知，但筆者曾與其見面並交談過，他是一位澳大利亞的商人！

2011 年 6 月，Gawker 發表文章寫到比特幣很受網上的毒品交易者歡迎，並且在一周之內翻了不止三倍，猛增到 27 美元。所有流通的比特幣的市場總市值已經達到了 1.3 億美元。

2014 年 2 月，位於日本的全球最大比特幣交易平臺 Mt.gox 停止運營，其網站不能登錄，官方推特中的消息也全部被刪除，多家外媒更是披露了「Mt.gox 擬申請破產，77.4 萬枚比特幣遭竊」的消息。

2016 年 5 月 2 日，澳大利亞企業家克雷格‧史蒂芬‧懷特（Craig Steven Wright）首度公開承認自己就是發明比特幣的中本聰。懷特先是向 BBC、經濟學人和 GQ 等 3 家媒體承認

他就是中本聰，隨即於自己的部落格提出證明，公布了中本聰的加密簽名檔，以及握有第 1 及第 9 區塊等早期比特幣位址的私鑰。但是有些人仍懷疑其身份，因為握有第 1 及第 9 區塊的比特幣位址，只能代表他很早就投入比特幣，不具有絕對說服力的證據，除非懷特能夠證明自己建立了第 0 區塊，因為唯獨這個區塊只有中本聰本人能建立。比特幣開發人員認為，要是懷特真的想證明自己是中本聰，其實只要展示第 0 區塊的相關私鑰即可，不必以第 1 及第 9 區塊來混淆視聽。

2017 年 3 月 3 日，比特幣刷新歷史新高，一枚比特幣衝到 1267 美元，高於每盎司黃金的 1234 美元，這也是比特幣價格首次超越黃金價格，行情備受矚目，成了投資客眼中的「數位黃金」。這也是比特幣 2009 年問世以來，首度在最多人使用的報價平臺上擊敗金價，寫下新的里程碑。

2017 年 3 月 11 日，美國證券交易委員會（SEC）否決 Winklevoss Bitcoin Trust 在 BATS 交易所上線的申請，這讓市場對首個比特幣 ETF（指數股票型基金）能否成功上市捏一把汗。消息公布後比特幣價格暴跌 19%，一度跌破 1000 美元。Winklevoss Bitcoin Trust 由溫勒佛斯兄弟籌劃設立，早在 3 年多前就向 SEC 提出申請，如今結果代表多年努力瞬間成空。但泰勒‧溫勒佛斯（Tyler Winklevoss）和卡麥隆‧溫勒佛斯（Cameron Winklevoss）表示不會放棄，將繼續努力化解 SEC 對虛擬貨幣在監管方面的疑慮❸；而 SEC 也宣布正在重審由溫勒佛斯兄弟發起的比特幣 ETF 申請。

如何獲得比特幣？

如果想要獲得比特幣，可以有兩種方式。一種是所謂的「挖礦」，稱為挖礦是因為比特幣的產生是透過電腦運算「挖」出來的，就像挖礦一樣要猜哪裡有礦石。為了要控制挖礦速度與安全考量，設計需要大量運算找到特定的數字才算挖到礦，而參與挖礦的用戶稱為「礦工」，挖礦所用的電腦稱為「礦機」。舉例來說，你知道什麼是「質數」嗎？質數就是除了 1 和自己本身之外，找不到其他的數可以將之整除。而比特幣系統所產生出來的題目就相當於在找質數，在前、中期因為比較容易找出質數，所以挖礦速度快，題目難度也提升很快，且獲得的比特幣獎勵也多，所以許多人紛紛開始投入，但是到了中、後期要再找出新的質數來獲取獎勵，是越來越困難了。因為隨著找出的質數越來越多，也變得越來越大，所投入的時間、金錢將會相對的遞增，以目前來說，現今找到最大的質數相當於 2 的 74,207,281 次方減 1（$2^{74,207,281} - 1$）相當於 22,338,618 位數，所以要找到下一個更高位的質數之前，勢必將要投入更多的資源。

至於挖到礦的礦工可獲得一些比特幣當作區塊獎勵與手續費獎勵。挖礦獎勵從 2009 年開始是 50 元比特幣，檢驗確認後

❸ SEC 拒絕溫氏兄弟申請的理由在於，由於比特幣在大量市場都處於無監管狀態，若 Winklevoss Bitcoin Trust 上線，BATS 交易所也無力執行監管分享協議（surveillance-sharing agreement），且 SEC 認為，為此所提議的規則變化不符合現行證券交易法（Exchange Act）。

可以立即發行與交易，但是獎勵是按照等比級數每 4 年減半，所以 2013 到 2016 年的比特幣獎勵是 25 元比特幣，這樣到最後全部能挖到的總額是有限的，大約是 2100 萬元比特幣。因為比特幣最小單位是 10^{-8} 元，所以 2140 年之後區塊獎勵就會小於最小單位，也就是屆時挖礦獎勵只剩下手續費。當然，電腦的運算能力越強越容易挖到礦，所以目前是以每挖出 2016 次礦，系統會調整挖礦的難度使得平均約每 10 分鐘可以挖到一次，也就是約兩星期調整難度一次。筆者自身投入挖礦是在比特幣發行的前、中期時段，由於當時演算法較易，礦機需求條件也沒這麼高，因此也從中獲得了不少比特幣。

然而挖礦是需要投入大量時間的，且系統會自動改變這些數學演算的難度，而難度變化的速度，取決於解題的速度。所以，為了加快挖礦的速度衍生了一個新的挖礦機制「礦池」，它是集合礦工們的運算能力一起挖礦，而挖礦獎勵會根據每個參與礦工的工作量不同，按比例分配礦池的收穫。另外挖礦也接受資金參與，但是每一筆交易資訊都要傳播給所有礦工（與礦池）確認，礦工要根據上次挖到礦的部分資訊與所收到的交易資訊來挖礦，也要幫忙檢驗這些資訊是否正確。另外一種獲得比特幣的方式，則是透過交易，直接買入或賣出比特幣。

比特幣的特性

比特幣是一種數位貨幣，由電腦控制和儲存，能夠在網路中流動，也是一種支付的方式，可以直接透過網路將錢從某個人傳送到另一個人手上，就好像 Paypal 或是信用卡一樣，它

允許你持有、消費或是交換，而且完全不需要經過銀行或是其他中介者，這代表著你將可以省下非常多的手續費。另外你也可以在任何國家使用比特幣，就算是非法的交易，你的帳戶也無法被凍結，而且任何人都可以使用它，完全都沒有使用條件或是限制。接著我們來看看比特幣有哪些迷人的特性：

1. **虛擬數位化**：比特幣是存在網際網路上的一串數字，透過比特幣錢包軟體（Bitcoin Wallet）存取收付。比特幣本身和比特幣軟體都是數位化下的產物，連同比特幣的產生與確認也是經由數學演算法則在規範，比特幣的一切都是以非實體形式存在於虛擬的數位化世界裡。

   相對的，我們所熟知的「現金」其本尊為實體紙鈔或硬幣的形態存在，現金的分身則是電腦銀行帳戶裡的一組數字。但時至今日，以數位形態所擁有的現金存款絕對遠大於你口袋裡的實體紙鈔，所以其實現金也已經被數位化，銀行電腦戶頭裡說你有多少餘額，就相當於有多少現金存款了。

2. **帳本公開**：自比特幣發行以來，每一筆轉手收付記錄都是以不記名方式記載，並公開在網上供人查閱檢視，這些記錄也就是所謂的帳本（Ledger），帳本裡的收付記錄就是會計所說的流水帳目，如果你願意，每個人都可擁有一份「全世界比特幣完整收付記錄」的帳本存在個人電腦之中。

3. **限量發行**：在開放原始碼（Open Source）的軟體裡有規範自動調整的算法，每 10 分鐘向網路中釋放固定數量的比特幣，並逐步減半，直到 2140 年為止就不再發行新幣加入市場，總發行量屆時將達到 2100 萬的程式規定的上限，

這樣的程式規範是由事先寫好的演算方法在每個參與比特幣「挖礦」的電腦節點上執行，沒有一個節點能多發行出新幣，每 10 分鐘只有一個參與「挖礦」的電腦節點會收到一定數額的酬謝。這種自動化的成長速度是為了確保貨幣供給進行有規律的成長，這並不需要第三方的干涉。相對的，傳統貨幣沒有發行上限，各國政府主管單位依法想發行多少就發行多少，而比特幣的限量發行是有別於其他傳統貨幣的一大特點，也是其價值能夠「保值」的基礎。

4. **無法偽造**：由於帳本以數位的形式在網上是公開的，有許多副本在網上，如果有人想要一筆多付，把錢包位址裡的同一筆比特幣同時支付給不同的人時，那就要「騙」過網上 51% 的看帳目的用戶，因為每一筆支付都會計入帳本，所以如有一筆多付的狀況，重複的那筆就會從帳本中排除。至於偽造比特幣無中生有，那更是不可能，因為系統每 10 分鐘所發出固定數量的新幣是由軟體指定付給一個解開數學謎題的人（俗稱「挖礦」），每 10 分鐘的發行也有其固定限制，沒有其他方法可以多發，數量如不對，一定會被發現而不被總體 P2P 的軟體採信入帳，所以沒人可偽造。

5. **去中心化**：每個人虛擬數位化的比特幣金額都記載在網際網路上，但在哪個主機上呢？答案是在很多、很多、很多的電腦上，而且這裡所指的電腦為每個人家中的個人電腦，而且都有比特幣自開始發行以來所有的交易往來記錄（帳本），帳本的更新是透過點對點的軟體技術（peer-to-peer technology），這類點對點的軟體沒有一個中心的伺服

器，帳目資料下載是由點對點之間的資料傳送來完成，不需要倚賴某臺中央主機。

6. **匿名特性**：比特幣收付記錄雖然是公開在網上被檢視，但是交易的對象採不計名制，也就是說帳本裡只記載著比特幣從一個錢包位址轉付給另一個錢包位址，而帳本中卻不會記載錢包位址是屬於誰的。相當於平日我們使用的現金也是匿名制，鈔票上只有印鈔票號碼，卻沒有寫明鈔票是屬於誰的，所以誰撿到就是誰的。比特幣和現金是一樣的匿名，也就不難想像電影和現實生活中用來買非法東西，貨幣選擇總是一疊疊的現鈔，而非用銀行帳戶轉帳。但是比特幣就不同了！目前非法交易使用的幣別中，比特幣的佔比已是越來越重矣！

7. **不需要政府背書支持**：由於比特幣的虛擬數位化、去中心化，和限量發行都由點對點的比特幣軟體操控，因此比特幣的價值是來自於對比特幣演算程式公平、安全方面的信賴、持有、使用意願與限量發行等。比特幣幣值和任何國家的政權也沒有直接關係，無關於某一個政府支持或不支持比特幣的合法性，但無可厚非，比特幣的合法性可以影響幣值。比如說，設想在一個通貨膨脹非常嚴重的國家，當它的貨幣政策失控導至幣值日日貶值，就算政府說錢幣如何能保值，也不會有人相信，因為它隔天還是會貶。相對的，就算政府說比特幣如何不合法，只要有人願意收，除非支持它的軟體運算法則在網上出現露洞，要不然比特幣還是會有價值。即使政府可以動搖人心，卻不能動搖數學的運算法則。就算政權倒了、換了，比特幣軟體也不受

影響。

8. **付款不可逆**：從一個比特幣錢包付到另一個比特幣錢包是「一『錢』既出，駟馬難追。」就好比你寄出一封電郵，一但按下了「寄出」鍵，而軟體也執行你的指令將電郵送出去後，這樣的事是不可逆轉、不能取消的。如果你要把錢要回來，唯一的方式就是請收到錢的人把同額款項回付給你。相對於用信用卡付款，因為中間人是發卡銀行，如果你發現付款有問題、受騙了或卡被盜用了，想把刷卡的錢要回來，可以透過中間的發卡銀行在一定的時限內、一定的條件與理由下，以拒絕付款的方式來逆轉交易。

9. **快速遠距**：比特幣的支付是透過網際網路傳送，好似寄送電子郵件一樣快速，傳送沒有時間和距離上的限制。相對於用信用卡付費，商家必須要幾個星期後才會真的知道錢有沒有到銀行帳戶裡，且還會被銀行抽中介費（手續費），而比特幣付款是立即送出，在幾小時內即可確認。

10. **低成本（手續費）**：比持幣的支付沒有透過政府或銀行的中間剝削，所以不會被中介商抽取大筆的交易「手續費」，大大減少了傳統金融機構能夠獲利的空間，也是金融銀行體系不能接受比特幣的主因，因為一但比特幣使用太過普及，傳統發卡銀行就再無高利可圖了。

比特幣的運作

實際上比特幣其實就是類似電子郵件的電子現金，而交易雙方都需要類似一個電子信箱的「比特幣（電子）錢包」和一

個類似電郵位址的「比特幣位址」，如同收發電子郵件一樣，匯款方透過電腦或智慧型手機，按收款方的位址將比特幣直接付給對方。所以，要使用比特幣的話，首先必須要先取得一個或多個電子錢包作為交易的工具，而所有的電子錢包都是可以加密的，其中電子錢包內包含了多個帳戶，每個帳戶又包含多個私鑰。公鑰與私鑰是密碼學中必須配合使用的成對數字，常用其中一個加密，而用另一個才能解密，公鑰為公開發布，私鑰則由私人保管。比特幣位址由公鑰得出，其中採用了 Base58 編碼（58 個字母和數字組成）來去掉容易看錯的「0、O、i、I、+、/」等字元，舉例來說「1DwunA9otZZQyhkVvkLJ8DV1 tuSwMF7r3v」就是一個比特幣位址，而比特幣位址是由 27 到 34 個之間的英文或數字所構成的，且第一個字元只能是 1 或 3。一般以 1 開頭的，透過私鑰就能使用；而以 3 開頭的，則需透過多個私鑰才能使用，相當於要有人幫忙背書才能使用。

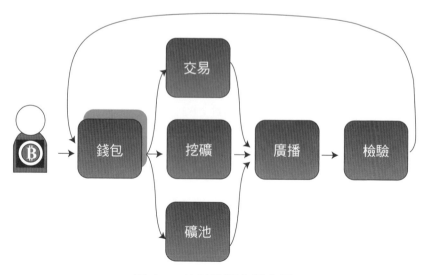

圖 1-5 比特幣運作概念圖

　　比特幣位址和私鑰是成對出現的，他們的關聯就像銀行卡號和密碼。比特幣位址就像銀行卡號一樣用來記錄你在該位址上存有多少比特幣。你可以隨意的生成比特幣位址來存放比特幣。每個比特幣位址在生成時，都會有一個相對應於該位址的私鑰被生成出來。這個私鑰可以證明你對該位址上的比特幣具有所有權。我們可以簡單的把比特幣位址理解成為銀行卡號，該位址的私鑰理解成為所對應銀行卡號的密碼。只有你在知道銀行密碼的情況下才能使用銀行帳戶上的錢。所以，在使用比特幣錢包時請保存好你的位址和私鑰。

　　以下列出了免費下載比特幣錢包和位址的部分網站：

使用者端名稱	網址	協定許可
Multibit （雲端資料區塊功能）		MIT
Bitcoin-Qt （中本聰使用者端）		MIT
My Wallet （線上錢包、獨立式）		專有軟體
Coinbase （線上錢包，混合式）		專有軟體
Armory （具有離線儲存功能）		AGPL

　　另外，每個比特幣位址只會被用來交易一次，且一旦私鑰遺失了，則這把私鑰相對位址的比特幣將會永久遺失，是不能補發的。不過因為所有交易記錄都公開在網路上，所以只要記得位址就可以查到該位址裡有多少比特幣，但是一旦遺失了私

鑰，比特幣還是只「看」得到，卻用不到！比特幣的交易可以透過交易所或私下進行，是指用比特幣交換其他貨幣、實物或服務，例如看廣告收比特幣、用比特幣買房子、賭博或環遊世界等。用戶可到交易所交易來換得比特幣，也可參與挖礦或礦池營運獲得比特幣，有比特幣就可進行更多的交易。

所謂「廣播」就是以點對點（P2P）方式進行，是透過網際網路的 IRC（中繼聊天，Internet Relay Chat），以一傳十、十傳百的方式進行。因為網路傳遞速度不一樣，所以各個礦工所收到的交易資訊也可能不一樣。因此，每次挖到礦的礦工必須要將上次挖到礦的部分資訊、新礦資訊，與所收到的交易資訊打包成一個區塊（Block）再傳播給其他礦工檢驗。礦工會拒絕接受太遲（前 11 個區塊生成時間的中位值）或太新（2 小時後）的區塊。礦工若有把握可選擇繼續未完成的挖礦，不然就從已蒐集的交易資訊中剔除所收到區塊內的交易資訊，然後接著在此區塊重新挖礦，這樣表示接受並確認了此區塊。

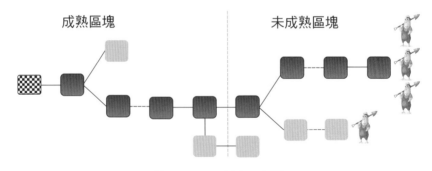

圖 1-6　區塊鏈示意圖

每次挖到礦都會傳播一個區塊，所有的區塊先後會串連起來形成一條有分支的區塊鏈，如圖 1-6。其中，每個區塊都可

以回溯到第一個區塊（格子花紋），也就是可以從第一個區塊找到之後的所有資訊。會有分支的原因是礦工不可能同時收到所有的傳播區塊，只能選擇最先收到的一個來串連，再繼續挖礦。將來如果選擇其他區塊的礦工挖得比較快，可以再調整回來，而被超過的區塊（淺色）還是會被保留。從第一個區塊到各分支末端中所有區塊難度總和最高的分支稱為主分支，通常也是分支長度最長的。區塊要再經過 100 次挖到礦後才被認為成熟，只有主分支上的成熟區塊才能獲得獎勵。每筆交易被包在區塊中傳播出來就相當於一次確認，該區塊之後每多串連一個區塊也多一次確認。新加入的礦工會下載一份最新的區塊鏈，從主分支末端開始挖礦。除了少數未成熟的區塊外，所有礦工的區塊鏈資訊都應該一致，電子錢包也會下載區塊鏈資訊來檢驗交易資訊。

此外，由於比特幣協定是公開的，軟體也是開放源碼（Open Source），所以只要能上網，任何人都可以免費使用或提供包括電子錢包、開戶、挖礦與轉帳交易等服務，不過，也有要付費的服務，譬如說可以更快也更安全地確定完成交易。因為比特幣交易雖然快，但還是需要時間透過 P2P 方式相互檢驗，只要有不誠實的用戶，還是會有不安全的疑慮。開戶一般都是免費的服務，只要能提供計算能力的電腦就能參與挖礦，手續費與交易匯率原則上是雙方約定即可，但是有系統內建的交易規則防止有人亂用，例如無手續費的交易處理優先權比較低，交易資訊太大，也就是包含很多筆轉出轉入，轉出金額又小會要求最少 0.0001 元以上與資訊大小成比例的手續費，金額小於 0.0000546 元不准交易等。

比特幣面臨的問題

　　電子虛擬貨幣若要真正全球流通，「限量發行」與「匯率波動太大」都會形成障礙。比特幣如果遺失，便不能補發，這樣會造成通貨緊縮，但政府卻無法干預或課稅，所以也不能因此而穩定匯率。若是讓政府或銀行組織先根據其流通量或人口數，掌握發行權來穩定匯率，經過一段時間運行等到大家習慣了，再實作一個線上虛擬組織來穩定匯率可能會更好，也可以消除政府疑慮與比特幣壟斷的問題。比特幣協定也有很多研擬中的改進方案，例如轉帳金額可以換成不同單位，像線上交易「一斤米換一頭羊」，也就是變成虛擬的以物易物。

　　目前比特幣的規模與交易量並不大，但是等真的普及之後，還是要傳播所有區塊鏈與交易資訊的作法勢必是一大負擔。當然，很少用到的舊資訊可以讓少數用戶儲存就好（如交易所或政府），不過，更可以採用類似分散式雜湊表（Distributed hash table）的方式來傳播，既能維護安全也能降低各種額外負擔。

　　最重要的是改變工作量證明機制中，運算能力與挖到礦之機率間要維持線性關係，才不會讓資本主義的弊病叢生。其實，應該回復到利用必要的運算能力就可以維持機制運作，例如讓運算能力的對數與挖到礦之機率呈線性關係，這樣運算能力強的還是較有利，只是不符資本家的盤算，普羅大眾因而才能踴躍參與，不過還要防止資本家利用人頭，採取人海戰術。有人甚至考慮把比特幣持有時間加進工作量證明機制，以防止短期炒作。如此一來，也許不用政府或銀行介入就能穩定匯

率，一舉實現 P2P 的天下為公之精神。

　　比特幣雖然可以即時交易，但是確認還是需要一段時間。目前的機制還是有可能產生暫時性的重複花費，所以還要加強交易資訊重複花費的檢驗與警告。與其用更複雜的機制來防堵作弊，倒不如立法保障賠償來得簡單有效，甚至可以讓司法機關有實名調閱的權利，註冊後遺失也可補發。這樣一來更能鼓勵各種可由商家擔保的衍生性商品，如發行實體硬幣或紙幣，不然連悠遊卡都不能普及到夜市，電子錢包怎麼可能普及呢？

　　無論「中本聰」是有心還是無意，比特幣在歷史上已經奠定了重要的地位。其設計雖然不盡完美，但是 P2P 方式已經證明資訊公開透明的力量與網路鄉民當家自主的可行。雖然現行比特幣很可能無法普遍與永續，但已經有許多人或組織發展更好的電子貨幣來搶食這塊金融大餅，比特幣本身也可以逐漸進化。有智慧的讀者也許將來可以化名為其他人，發明更上乘的開源金融改革工具，以對抗不義的剝削與炒作，甚至把 P2P 精神應用到其他領域為世界帶來更大的福祉。

全世界為什麼都在研究區塊鏈

假如你開過公司，不管是冰淇淋店、路邊攤還是全國百大企業公司，你都會有一本總帳本，記錄交易明細，而這本總帳本就相當於「區塊鏈」。這項變革性科技的基礎，包括英國政府、全球各大銀行和美國德拉瓦州政府都在研究如何整合運用這項科技。

2016 年比特幣神秘創辦人「中本聰」真身出現，再次引發世人對這種知名加密貨幣的關注。但越來越多金融科技專家一致認為，支持比特幣技術背後的基礎——「區塊鏈」技術擁有更大的潛力，可以改變我們進行線上交易的方式。

區塊鏈這種開放性科技，以處理比特幣交易最為知名，在一本公開帳本上記錄所有比特幣交易。支持者宣揚區塊鏈的安全性、低成本、高品質，吸引眾多企業和政府開始探索實際運用區塊鏈來處理其他類型交易的可能性。請想像一下，一本全球性的網路帳本或帳本網，記錄了全球每一筆交易，而且交易內容可以由其他使用系統的人立即檢查、驗證，並且保護個人隱私，但也非常透明化，也就是任何人都可以監督，也沒有任何組織團體負責管理它，所以它是中立的，只要任何有電腦的人都可以進入查看帳本，這就是區塊鏈未來的藍圖。

 ## 各國都在爭相研究

德拉瓦州是美國第二小的州，但也是合併最多公營企業的

州。州長馬克爾（Jack Markell）在紐約開會時表示，德拉瓦州目前正在考慮使用區塊鏈科技來減少紙本作業，並大肆讚揚區塊鏈技術可以節省成本、增進交易效率的潛力。若德拉瓦州決定使用區塊鏈技術，可能大幅改變民營和公營企業後端辦公的方式。馬克爾說，區塊鏈技術能讓德拉瓦州取得競爭優勢。現在各地都在爭取高科技公司和 FinTech ❹企業，北達科塔州已經培養出對企業友善的環境，瑞士楚格（Zug）也正不遺餘力打造吸引這些企業的條件。

　　區塊鏈的效用還未在比特幣以外的地方獲得證實，不過歐美各銀行、科技公司和政府已經紛紛開始投資時間和金錢去探索區塊鏈的潛力。所以，區塊鏈系統會比目前的處理程序來得更快更便宜，因為很多過程都會自動化，包括股份登記、資本結構表管理、股東溝通等等，也能更加符合股權交易的相關限制。美國國防高等研究計畫署（DARPA）也同步在計畫利用區塊鏈來創造駭客無法入侵的傳訊系統。微軟則與 R3 ❺結盟，研究如何「加速使用分散式帳本科技」在投資、借貸及其他金融交易上。至於華爾街，高盛（全球 500 大企業之一）已經指出區塊鏈有改變「一切」的潛能。

❹ 金融科技（英語：Financial technology，也稱為 FinTech），是指一群企業運用科技手段使得金融服務變得更有效率，因而形成的一種經濟產業。這些金融科技公司通常在新創立時的目標就是想要瓦解眼前那些不夠科技化的大型金融企業和體系。
❺ 2015 年 9 月成立的紐約金融新創公司 R3CEV，召集全球各大銀行組成區塊鏈技術聯盟 R3，共同開發區塊鏈的分散式分類帳技術（Distributed Ledger Technologies）。

除了美國之外，其他國家也在尋求如何把區塊鏈結合政治或金融體系。負責發行國內公司債券的俄羅斯國家結算存營所（National Settlement Depository），正在測試一種股東會議用的投票系統，透過區塊鏈科技確保其安全性。英國政府科學辦公室（Government Office for Science）也鼓勵使用區塊鏈來減少詐欺、貪腐、錯誤和紙本集中作業程序的成本。區塊鏈教育網（Blockchain Education Network）的加德納（Jeremy Gardner）說，區塊鏈「會讓金融界達到人類史上前所未見、難以置信的透明性和可審計性」。

區塊鏈的優勢

1. **資料訊息不可篡改，更加安全**：在傳統訊息系統的安全方案中，安全依賴於層層設防的進出控制。和深埋地下的銀行金庫類似，高價值數據儲存在專用機房，使用專用的網路和全方位的安全軟體組成的鐵桶陣嚴密防護之下，而用戶的進出接口則是在鐵桶陣上開出的一個個專用的進出通道。任何人進入都必須通過身份認證，才能由專用通道進入資料庫，讀取或者寫入數據，並留下歷史記錄。

   保護財產安全，通常有兩種途徑：藏起來，只有所有者才能拿到，比如黃金；或對外宣布財產的所有權，並以法律做背書，比如房產。傳統安全方案是第一種思路，區塊鏈則是第二種。通過區塊鏈技術，記錄交易的資料庫任何人都可共享。但由於其巧妙的設計並以密碼學和共識演算法輔助，區塊鏈實現了歷史記錄不可篡改的可能性。

2. **異構多活，高可用性**：從區塊鏈系統的架構來看，每個系統參與方都是一個異地多活節點，是天生的多活系統：每個節點都會維護一個完整的數據副本，且這些數據副本還會在不同實體的控制之下，通過共識演算法保持內容是一致的。如果某個節點遇到網路問題、硬體故障、軟體錯誤或者被駭客控制，均不會影響系統以及其他參與的諸節點。問題節點在排除故障並完成數據同步之後，便可隨時再加入到系統中繼續工作。

正因整個系統的正常運轉不依賴於個別節點，所以每個節點可以隨時上、下系統，並進行系統例行維護，同時還能保證整個系統 24 小時不間斷工作。

此外，區塊鏈中的節點通過點對點的通訊協議進行溝通，在保證通訊協議一致的情況下，不同節點可由不同的開發者，使用不同的程式語言、不同架構，來實現不同版本的全節點交易處理。由此構成的軟體異構環境確保了即便某個版本的軟體出現問題，區塊鏈的整體網路是不會受到影響，這也是其高可用性的基礎所在。

3. **新型分工機制，更高效率**：於公司間的大規模分工，在區塊鏈應用之前，通常只有兩種解決方法。

其一，在多個主體之間向上尋找共同的「上級」機構，由共同的信任中心對整個組織進行協調分工。這種方法的侷限在於：在某些情形中，很難找到一個所有市場參與方共同認可的信任中心。對於一個中心而言，協調事項必然有先後順序，不一定能夠及時、有效的滿足所有分工需求。

其二，通過共同組建一個第三方機構，即所有參與方通過

讓渡部分權利，共同組建一個第三方機構來完成分工。這種方法的侷限在於：第三方機構往往都具有獨立性，若制度不能滿足其營利和管理需求，它往往就會成為各參與方的實際權力中心。在第三方機構成立後，如何吸納新成員，如何隨情況發展變化調整各參與方的角色和權力，都依賴於大量的談判和交易，需耗費大量的時間與金錢。

然而，區塊鏈提供不同於傳統的方法：以對等方式把參與方連接起來，由參與方共同維護一個系統，通過共識機制和智能合約來共同制定分工規則，實現更有彈性的分工方式。因參與方職責明確，不用向第三方機構讓渡權力，也無需維護第三方信任機構的成本，有利於各方更好地開展分工。作為信任機器，區塊鏈有望成為低成本、高效率的全新分工模式，形成更大範圍、更低成本的新分工機制。

4. **智能合約，更加先進**：智能合約具有透明化、可信任、自動執行、強制履約的優點。儘管如此，自尼克‧薩博 1993 年提出以來，智能合約始終停在理念層面。原因在於，長久以來沒有支持可信任代碼運行的環境，無法實現自動強制執行，而區塊鏈第一次讓智能合約的構想成真。

本質上來說，智能合約就是運行在區塊鏈上的一段代碼，和運行在伺服器上的代碼並無太大差別，唯一的區別是可信度更高。首先，可信任是因為智能合約的代碼是透明公開的，對於用戶來講，只要能夠接入到區塊鏈中，用戶就可以看到編譯後的智能合約，可以對代碼進行檢查和審計。其次，可信任來源於智能合約的運行環境，一個程序的運行結果除了與程序代碼有關，還和提供給程序處理的

數據有關。因此，除了透明公開，還需要保證數據的一致性和不可篡改，而這正是區塊鏈的優勢所在。

因此，智能合約一旦被放到區塊鏈上，程序的代碼和數據就是公開透明的，無法篡改，且一定會按照預定的邏輯去執行，產生預期中的結果。

如果基於編程代碼的智能合約能夠被法律體系所認可，那麼依照程序的自動化優勢，通過組合串聯不同的智能合約，達到不同的目的，能夠使我們加速走向更高效的商業社會，達成瞬間自動協作的理想。

區塊鏈的劣勢

1. **性能問題有待突破**：從目前的情況看，區塊鏈的性能問題主要體現為處理事件數和儲存空間的矛盾。以比特幣為例，在公有鏈中，每秒 7 筆的處理能力遠不能滿足整個社會的支付需求。同時，比特幣全部交易數據目前已經接近 90G，對於普通電腦的儲存空間來說，這是不小的負擔。如果只是簡單提高區塊大小來提高處理事件數，比特幣很快會變成只有少數幾個大公司能夠運行的系統，有違去中心化的設計初衷。在比特幣、以太坊等公有鏈系統中，上述矛盾是系統設計時面臨的最大挑戰。

在聯盟鏈中，因為參與記錄的節點可選可控，最弱節點的能力上限不會太低，並且可以通過資源投入獲得改善，再針對性地替換掉共識演算法等組件，最終獲得性能的全方位提升。但作為智能合約基礎支撐的聯盟鏈另有考驗：智

能合約運行時會互相調用並讀寫區塊數據，因此交易的處理順序特別重要，節點在處理或者驗證交易的時候無法並行，只能逐筆進行，這會制約節點的處理能力。

2. **隱私保護有待加強**：傳統上數據是保存在中心伺服器上的，由系統運營方保護數據隱私。但在公有鏈中，沒有中心化的運營方，每一個參與者都能夠獲得完整的數據備份，這也意味著公有鏈的資料庫是透明的。

比特幣對隱私保護的解決思路是，通過隔斷交易地址和地址持有人真實身份的關聯，來達到匿名的效果。所以雖然能夠看到每筆轉帳記錄的發送方和接受方的地址，但無法對應到現實世界中的具體某個人。

對於比特幣而言，這樣的解決方案也許夠用。但如果區塊鏈需要承載更多的業務，比如實名資產，又或者通過智能合約實現具體的借款合約等，這些合約如何保存在區塊鏈上，驗證節點在不知曉具體合約的情況下如何執行合約，這就需要關注同態加密、零知識證明等新型密碼學方案在區塊鏈問題上的應用進展。此外，通過合理設計系統上鏈的數據，安排鏈外訊息交換通道等機制，也可以規避一些隱私保護的難點。

3. **升級修復機制有待探索**：與中心化系統的升級方式不同，在公有鏈中，因為節點數量龐大，參與者身份匿名，不可能關閉系統集中進行升級。故在具體實踐中，公有鏈社區摸索出了「硬分叉」和「軟分叉」等升級機制，但實效仍有待觀察。此外，由於公有鏈不能「關停」，其錯誤修復也異常棘手，一旦出現問題，如安全漏洞，將非常致命。

通過放鬆去中心化這個限制條件，很多問題能找到解決的
方案。比如在聯盟鏈這樣的多中心系統中，通過關閉系統
來升級區塊鏈底層，或者緊急干預，回滾數據等，必要時
都是可用的手段，這些手段有助於控制風險、糾正錯誤。
而對於常規代碼升級，通過分離代碼和數據，結合多層智
能合約結構，實現可控的智能合約即可更新迭代。

區塊鏈的發展趨勢

一個新物種或者新現象往往會極大地促進理論邊界的拓
展。比特幣的出現，開創了一個全新的軟體系統維度。可以預
見的是，未來在中心化和去中心化這兩個極點之間，將會存在
一個新的領域，各種區塊鏈系統擁有不同的非中心化程度，以
滿足不同場景的特定需求。

除了基於新理論創造新的區塊鏈系統，如何最大化挖掘現
有區塊鏈系統的潛力同樣重要。為了解決效能瓶頸問題，「閃
電網路」是一個可能的發展方向。「閃電網路」將大量的微
小支付移到主鏈之外，形成多個支付處理中心。通過「閃電網
路」，比特幣主鏈下沉為 RTGS（實時全額支付系統）級別的
應用，可以極大地提高區塊鏈的使用效率；「State Channel」
則是對「閃電網路」在支付場景之外更通用的技術思路；而
R3CEV 的 Corda（分布式帳本平臺）式思維則更加徹底：僅將
區塊鏈作為爭議仲裁和強制執行的最後手段，揚長避短，從而
克服區塊鏈在效能、隱私等方面的劣勢。

在安全領域，雖然比特幣區塊鏈本身的安全性經受了多年

的考驗，但仍需持續關注。區塊鏈並未解決所有傳統的訊息安全問題，對區塊鏈安全能力的盲目信任有可能導致嚴重的後果，例如智能合約漏洞被利用導致數位資產損失。因此，需要新的密碼方案、傳統訊息安全領域的關鍵技術與區塊鏈技術融合，齊頭並進，協同發展。如果設計一個傳統資料庫與區塊鏈結合的混合資料庫，對不同數據區分處理，充分發揮各自優勢，對於區塊鏈系統的普及意義將是極為重要的！

　　當越來越多的數位資產遷移到區塊鏈上進行跨鏈操作時，不同區塊鏈間的互聯互通亦將成為必然。監管者面臨的任務則更加艱鉅，需要同步考慮制訂相應的法律法規與技術標準，以加強監管，防範風險。區塊鏈能否成為新一代金融基礎設施的底層技術？且讓我們拭目以待。

「區塊」與「鏈」的火花

區塊鏈技術主要是用來維護一個不斷增長的數據記錄的分布式資料庫，這些數據透過密碼學的技術和之前被寫入的所有數據相關聯，使得第三方甚至是節點的擁有者都無法篡改。區塊（Block）包含有資料庫中實際需要保存的數據，這些數據透過區塊組織起來並被寫入資料庫中。

 想學區塊鏈技術嗎？先讀了這篇再說

如果想更了解區塊鏈技術，需要先了解另外兩個概念：

1. **第一個概念——哈希算法**：哈希算法（或稱雜湊函數）是一種消息摘要算法，不是一種加密算法，但由於其單向運算，具有一定的不可逆性，便成為加密算法中的一個構成部分，但是完整的加密機制不能僅依賴哈希算法。哈希算法是將目標文本轉換成具有相同長度的、不可逆的雜湊字符串（或叫做消息摘要），而加密（Encrypt）是將目標文本（即要加密的內容）轉換成具有不同長度但是可逆的密文。簡單來說，兩者有以下重要區別：

(1)哈希算法是將不同長度的明文生成相同長度的文本，而加密算法生成的文本長度與明文本身的長度有關。舉個例子，假設我們有兩段文本：

明文 內容	Microsoft	Google
哈希算法	140864078AECA1C7C3 5B4BEB33C53C34	8B36E9207C24C76E67 19268E49201D94
加密算法	Njdsptpgu	Hpphmf

由此可知，哈希算法的結果具有相同的長度，而加密算法的結果長度卻不同。

實際上，如果使用相同的哈希算法，不論你輸入的文本內容有多麼長，所得到的結果一定是固定值長度雜湊數列，而加密算法的結果往往與明文的長度成正比。

(2)哈希算法是不可逆的，而加密算法是可逆的。從數學角度來看，哈希和加密都是一種函數。哈希算法是多對一函數，即給定目標文本 S，H 可以將其唯一映射為 R，並且對於所有 S，R 具有相同的長度。由於是多對一函數，所以 H 不存在反函數使得 R 轉換為唯一的 S。

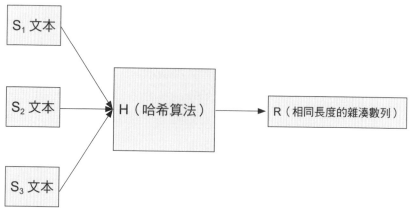

圖 1-7　哈希算法

加密算法則是一對一函數，E 可以將給定的明文 S 結合
加密密鑰 K_e 唯一映射為密文 R，並且存在另一個一對
一的反函數，可以結合 K_d 將密文 R 唯一映射為對應明
文 S，其中 K_d 叫做解密密鑰。

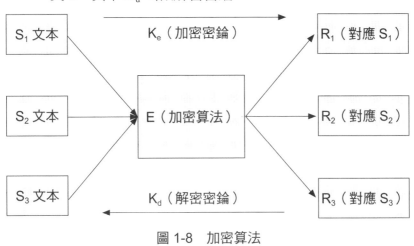

圖 1-8　加密算法

圖 1-9 是哈希算法和加密算法的過程圖示：

哈希（Hash）：

加密（Enctypt）：

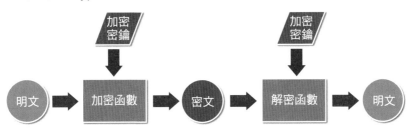

圖 1-9　哈希與加密過程

2. **第二個概念——Merkle Tree**：Merkle Tree 是一種數據結構中所說的樹，網上大都稱為 Merkle Hash Tree，這是因為它所構造的 Merkle Tree 的所有節點都是哈希值。Merkle Tree 具有以下特點：

(1)它是一種樹形結構，可以是二叉樹，也可以多叉樹。無論是幾叉樹，它都具有樹形結構的所有特點。

(2) Merkle Tree 的葉子節點上的值，是由你指定的，這主要看你的設計了，例如 Merkle Hash Tree 會將數據的哈希值作為葉子節點的值。

(3)葉子節點的值是根據它下面所有的葉子節點值按照一定的算法計算得出的。如 Merkle Hash Tree 的非葉子節點值的計算方法是將該節點的所有子節點進行組合，然後對組合結果進行哈希計算所得出的哈希值。

例如，下頁圖 1-10 就是一個 Merkle Hash Tree 形狀，如果它是 Merkle Hash Tree，則節點 7 的哈希值必須是通過節點 15、16 上的值所計算出來而得到的。

 不同的技術角度看待區塊鏈

1. **資料庫**：區塊鏈是一種公共資料庫，它記錄了網際網路間所有的交易訊息，隨時更新，讓每個用戶可以通過合法的手段從中讀取訊息，寫入訊息。但又有一套特殊的機制，防止以往的數據被篡改。

2. **分布式系統**：區塊鏈是一種分布式系統，它不會儲存在某幾個特定的伺服器或安全節點上，而是分布式地存在於網

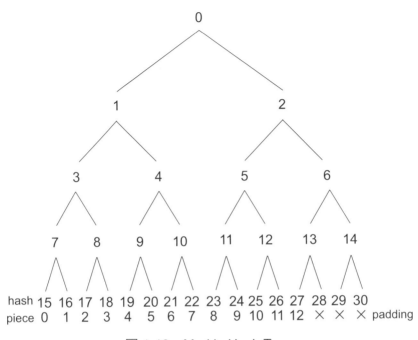

hash 15 16 17 18 19 20 21 22 23 24 25 26 27 28 29 30
piece 0 1 2 3 4 5 6 7 8 9 10 11 12 ╳ ╳ ╳ padding

圖 1-10　Merkle Hash Tree

路上所有的完整節點上，在每個節點均保留訊息備份。

3. **網路底層協議**：區塊鏈是一種共識協議，基於這種協議，可以在其上開發出數目繁多的應用。這些應用在每一時刻都保存一條最長的、最具權威的、共同認可的數據記錄，並遵循共同認可的機制進行無須中間權威仲裁的、直接的、點對點的交換訊息。

　　如何建立一個嚴謹資料庫呢？區塊鏈的辦法是將資料庫的結構進行創新。顧名思義，區塊鏈就是區塊加鏈的方式組合在一起，以這種方式形成的資料庫就是我們所謂的區塊資料庫。區塊鏈是系統內所有節點共享的交易資料庫，這些節點基於價值交換協議參與到區塊鏈的網路中來。

由於每一個區塊的塊頭都包含了前一個區塊的交易訊息哈希值，這就使得從創始塊（第一個區塊）到當前區塊連接在一起形成了一條長鏈。所以如果不知道前一區塊的哈希值，就沒辦法生成當前區塊，因此每個區塊必定按時間順序跟隨在前一個區塊之後。這種所有區塊包含前一個區塊引用的結構讓現存的區塊集合形成了一條數據長鏈。

「區塊」＋「鏈」的結構為我們提供了一個資料庫的完整歷史，從第一個區塊開始，到最新產生的區塊為止，區塊鏈上存了系統全部的歷史數據，也為我們提供了資料庫內每一筆數據的查找功能，其上的每一條交易數據，都可以通過區塊鏈的結構追本溯源，一筆一筆進行驗證。「區塊＋鏈＋時間戳」是區塊資料庫的最大創新點，區塊鏈資料庫讓全網的記錄者在每一個區塊中都蓋上一個時間戳來記錄，表示這個訊息是這個時間寫入的，形成了一個不可篡改、不可偽造的動態資料庫。

金融領域中區塊鏈的應用

1. **個人應用（P2P 錢包）**：個人資產量化（也可以不量化）後可通過 P2P 錢包來交易，無需經過任何中心機構，其本質是個人資產數位化的一種形式。如比特幣、萊特幣、狗幣、OKCoin 都屬於個人化的應用產品。

2. **企業應用（數位資產）**：企業內部可以使用私鏈進行內部交易，企業組織可以使用共同體鏈進行交易，對外提供一致的數位化資產訊息，由私鏈－共同體鏈－公有鏈組成一個巨大的金融網際網路（Finace Internet），一種完全市場

化不含有中心機構的資產流通網路。

3. **中間機構（新型交易所）**：這裡所說的交易所可以說是目前交易所的一種極大擴展，可以提供行情、資產兌換服務等，比方說多少鋼鐵可以換多少電能。是一個完全開放不限種類的平臺，可以接受任何機構或人交易，且任何資產都可以參與兌換。

社會生活領域中區塊鏈的應用

1. **徵信**：利用分布式技術方案聯通 P2P 公司資料庫，每個公司無需上傳數據到中央資料庫，就能實現訊息互聯互通，避免借款人同時多處借貸。儘管區塊鏈徵信目前還無法解決數據源的質量問題，但可以實現信用訊息的高效共享。通過不斷累積，信用訊息會更加全面，質量也會逐漸提高，借款人的信用畫像也會更加清晰。

2. **慈善捐贈**：2016 年 7 月，中國大陸阿里巴巴集團旗下的螞蟻金融服務公司（Ant Financial Services Group，簡稱螞蟻金服）正式宣布提供區塊鏈業務服務，並率先應用於支付寶的愛心捐贈平臺，目的是讓每筆款項的生命周期都記錄在區塊鏈上。區塊鏈技術的引入，讓用戶可以追溯捐款的任何變動和流向，解決了傳統慈善機構面臨的信任危機。

3. **品牌防偽**：傳統的品牌防偽手段一般是商品上的識別碼加上企業後臺中心化的查詢系統，識別碼的可偽造性與後臺查詢系統的可篡改性，使假貨無法從根本上杜絕。唯鏈（Vechain）通過對商品植入晶片，而晶片所對應商品的各

種動態訊息，將會被放置在全球統一的分布式帳務鏈系統中，完全解決了原來訊息孤島導致假冒商品的問題。目前該系統已經進入內測階段。與此類似的，區塊鏈在訊息防偽方面的應用還有學歷認證、寶石鑑定、食品安全等都有多個相關計畫在進行中。

圖 1-11　實際生活中的比特幣支付〈取自金電智誠〉

逆天區塊鏈，「攪」完數據革命，來「鬧」信任革命！

　　區塊鏈所帶來的革命不光是數據革命，更是一場信任革命。其最核心的價值便是用程式演算法來建立一個公開透明全網公正的規則，通過每個人所擁有的智能設備的記錄來實現，以此為基礎來創立一個信任網路，來確保點與點之間的信任與交易的安全，而不是傳統形式上，由中心化的第三方機構進行統一的帳簿更新和驗證。區塊鏈「帳本」的基本屬性，決定了其不僅能在金融市場大顯身手，在藝術、法律、房地產等領域也大有可為。區塊鏈的時代是否會到來？我們一起靜觀其變吧！

Block **2**

走進區塊鏈的世界，
破解新世紀的財富密碼

- ⬇ 一次搞懂區塊鏈是什麼？第四次工業革命最大的驅動力
- ⬇ 了解公有鏈與私有鏈，你也能成為區塊鏈專家
- ⬇ 引領未來世界市場的關鍵技術
- ⬇ 區塊鏈即將面臨的挑戰與機會

一次搞懂區塊鏈是什麼？第四次工業革命最大的驅動力

　　2016 年 6 月 1 日，一場在美國聯準會（Fed）華盛頓總部艾克斯大樓舉辦的研討會，聚集了全世界超過九十個國家的央行代表出席。吸引這些國家踴躍出席的主題卻是全球大多數人至今都還非常陌生的一個冷僻題目：「區塊鏈」。這場為期三天的會議，除了聯準會主席葉倫親自主持外，包括國際貨幣組織、世界銀行及歐洲央行、中國、日本、德國、英國等重要國家，都派出代表聽取區塊鏈的專案報告。

　　這場研討會還請來替美國那斯達克交易所打造區塊鏈平臺的 Chain.com 執行長拉文（Adam Ludwin）專題演講，拉文當場示範將小額的比特幣捐給《維基百科》，他對官員們說，區塊鏈可以發展數位貨幣，並在虛實整合的應用中，建構一個比當前更加透明的全球化金融體系。這場會議將區塊鏈的聲勢推上了世界舞臺，也意味著區塊鏈的重要性獲得國際重要金融監管機構的認可。

專家替你解答 5 個區塊鏈疑問

Q: 「區塊鏈」為什麼近年暴紅？

A: 其實「區塊鏈」早在 2009 年就已經出現在人們的視野中，但是當時是作為維持比特幣正常運作的技術，比較少引起普遍的關注。但隨著比特幣在 2014 年快速竄紅全球，區

塊鏈也開始躍上世界主流舞臺。由於它獨具的去中心化及去信任化的安全機制，讓各國央行、產業龍頭及企業主紛紛動員大量資源投入區塊鏈的研究與應用。

區塊鏈將成為變革和創新的加速器，甚至被視為新一代的殺手級應用，如未能及時跟進，就有可能在未來全球的競賽中落後，難怪引起各國政府的高度關注。從技術層面來解釋區塊鏈的運作原理，可以視它為一個透過演算、加密技術建構的超大型分布式帳本，或是一個巨大的資產數據庫，最大的特色就是一部「信任機器」，因為每位參與者都有相同的驗證權限，可通過網路的串連，共享並檢視不斷更新記錄的帳本，因此可以避免第三方從中干預或篡改。也可以將其理解為一個進階的網路世界，在這區塊中所有的行為都被完整記錄，並由所有參與者共同認證形成一種信任關係。參與者越多就越安全，遭受駭客攻擊而改變資訊的可能性就越低。

這邊我用一個簡單的故事來說明什麼是區塊鏈。你一定聽說過三人成虎的故事吧？假設有一個人告訴你，不好了，大街上有隻老虎，你相不相信？

繼續，這時候換做一堆人告訴你這件事！或再換一種場景。如果是一個德高望重、你十分信任的長者告訴你這件事，你又會怎麼想？

是的，這就是所謂信任的力量。你不信任一個沒有足夠信用度的單獨個體，但你會信任一堆個體或者有足夠信用度的單獨個體。而在現實社會中，銀行就是這個有足夠信用度的個體（中心），支付寶也是類似這個功能。但以銀行、支付寶等作為信用中介是需要成本的，而我們普通大眾就要為這龐大的信用成本買單。所以才會造就金融業是最賺錢的行業、擁有支付寶的螞蟻金服利潤更是驚人。

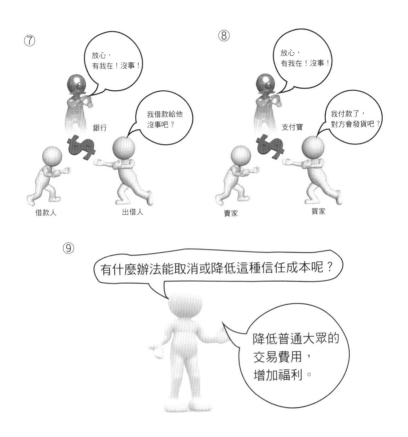

要如何去除銀行類等中心機構的信用背書呢？那就可以用
我們上面提到過的「一堆個體」，這也是區塊鏈技術的核心。
區塊鏈本質上是解決信任問題、降低信任成本的技術方案，目
的就是為了去中心化、去信用中介。以比特幣為例，區塊鏈就
是比特幣的底層應用技術。

　　比特幣的概念最初由中本聰在 2009 年提出，你把它理解成數位虛擬貨幣即可。我們以比特幣交易為例來看看區塊鏈具體是如何操作的。

　　首先，把每筆交易在全網傳播。讓全網承認有效，必須傳播給每個節點。其次，礦工節點接收到交易訊息後，都要拿出帳本記載該次交易。一旦記錄，就不可撤銷，不能隨意銷毀。礦工節點是通過電腦運作比特幣軟體對每筆交易進行確認的。

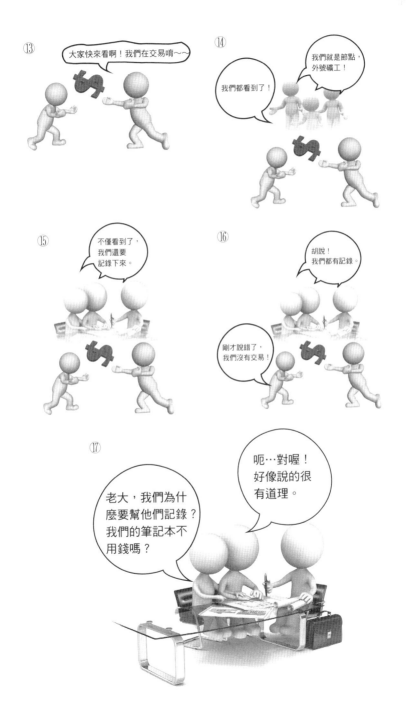

61

為了鼓勵礦工的服務，對於其所記錄和確認的交易，系統為礦工提供 25 個比特幣作為獎勵。（一開始為 50 個，現在是 25 個，這個獎勵數量，系統設定每 4 年減半，是一「公比為二分之一的無窮等比數列」，因此比特幣的總量受到了掌控。）

獎勵只有一份，所以為了減少同時完成的情況，系統會每 10 分鐘出一道數學運算題，誰能最快找出值，誰就獲得記錄入帳權利，並贏得獎勵。

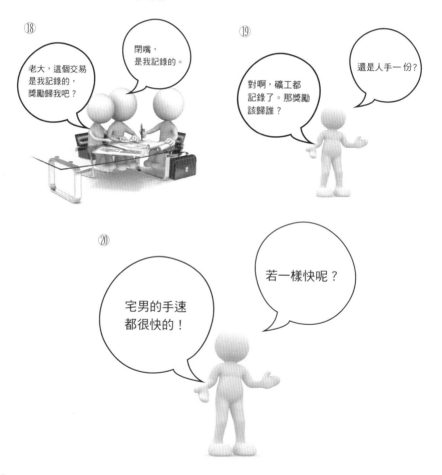

前述區塊鏈中所運用的算法並不是簡單的計算題，而是使用哈希數列算法。哈希數列是密碼學裡的經典技術，可以用來驗證有沒有人篡改數據內容。再來，獲得記帳權的礦工將向全網傳播該筆交易，且帳本公開，其他礦工將核對確認這些帳目。交易若達到 6 個以上確認就成功記錄在案了。

礦工記錄的時候，還會將該筆交易蓋上時間戳，形成一個完整時間鏈。最後，當其他礦工對帳本記錄都確認無誤後，該記錄就確認合法，礦工們便進入下一輪記帳優先爭奪戰了。

礦工的每個記錄，就是一個區塊，並會蓋上時間戳，每個新產生的區塊會嚴格按照時間線順序推進，形成不可逆的鏈條，所以叫做區塊鏈。

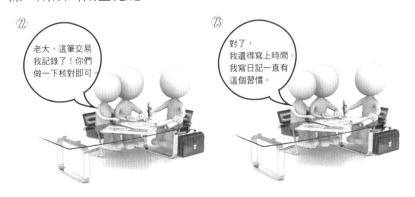

而且每個區塊都含有其上一個區塊的哈希值，確保區塊按照時間順序連接的同時沒有被篡改。

這時候我們再看對區塊鏈的原始定義就能理解了：區塊鏈是一種分布式資料庫，是一串使用密碼學方法相關聯產生的數據塊，每個數據塊都包含了一次網路交易訊息，用於驗證其訊息的有效性和生成下一個區塊。

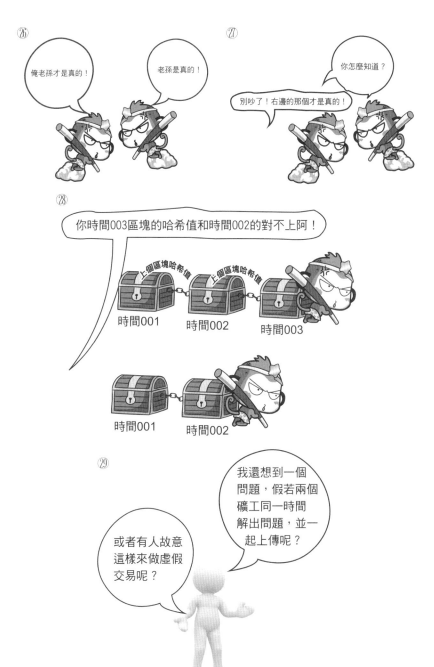

　　若兩個人同時上傳（雖然這個機率很小），我們就看最後的區塊鏈哪條比較長，短的那條就失效。這就是區塊鏈中的「雙花問題」（同一筆錢花兩次）。對於要製作虛假交易，除非你說服了全網裡超過 51% 的礦工都更改某一筆帳目，否則你的篡改都是無效的。

　　網路中參與人數越多，實現造假的可能性就越低。這也是集體維護和監督的優越性，偽造成本最大化。說服 51% 的人造假其實是非常非常難的。

　　以上便是區塊鏈的簡易介紹。只是，先前比特幣所應用的區塊鏈技術是屬匿名制，現在有越來越多機構致力開發各式各樣的區塊鏈應用，以現況來說，目前趨勢是朝向實名認證制的私有鏈，仍然由第三方來營運和管理。舉例來說，往後你在網路上購買精品包，只要查驗它背後的區塊鏈履歷，就不怕用昂貴價格買到贗品或二手貨，區塊鏈生產履歷會記載它所有流通

過程；而無論你是企業主或個人，未來所有金融和實體資產，甚至個人身份、用藥記錄等，都會記錄到區塊鏈中，以提高管理效率和節省成本。換句話說，無論是資產交易、身份認證或者是智慧財產權保護等，未來我們日常生活中各式各樣的交易行為和活動，都有機會和區塊鏈密不可分。

Q: 區塊鏈目前的應用有哪些？未來銀行會被取代嗎？

A: 未來不只是在金融領域，包括醫療生技、食品安全、智慧財產權、共享經濟和電子投票都可應用，甚至是跨產業、跨領域的結合。銀行已面臨金融科技、機器人理專等衝擊，並不會因為區塊鏈而完全消失，但勢必要改變以往以人力服務為主的模式。試想有了區塊鏈，所有交易幾乎即時對帳、資訊安全也受到嚴密防護，銀行不需要三點半就拉下鐵門核對帳目與單據，銀行所節省下來的人力開支，可轉向更精準客製化的財富顧問服務，提高附加價值。

目前全世界央行都在密切注意區塊鏈的發展，包括中國、荷蘭、日本和瑞典等國，都已悄悄布局一段時間，尤其是加拿大和荷蘭央行都已表態，正與轄下多家銀行合作開發數位貨幣。除了貨幣政策體制開始質變，區塊鏈也可協助金融機構和交易所在去中心化結算時增加速率、強化對個人及企業徵信的風險管控，又可結合跨領域業者打造生態圈，把餅做大。

銀行選擇區塊鏈技術優化現有服務，確實有很多優勢，但因金融業務本身的特性使然，銀行不會主動與其他機構共享所有的交易記錄，這也是為什麼國際上出現越來越多匯聚全球頂尖金融、科技公司的區塊鏈聯盟，試圖制定全球性的通用標

準，而規模越大型的銀行，更搶著卡位圈地，就是要掌握發言權，避免在這波區塊鏈的競賽中落後。

Q: 我們有必要採用區塊鏈嗎？不用會怎樣？

A: 任何原本有中介或中央管理平臺的服務，都可用區塊鏈取代。未來若想要發揮實際影響力，關鍵是要找到可應用的生活場景。區塊鏈所帶來的探索與想像，雖然尚未完全定調，但從觀察各國政府機構和產業龍頭紛紛戮力投入研究的動作看來，顯然已是不可逆趨勢。在業者搶先圈地卡位、有越來越多實際應用場景發生的同時，我們也必須敞開心房，因為在全球化洪流下，對於新趨勢所造成的產業變革，勢必對於個人投資、生活日常或創業都會造成程度不一的衝擊，因此，先做好心理準備迎接未來世界吧！

舉個例子，2016 年很夯的「共享經濟」，以共乘平臺 Lazooz 為例，就是利用區塊鏈技術，顧客只要登入手機 App，隨時可同步更新附近道路車輛中的空座位，找到自己目的地相同的車輛配對。有趣的是，使用這個平臺不需要花到真實金錢，付款使用 Lazooz 所創建的「zoom」虛擬代幣，也可透過當駕駛、推薦新戶、轉分享數據等方式賺 zoom 幣，這種方式類似於 Uber 新推出的順風車，卻把中介角色拿掉了，價格更低廉，也實踐真正的共享經濟精神。

Q: 建構區塊鏈會很貴嗎？

A: 在採用任何一項新技術前，繳學費是必然的，包括硬體投資、建構平臺及人力訓練等，都需要付出一定的成本。

　　不過，區塊鏈主要優勢，在於其資訊串連的模式可被信賴，更重要的是，原本我們付給中介者或代理商的費用將會大幅縮減，而未來代理人或顧問的角色也將會發生質變，甚至被取代。例如代辦業務的經理人、旅行社代辦護照簽證、土地代書、代客申請留學、貸款機構，或是查帳／審計行業、房屋仲介、電商平臺和資安系統業者的傳統商業模式，也將面臨挑戰和轉型。

　　2016 年 5 月，香港業者 ANX 推出免費區塊鏈平臺，供小商家註冊，不同商家可互相約定兌換服務或產品，也可查閱顧客過往的消費記錄，更可透過區塊鏈建置自有集點平臺。臺灣電商平臺奧丁丁市集，也已實際運用區塊鏈技術打造海鮮和農牧製品的食品安全履歷，幫助更多小農創造品牌價值。簡單來說，區塊鏈越多人用，就能打破單向疆界，避免中間商或代理人的抽成或剝削，價格也會更透明、低廉。

Q: 未來區塊鏈普及，我們的個資不就被看光光了嗎？

A: 區塊鏈剛萌芽，無庸置疑地必須接受更多實際檢驗，然而在現階段，它的風險控管機制，的確已被眾多專家先進認可。至於資訊外洩的疑慮，因為比特幣是匿名制，所以常被冠上地下經濟及洗錢的汙名，之前發生比特幣被竊，究責是在上層交易所平臺的人謀不臧，而其底層區塊鏈技術在運轉 7、8 年來卻還未發生過此問題。雖然實名制是趨勢，然而未來個人金流與資訊流可作分流，例如銀行保管金流，資訊流可透過區塊鏈來強化控管。以往駭客會選大型目標攻擊，然而區塊鏈是多中心化架構，資安被駭的風

險也會大為降低。

國際知名期刊《經濟學人》，也以信任機器（Trust Machine）來定義區塊鏈，所以無論用什麼詞去歸類區塊鏈，它最不可被取代的本質就是信任。區塊鏈是奠基於隱私安全、密碼學和共識演算法的突破被開發出來的技術，為了防止區塊被任意更改，不符「共識規則」就會無效。有別於傳統在網路上申請會員，只要符合一定格式，資訊就容易被接受，區塊鏈所運用的加密驗證和編碼機制更加複雜，不容易蒙混過關。

區塊鏈的價值特點

1. **去中心化**：這是區塊鏈顛覆性特點，不存在任何中心機構和中心伺服器，所有交易都發生在每個人電腦或手機上安裝的客戶端應用程式中。實現點對點直接傳播、溝通與交易，既節約資源，使交易自主化、簡易化，又排除被中心化代理控制的風險。

2. **開放性**：區塊鏈可以理解為一種公共記帳的技術方案，系統是完全開放透明，帳本對所有人公開，實現數據共享，任何人都可以查帳。

3. **不可撤銷、不可篡改和加密安全性**：區塊鏈採取單向哈希算法，每個新產生的區塊嚴格按照時間線形順序推進，時間的不可逆性、不可撤銷導致任何試圖入侵篡改區塊鏈內數據訊息的行為易被追溯，甚至被其他節點的排斥，造假成本極高，從而可以限制相關不法行為。

　　區塊鏈最主要的核心價值在於其可以大幅降低全球市場的
「信用」成本。2008 年比特幣的出現，提出了開源密碼學協議，
第一條就是「不能重複支付」。因為網際網路上的數位訊息拷
貝起來是零成本的，這導致信用無法建立，不能充當貨幣。過
去，不重複支付要麼實現不了，要麼必需依靠一個中心控制，
如銀行或政府。但這種中心化方案的成本太高，尤其是對於全
球市場而言，我們對美元這個信用中心已經苦不堪言，中國推
行人民幣全球化也是面臨重重阻礙，廣大的鄉民們肯定不會再
輕易接受另一個中心。而開源密碼協議不要求中心的存在，其
創新就是使用區塊鏈，蓋「時間戳」（Time Stamp），通過蓋
時間戳做證，保證每筆支付後付款人名下資產一定相應減計，
不能再用於其他支付。

　　所謂區塊鏈，就是全球 P2P 公證資料庫，全網為參與者
的任何一筆交易進行公證。不依靠任何中心背書，僅依靠全網
記帳建立信用，比特幣信用最高峰時，全球信用額度達到 100
億美元，這在人類歷史上前所未有。當然，比特幣不能被稱為
未來貨幣，因為它還有很多缺陷，包括「挖礦」成本太高以及
10 分鐘一次確認的速度太慢。可見，比特幣的運行成本還不
是很理想，但至少是創新的開端，其區塊鏈機制為「信用的建
立」提供了極大的啟發。如今，全球各種區塊鏈技術湧現，可
以達到 10 秒甚至 2 秒到帳。

　　《區塊鏈：新經濟藍圖》（*Blockchain: Blueprint for a New
Economy*）一書的作者 Melanie Swan 還提出在區塊鏈完善後會
出現「全網大腦」，實現全網智能。機器每一步內可能只壓縮
很少量的訊息，但只要能夠累積成千上萬步，就可以實現極高

的智能。設想如果全網執行的是不能重複支付這一非常簡單的區塊鏈協議，這就相當於壓縮訊息（篩除或者壓縮虛假交易訊息），這個協議幫助使用者將合法的、沒有重複支付的交易訊息篩選出來。儘管現在看來這一小步似乎不起眼，但如果全網分布成千上萬次此類運作，就可能形成群集智慧！

可見，如果未來區塊鏈在全球範圍內有大量的智能協議執行，無疑會為網際網路帶來大發展，從當前只是一個低成本的訊息交流平臺，演變為可以幫助人們篩選訊息的平臺。這意味著我們在網際網路上有了自己的眼睛和耳朵抓取訊息，同時篩選、過濾掉有害或多餘訊息。區塊鏈將使第一代網際網路 TCP ／ IP 協議從訊息的自由傳遞升級到訊息的自由公證。

區塊鏈未來的發展關鍵，在於其是否能夠形成全球「信用」的基礎協議。全世界有巨大的網路用戶群體，而基礎協議的實現有賴於龐大的用戶群體，靠每一個人的自由選擇的意願形成。我相信，全世界數十億網民的自由選擇和群集智慧，將是對全人類的貢獻。如今，區塊鏈在全球得到了極大發展，根本原因就是這一技術會使全球市場的「信用」成本大幅度下降。當前，全球的網際網路金融主要依靠交易大數據降低了「信用」成本，若能結合區塊鏈，未來在全球市場上，依託全網記帳，建立新的基礎協議，來大幅降低「信用」的成本！

區塊鏈三大創業領域

Melanie Swan 在《區塊鏈：新經濟藍圖》中對區塊鏈的應用前景提出了三個階段的構想。

區塊鏈1.0階段

數位貨幣，如支付、轉帳、匯款等。

區塊鏈2.0階段

金融合約，如股票、債券、貸款、金融衍
生品等更廣泛的非貨幣應用。

區塊鏈3.0階段

在社會、政府、文化、藝術和健康等方面
有所應用。

圖 2-1　區塊鏈應用前景三階段

　　區塊鏈 1.0 階段（數位貨幣時代），是透過區塊鏈技術為基礎所創建的比特幣等虛擬貨幣體系，基本上就是具備加密特性的數位貨幣或支付系統為其主要應用。在不同的應用上、技術上都有一定的創新。其中，比特幣佔虛擬貨幣逾 90% 的市場佔有率，真正能顛覆其地位的創新加密數位貨幣尚未出現，市場參與者大致上只是在比特幣的基礎上進行改良。

　　區塊鏈 2.0 階段（智能合約時代），是能夠自動執行合約條款的電腦程式，即智能合約；或以區塊鏈為基礎的可交易資產，即智慧資產。本階段主要應用是將信用擴大到貨幣以外的其他金融領域應用或與資產有關的註冊、交易活動，除貨幣交

易之外，人類的諸多互動均涉及信用，如協議、小額借貸、股權、債權、產權的登記及轉讓，證券與其他金融商品合約的交易與執行等。

傳統信用普遍建立在中心化的基礎之上，如協議，除直接涉及的利益相關方，還涉及司法機構，如果法律不認同，則協議為無效。當然，傳統社會還是可以基於熟人關係建立信用，如民間金融活動很多是基於家庭、宗族和朋友關係進行，但這種做法侷限很大，不是現代經濟所能依賴的。再如小額的跨國協議，違約的追償成本往往高於協議所涉的金額，亦即建立跨境信用的成本太高，因此阻礙了全球經濟的市場信用建立，使得全球市場缺乏小額信用保障機制。現在有了區塊鏈，有了全球記帳方式，自然可以全網執行某個協議來保證信用。

如果說網際網路時代，我們的自由和權利在某種程度上可以依靠代碼來保護，那麼區塊鏈再推進一步，通過協議，保障我們的權益可以依靠代碼來自動執行。這意味著參與者可將任何協議編寫到合約中，並讓其自動執行。在此意義上，區塊鏈某種程度上可承擔法院執行處的作用，而成本則低得多，使用者支付一筆可能才相當於一單位比特幣萬分之一的手續費，就可以建立自己的信用。

IBM 將區塊鏈和物聯網結合在一起，此種嘗試的前景在於可以讓實體經濟和智能合約結合在一起。假如，當你自駕去國外遊歷，途中現金耗盡，信用卡在當地無法使用。在過去，你肯定不能指望向完全陌生的當地人借貸。但如果你的車是登記在區塊鏈物聯網上，而且對方的錢也是登記在區塊鏈上，那麼雙方就可以簽訂協議。如果一個月後你完成還款，那麼協議終

止；如果違約，那麼你在物聯網上登記的車輛所有權將自動轉到對方名下，對方可以委託在該國的某個人拿著私鑰去開你的車，完全不需要法院。可以想像，這樣的低成本之下，未來個人的資產將可在全球內流轉，全球匯通或所謂「匯通天下」將有望真正實現。

區塊鏈 3.0 階段（人工智慧時代），聚焦於超越貨幣、經濟與市場活動，屬於更為複雜的智能合約，主要應用在社會治理領域，它期待未來某些全球性的公共服務建立在區塊鏈上，如身份認證、公證、仲裁、審計、物流、醫療、簽證、投票或網路架構、網域名稱使用等，更需要絞盡腦汁來結合區塊鏈以求突破發展。

由於比特幣備受矚目，驅使不少參與者思考區塊鏈技術可能帶來的其他應用機會及可能性。總體來看，區塊鏈 1.0 應用最成熟，區塊鏈 2.0 相關應用也已有不少新創公司、金融業者或科技廠商提出各式應用解決方案，至於區塊鏈 3.0 的相關應用仍處於萌芽期，產品或解決方案多為概念或實驗層次。

區塊鏈演進 4 階段

區塊鏈技術隨著比特幣出現後，經歷了幾個不同的階段，常見的分法將比特幣視為區塊鏈 1.0，為數位貨幣（Currency）應用，區塊鏈 2.0 開始出現如智慧資產（Smart Assets）、智能合約（Smart Contracts）等貨幣以外的應用，區塊鏈 3.0 則是指更複雜的智能合約，將區塊鏈用於政府、醫療、科學、文化與藝術等領域。

　　區塊鏈新創 DTCO 執行長李亞鑫基於現有的分法進行補充，他認為，區塊鏈 2.0 以彩色幣（Colored Coin）為代表，在區塊鏈上運行開源資產協議（Open Assets Protocol），可傳遞貨幣以外的數位資產，如股票、債券等。而從區塊鏈 2.0 之後，可再分出一類屬於區塊鏈 2.5 的應用，包括代幣（貨幣橋）應用、分散式帳本（Distributed Ledgers）、資料層區塊鏈（Data Layers Blockchain）、人工智慧（Artificial Intelligent），以及無交易所的國際匯款網路，以瑞波（Ripple）為代表；資料層、分散式儲存，則以 Factom、MaidSafe 為代表。區塊鏈 3.0，則以 Ethereum 為代表。他表示，區塊鏈 2.5 跟區塊鏈 3.0 最大的不同在於：3.0 較強調更複雜的智能合約，2.5 則強調代幣（貨幣橋）的相關應用，如可用於金融領域聯盟制區塊鏈，如運行 1：1 的美元、日圓、歐元等法幣數位化。

　　由於區塊鏈協議都是開源的，因此要取得區塊鏈協議的原始碼不是問題，重點是要找到好的區塊鏈服務供應商，協助導入現有的系統。而銀行或金融機構得對區塊鏈有一定了解，才能知道該如何選擇，並應用於適合的業務與新的金融科技。

　　去年金融科技（FinTech）剛吹進臺灣，沒想到才過幾個月，一股更強勁的區塊鏈技術也開始在臺引爆，全球金融產業可說是展現了前所未有的決心，也讓區塊鏈迅速成為各界切入金融科技的關鍵領域。儘管現在就像是區塊鏈的戰國時代，不過，以臺灣來看，銀行或金融機構要從理解並接受區塊鏈，到找出一套大家都認可的區塊鏈，且真正應用於交易上，恐怕還需要一段時間。這次臺灣只比國外晚了半年，引爆點可從臺大釋出一套自行開發的開源區塊鏈協議 GCoin，並宣布將成立金

融科技暨區塊鏈中心說起，短短一周的時間，便引發各界高度
關注，接著研討會不斷。不過，由於區塊鏈具有較高的技術門
檻，大家都知道它擁有許多特性跟好處，但卻遲遲處於觀望階
段，就連臺灣做區塊鏈的新創業者，也非常稀少。銀行業目前
也還卡在門口，除了少數金控開始分享這個議題之外，多數金
融業者仍處於試圖理解其技術面的階段。

著名的拜占庭將軍問題

　　拜占庭就是現在土耳其的伊斯坦堡，是東羅馬帝國的首
都。由於當時的拜占庭羅馬帝國國土遼闊，為了防禦外敵入
侵，所以在作戰時，拜占庭軍隊中的所有將軍都必需擁有一致
的意見，達成共識後才會發兵去攻打敵人的城堡。但是，每個
軍隊之間分隔的很遠，將軍與將軍之間的通訊也只能靠信差來
傳遞消息，而且軍隊中可能有叛徒或間諜，去動搖將軍們的決
定，並擾亂軍隊整體的秩序，所以在達成共識時，其結果並不
代表所有的將軍都已同意該決議。這時候，在已知有成員謀反
的情況下，其餘忠誠的將軍在不受叛徒的影響下如何達成一致
的協議，這就是著名的「拜占庭將軍」問題。

　　下面看一下，如何達成共識。為簡單起見，約定為四位將
軍的情況下：圖 2-2 中 A、B、C、D 是四位拜占庭將軍，其中
A 是同盟軍司令，B 是同盟軍叛徒，試圖破壞這場戰役，C 和
D 是同盟軍的忠誠將軍。

　　A 發布了一個命令：攻城！這個命令的代號是「1」。他
把這個信息發送給了其他的將軍，這類似於網際網路中的 P2P

1	B	C	D
A	1	1	1

0	A	C	D
B	1	0	0

1	A	B	D
C	1	0	1

1	A	B	C
D	1	0	1

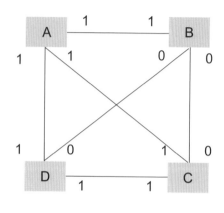

A：同盟軍司令，B：同盟軍（叛軍），C、D：同盟軍

圖 2-2　最簡單的共識算法：拜占庭將軍問題

網路協議。B、C、D 都會收到 A 將軍發來的命令「1」，每個將軍把收到的命令簽上自己的名字再發給其他將軍。叛徒 B 收到之後，為了混淆視聽，他轉發給 C 和 D 的不是「1」，而是「0」，但為了不暴露自己，發給 A 將軍的仍然是「1」。C 和 D 因為是正常的誠實將軍，他們把收到的命令簽字之後再按照原樣發出去。我們看到 2-2 表格，在收到的命令當中，C 和 D 收到的是「101」，但是根據共識算法，他們在這之前約定，按「多數裁決」方式確定正確的命令，因此，C 和 D 認為是攻城，是「1」。在這個例子中，儘管有 B 的故意搗亂，但 A 仍然可以和 C、D 一起聯合行動，取得戰爭的勝利。

　　其實，「拜占庭將軍」問題並非是源於公元 5 世紀的東羅馬，而是出自一位叫萊斯利‧蘭伯特的美國計算機專家，他在

考慮分布式計算時提出的「拜占庭容錯系統」，計算機需要克服拜占庭將軍問題，一群將軍互不信任，其中一定有叛徒，但只要懷有二心的將軍人數不大於將軍總數的三分之一，計算機就有一個算法，保證將軍們達成的共識是真實的。

 區塊鏈演進史

 1982 年，拜占庭問題：萊斯利・蘭伯特（Leslie Lamport）等人提出拜占庭將軍問題（Byzantine Generals Problem），把軍中各地軍隊彼此取得共識、決定是否出兵的過程，延伸至運算領域，設法建立具容錯性的分散式系統，即使部分節點失效仍可確保系統正常運行，可讓多個基於零信任基礎的節點達成共識，並確保資訊傳遞的一致性，而 2008 年出現的比特幣區塊鏈便解決了此問題。大衛・丘姆（David Chaum）提出注重隱私安全的密碼學網路支付系統，具有不可追蹤的特性，成為之後比特幣區塊鏈在隱私安全面的雛形。

1985 年，橢圓曲線密碼學：尼爾・柯布利茲（Neal Koblitz）和維克多・米勒（Victor Miller）分別提出橢圓曲線密碼學（Elliptic Curve Cryptography，ECC），首次將橢圓曲線用於密碼學，建立公開金鑰加密的演算法。相較於 RSA 加密演算法，採用 ECC 好處在於可用較短的金鑰，達到相同的安全強度。

 1990 年，eCash 誕生：大衛・丘姆（David Chaum）基於先前理論打造出不可追蹤的密碼學網路支付系統，就是後來

的 eCash，不過 eCash 並非去中心化系統。萊斯利‧蘭波特（Leslie Lamport）提出一種基於消息傳遞且具有高度容錯特性的一致性演算法 Paxos。

1991 年，使用時間戳確保數位文件安全：斯圖爾特‧哈伯（Stuart Haber）與史考特‧斯託內塔（W. Scott Stornetta）提出用時間戳確保數位文件安全的協議，此概念之後被比特幣區塊鏈系統所採用。

1992 年，橢圓曲線數位簽章演算法：史考特‧范斯頓（Scott Vanstone）等人提出橢圓曲線數位簽章演算法（Elliptic Curve Digital Signature Algorithm，ECDSA）。

1997 年，雜湊現金技術：亞當‧柏克（Adam Back）發明雜湊現金（Hashcash），並於 2002 年正式發表論文。雜湊現金為一種工作量證明演算法（Proof of Work，POW），此演算法仰賴成本函數的不可逆特性，達到容易被驗證，但很難被破解的特性，最早被應用於阻擋垃圾郵件。雜湊現金之後成為比特幣區塊鏈所採用的關鍵技術之一。

1998 年，匿名分散式電子現金系統 B-money：戴維（Wei Dai）發表匿名的分散式電子現金系統 B-money，引入工作量證明機制，強調點對點交易和不可篡改特性。不過在 B-money 中，並未採用亞當‧柏克提出的雜湊現金演算法。戴維的許多設計之後被比特幣區塊鏈所採用。尼克‧沙伯（Nick Szabo）發表去中心化的數位貨幣系統 Bit Gold，參與者可貢獻運算能力來解出加密謎題。

2005 年，可重複使用的工作量證明機制（RPOW）：哈爾·芬妮（Hal Finney）提出可重複使用的工作量證明機制（Reusable Proofs of Work，RPOW），結合 B-money 與亞當·柏克提出的雜湊現金演算法來創造密碼學貨幣。

2008 年，區塊鏈 1.0 時代（加密貨幣）：中本聰（Satoshi Nakamoto）發表一篇關於比特幣的論文，描述一個點對點電子現金系統，能在不具信任的基礎之上，建立一套數位貨幣與支付系統去中心化的電子交易體系。

2012 年，區塊鏈 2.0 時代（智慧資產、智能合約）：市場去中心化，可作貨幣以外的數位資產轉移，如股票、債券。像彩色幣便是基於比特幣區塊鏈的開源協議，可在比特幣區塊鏈上發行多項資產。

2014 年，區塊鏈 2.5 時代（金融領域應用、資料層）：強調代幣（貨幣橋）應用、分散式帳本、資料層區塊鏈，及結合人工智慧等金融應用。

現今，區塊鏈 3.0 時代（更複雜的智能合約）：更複雜的智能合約，將區塊鏈用於政府、醫療、科學、文化與藝術等領域。

了解公有鏈與私有鏈，你也能成為區塊鏈專家

　　區塊鏈技術在現階段的劃分：「公共區塊鏈／公有鏈」、「私有區塊鏈／私有鏈」以及「共同體區塊鏈／聯盟鏈」，不僅有其各自的定義，還有其特點和應用的專屬情況。簡單來說，「公有鏈」是對所有人開放，也就是任何人都可以參與；「聯盟鏈」是針對特定的組織團體開放；「私有鏈」是對單獨的個人或實體開放。

　　目前許多專業人士對於該採用以上哪種類型的區塊鏈看法不一，並引發了諸多圍繞公有鏈與私有鏈的爭論。現在普遍認為聯盟鏈介於公有鏈和私有鏈之間，但是實質上仍屬於私有鏈的範疇。目前金融機構多偏向私有鏈，但也有人認為這只是暫時的。聯盟鏈可視為「部分去中心化」，公眾可以查閱和交易，但不能驗證交易，和不能發布智能合約，這些都需獲得聯盟許可。以下我們將著重介紹公有鏈和私有鏈，因為聯盟鏈是可劃歸到廣義的私有鏈之列。

漫談公有鏈和私有鏈

　　私有區塊鏈的概念在區塊鏈技術討論中成了熱門詞彙。本質上而言，相較於完全公開、不受控制，並通過加密機制來保證網路安全的系統（例如工作量證明以及權益證明），私有鏈也可以創造出訪問權限，且控管更為嚴格，想要修改甚至是讀

取權限都僅限於少數用戶的系統，同時這種系統仍保留著區塊鏈真實性和部分去中心化的特性。

然而，公有鏈和私有鏈有什麼實際差別呢？首先，我們手頭上究竟有多少種選擇呢？總結了一下，我們有以下三種區塊鏈的數據庫應用類別。

公共區塊鏈（Public Blockchains，或稱公有鏈）

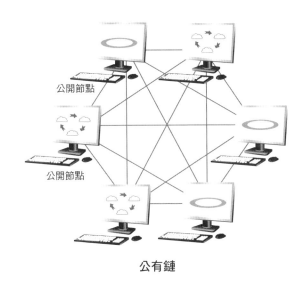

公有鏈

公共區塊鏈是指全世界任何人都可讀取、可發送交易且交易可獲得有效確認、任何人都能參與其中共識過程的區塊鏈，這些區塊鏈通常被認為是「完全去中心化」。

所謂的共識過程，就是決定哪個區塊可被添加到區塊鏈中與明確當前狀態。然而，在作為中心化或者準中心化信任的替代物，公共區塊鏈的安全由「加密數位經濟」維護。

加密數位經濟採取工作量證明機制或權益證明機制等方

式，將經濟獎勵和加密數位驗證結合了起來，並遵循著一般原則：每個人從中可獲得的經濟獎勵，與對共識過程作出的貢獻成正比。

私有區塊鏈（Private Blockchains，或稱私有鏈）

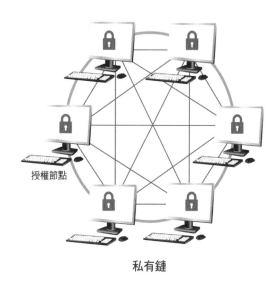

授權節點

私有鏈

　　私有區塊鏈是指其寫入權限，僅在一個組織內部裡的區塊鏈，讀取權限或者對外開放，亦或被某種程度地進行了限制，這些區塊鏈即是「傳統中心化」。

　　相關的應用囊括數據庫管理、審計，甚至一個公司，儘管在有些情況下希望它能有公共的可審計性，但在很多的情形下，公共的可讀性並非是必須的。

共同體區塊鏈：（Consortium Blockchains，或稱聯盟鏈）

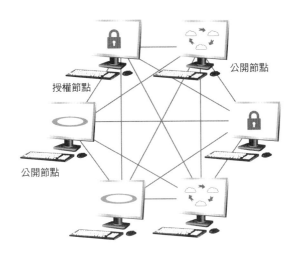

授權節點

公開節點

公開節點

聯盟鏈

　　共同體區塊鏈是指其共識過程受到預選節點控制的區塊鏈，這些區塊鏈可視為「部分去中心化」。舉個例子，想像有一個由 15 個金融機構組成的聯盟，每個機構都運行著一個節點，而且為了使每個區塊生效，則需要獲得其中 10 個機構以上的確證。

　　到目前為止很少有強調聯盟鏈和私有鏈之間的區別，雖然強調的意義是很重要：前者結合了公有鏈的「低信任」和私有鏈的「單一高度信任」來提供了一種混合的模式，而後者可以更精確地描述為帶有一定程度數字加密的可審計的傳統中心化系統。

三種區塊鏈的比較

	公有鏈	聯盟鏈	私有鏈
中心化程度	去中心化	多中心化	中心化
參與者	任何人可自由進出	預先設定、具有特定特徵的成員	中心控制者制定可參與的成員
信任機制	工作量證明	共識機制	自行背書
記帳人	所有參與者	參與者協商決定	自訂
激勵機制	需要	可選	不需要
典型應用	比特幣	清算	內部研發測試使用

公有鏈 vs. 私有鏈

　　許多人認為私有鏈就僅供私人企業使用，用處不大，因為私有鏈是讓用戶依賴第三方機構（管理區塊鏈的公司）。許多人認為私有鏈目前不是區塊鏈，而是已經存在的分布式帳本技術。但是事實上私有鏈能給許多銀行與金融業提供公有鏈無法解決的解決方案，例如醫療保險的可攜性和責任法案（HIPAA）、系統化反洗錢（AML）和了解你的客戶（KYC）。對於公有鏈和私有鏈誰優誰劣的問題，一直爭論不止。先下個總結，只有一種區塊鏈能活下來的想法是完全錯誤的，因為兩

者都有自己的優缺點。

　　支持私有鏈的 CHEX 首席執行官 Eugene Lopin 說道：「私有鏈與傳統數據庫基本沒差別，私有鏈與美化的數據庫意義是一樣的。但是其好處在於，如果開始將公共節點加入其中，會有更多的有效節點。開放的區塊鏈是擁有一個可信任帳本的最佳方法。去中心化的範圍越大，也越利於該技術的採用。」

　　然而，Ledger 首席執行官 Eric Larchevêque 卻不這麼認為，他認為呈現抗審查的公有鏈有潛力顛覆社會，而私有鏈只是銀行後臺的一個降低成本的效率工具罷了。

　　Yours.Network 創始人 Ryan Charles 覺得私有鏈和公有鏈都有其用途，他說道：「私有鏈可以有效地解決傳統金融機構的效率、安全和欺詐問題，但是這種改變是日積月累的。所以，私有鏈並不會顛覆整個金融體系。可是，公有鏈有潛力通過軟體取代傳統金融機構的大多數功能，是從根本上改變金融體系的運作方式。」

　　在眾多專家的觀點中，Lisk 首席執行官 Max Kordek 總結得最為客觀。他是這樣說的：「我沒有看到太多的私有鏈應用案例，但是確實有其一席之地。因為，傳統機構無法突然之間轉變成一個完全的公有鏈，而私有鏈卻是實現未來加密世界的一個重要步驟。相比於中心化的數據資料庫，私有鏈最大好處就是加密審計和公開身份訊息，而且沒人可以篡改數據，就算發生錯誤也能追蹤錯誤來源。相比於公有鏈，私有鏈更加快速、成本更低，同時也尊重了公司的隱私。結論就是，企業可以依靠私有鏈，總比完全沒有加密系統好。私有鏈有其好處，同時可以將區塊鏈術語推廣到企業世界中，為未來實現真正的

公有鏈又更靠近了一步。」

 ## 公有鏈的優點

1. **保護用戶，免受開發者的影響**：在公有鏈中，程式開發者無權干涉用戶，所以區塊鏈可以保護使用他們開發程式的用戶。不過的確難以理解為何程式開發者會願意放棄自己的權限。然而，在此猜測兩個理由：第一，如果你明確地選擇做一些很難或者不可能的事情，其他人會更容易信任你並與你產生互動，因為他們自信那些事情不大可能發生在他們身上。第二，如果你是受人或其他外界因素的強迫，無法去做自己想做的事，你大可說句「即使我想，但我也沒有權力去做」的話語作為談判籌碼，這樣可以勸阻對方不去強迫你去做不情願的事。程式開發者們所面臨的主要的壓力或者說風險，主要是來自政府，所以說「審查阻力」，便是公有鏈最大的優勢。

2. **網路效應**：公有鏈是開放的，因此只要有一臺可以上網的機器，你就可以和公有鏈產生一定的網路效應。舉一個簡單的例子，就拿網路購物來說吧。現在，如果 A 想賣給 B 一雙鞋，就有需要待解決的風險問題：如果 A 先將鞋子給了 B，但 B 可能沒給錢；或者如果 B 先給錢了，但 A 沒將鞋子給 B。但是，為了解決這個問題，傳統交易上，我們設立了一個中心化的託管中介，但須支付 3％到 6％的手續費。然而，如果我們在區塊鏈上擁有一個網購系統，並使用這個區塊鏈的貨幣，那麼我們可建立一個交易費低至 0

的智能（智慧型）合約：A 先向該系統出售鞋子，系統馬
上將鞋子出售給最先支付資金的人，而且因為這系統是建
立在公有鏈上，所以完全值得信任。

但注意為了使交易過程更高效，需將來自完全不同行業的
不同資產寄放在同一個公共數據庫上，而這在私有鏈上是
不可能輕易做到的。

 ## 私有鏈的優點

1. **交易速度非常之快**：一個私有鏈的交易速度可以比任何其
   他的區塊鏈都快，這是因為就算少量的節點也都具有很高
   的信任度，並不需要每個節點都來驗證每一次交易。

2. **給隱私更好的保障**：私有鏈使得在那個區塊鏈上的數據隱
   私政策像在另一個數據庫中似的完全一致；不用處理進入
   權限和使用所有的老辦法，但至少說，這個數據不會公開
   地被擁有網路連接的任何人獲得。

3. **交易成本大幅降低甚至為零**：私有鏈上可以進行完全免費
   或者是非常廉價的交易。如果是由同一個實體機構來控制
   和處理所有的交易，那麼他們就不再需要為工作而收取費
   用，即使交易的處理是由多個實體機構完成的，例如互相
   競爭的銀行。進一步舉例來說，因為同樣的原因，它們可
   以很快的處理交易，所以費用仍然是非常小的；這並不需
   要節點之間的完全協議，所以只需很少的節點就可為任何
   一個交易而工作。

4. **有助於保護其基本的產品不被破壞**：正是這一點使得銀行

等金融機構能在目前的環境中欣然接受私有鏈，銀行和政府在看管他們的產品上擁有既得利益，用於跨國貿易的國家法定貨幣仍然是有價值的。由於公有鏈的直接應用是保護像比特幣這樣新型的非國家性質的貨幣，對核心利潤流或組織構成了破壞性的威脅，這些實體機構應該會不惜一切代價去避免損害其既得利益。

5. 隱私：如果讀取權限受到限制，這樣私有鏈還可提供更好的隱私保護。

 ## 公有鏈的應用

公有鏈的應用包括比特幣、以太坊、超級帳本、公司幣、大多數的山寨幣以及智能合約，其中公有鏈的始祖是比特幣區塊鏈，接下來我們將重點聊聊以太坊。

以太坊是一個全新開放的區塊鏈平臺，它允許任何人在平臺中建立和使用通過區塊鏈技術運行的去中心化應用，就像比特幣一樣，以太坊不受任何人控制，也不歸任何人所有，是一個可編輯的區塊鏈。它並不是給用戶一系列預先設定好的操作（例如比特幣交易），而是允許用戶按照自己的意願創建複雜的操作，這樣一來，它就可以作為多種類型去中心化區塊鏈應用的平臺，包括加密貨幣在內但並不僅限於此。

以太坊平臺本身是「公海」，任何人均可利用之。和在其上寫程式語言相似，它由企業家和 App 開發者決定其用途。不過很明顯，某些應用類型的程式，與其相較更能從以太坊的功能中獲益。以太坊尤其適合那些在點與點之間自動進行直接

交易或者跨網路促進協調活動的應用。

除金融類應用外，任何對信任、安全和持久性要求較高的應用層面，比如資產註冊、投票、管理和物聯網，都會大規模地受到以太坊平臺的影響。

 私有鏈的應用

Linux 基金會、R3 CEV Corda 平臺以及 Gem Health 網路的超級帳本項目（Hyperledger project）是幾種不同的正在開發的私有鏈項目。事實上，從各大國際金融巨頭陸續加入 R3 CEV 區塊鏈計畫這一行為來看，金融集團之間更傾向於擁抱私有鏈中的聯盟鏈。

R3 CEV 是一家總部位於紐約的區塊鏈創業公司，由其發起的 R3 區塊鏈聯盟，至今已吸引了 50 家巨頭銀行的參與，其中包括富國銀行、美國銀行、紐約梅隆銀行、花旗銀行等，臺灣中國信託也於 2016 年 10 月加入 R3 區塊鏈聯盟。2016 年 4 月份，R3 聯盟推出了 Corda 項目，這是一個專門為銀行準備的分布式金融解決方案。Corda 是一個區塊鏈平臺，可以用來管理和同步執行各個組織機構之間的協議。

引領未來世界市場的關鍵技術

為什麼區塊鏈會被稱作信任機器？區塊鏈究竟是如何運作，其中又包含了哪些關鍵技術，使其被稱作信任機器（Trust Machine）？一筆交易到底要如何在一個彼此互不信任的 P2P 網路中，不經由傳統的信任機構（如銀行、證券交易所、第三方機構等中心化組織），就能完成交易驗證？

區塊鏈究竟怎麼運作的呢？

區塊鏈顯然已經被許多人神化，好像各行各業都可以用區塊鏈技術，不過某種程度上，它卻像個黑盒子，大家都知道區塊鏈具有許多特性跟好處，卻不清楚它到底怎麼做到。其實區塊鏈並非單一創新技術，而是將許多跨領域技術湊在一起，包括密碼學、數學、演算法與經濟模型，並結合點對點網路關係，利用數學基礎就能建立信任效果，成為一個不需基於彼此信任基礎，也不需仰賴單一中心化機構就能夠運作的分散式系統。而比特幣便是第一個採用區塊鏈技術打造出的一套 P2P 電子現金系統，用來實現一個可去中心化，並確保交易安全性、可追蹤性的數位貨幣體系。

區塊鏈之所以厲害的原因之一，在於它幾乎沒有交易成本。它也是一種簡單而聰明的方式，能自動將資訊從 A 地安全傳送到 B 地。做法是這樣的：啟動交易的一方，先建立一個資訊區塊，然後這個區塊會由網路上的幾千部，甚至幾百萬

部電腦進行驗證。通過驗證之後的區塊會被加到一個網上的鏈結，這個動作除了會建立一份記錄之外，還會有這份記錄的變動歷史。所以，如果有人對一個區塊進行篡改，就等於更動了鏈結上的幾百萬份其他記錄。若想要篡改某特定記錄，而又不影響其他資訊的情形，是幾乎不可能的事情。

因為這樣的特性，比特幣採用這個機制來保障金錢交易的安全。但其實除了比特幣之外，同樣的模式還可以套用在許多其他的事情上。以買火車票為例，我們現在透過 App 或網頁購買車票的時候，信用卡公司會處理付費過程，並且抽取手續費。但如果鐵路公司採用區塊鏈機制，不僅可以節省付給信用卡公司的手續費用，甚至可以把整個購票系統搬到區塊鏈上。在這個案例中，交易雙方分別是鐵路公司和乘客，而一張票就是一個資訊區塊，在交易發生的時候會被加進票券的區塊鏈。如果乘客買票的金錢交易是透過區塊鏈進行的，那麼這張票就和比特幣一樣，是一筆獨一無二、可以單獨驗證而且難以造假的記錄。而且，最後由這些票券所構成的鏈結，也可以成為某一條路線，甚至整個鐵路網的交易記錄，其中包含了每一張售出的車票，以及每一段有人搭乘過的旅程。

但重點是，區塊鏈是免費的。它不僅可以轉送或儲存金錢，甚至還可以取代所有靠「處理並抽手續費」生存的商業模式，或是任何現有在雙方之間轉移金錢的方法。這裡再提供一個例子：提供網上交易中介服務的 Fiverr，就是透過抽取交易手續費來營利的，但如果有了區塊鏈，這類服務就可以免費獲得，而 Fiverr 也就難以繼續生存了。同樣的道理，其他如拍賣網站或是交易市集類型的服務商都會岌岌可危。

　　要搞懂區塊鏈運作原理，可先區分出交易與區塊兩個部分，這裡我們分別從區塊鏈中一筆交易產生到完成驗證的流程，以及圖解一個區塊，來了解區塊鏈的運作原理，進一步拆解 5 大區塊鏈關鍵技術，看它到底怎麼做到大家口中的基於零信任基礎、去中心化、可追蹤又不可篡改的流程。

 ## 從一筆交易看區塊鏈運作流程

　　自網路問世以來，區塊鏈可能是目前為止最棒的發明。它讓我們不用倚靠在無形的信賴或權威機構來做利益交易。舉例來說，我和你打賭 500 元明天臺北的天氣。我賭它會是晴天，你賭它會是雨天。

　　我們可能會有三種方式來完成交易。

　　其一，我們彼此信賴，不論結果是晴天或雨天，輸家都要給贏家 500 元。如果我們是朋友，這會是一個很好的交易方式，但是如果是陌生人呢？那這筆交易是不是就變得非常沒有信任感。然而，即便是朋友，也有可能會賴皮不認輸而不願付錢，更何況是陌生人。

　　其二，我們在打賭前可以先簽訂合約，如果有任何一方不願付錢，贏家可以告輸家。但這要花費更大量的金錢與時間去打官司，只為討回 500 元，實在是賠了夫人又折兵，得不償失啊。

　　其三，我們可以找一位中立的第三者，每個人分別先給他500 元，等結果揭曉後，他再把所有的錢也就是 1000 元給贏家。但是，無奈的是，這個第三者有可能私吞款項並捲款潛逃。

　　由於我們都無法完全信任陌生人，也覺得打官司勞神傷財，更不想破壞朋友間的友情。所以，在面臨三角難題的情況之下，區塊鏈出現了，它輕鬆解決了第三點問題，我們只需要寫幾行程式碼，就可以讓區塊鏈在網路上進行交易，而且安全、快速又便宜。以打賭天氣的例子，區塊鏈程式會先從兩人戶頭中各提取 500 元，並確保這 1000 元的安全性，而一到明天會自動確認天氣狀況，結果揭曉後，也會自動將 1000 元匯到贏家的帳戶裡。在區塊鏈網路上的交易，是無法被篡改或停止，而且有利於大型交易，比如買賣房子或公司股權等。

　　接著，我們再用一筆資金轉移的交易例子，來說明區塊鏈的運作方法：

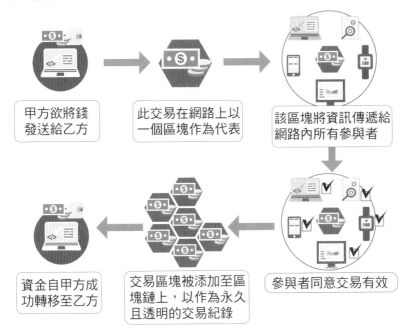

甲方欲將錢發送給乙方

此交易在網路上以一個區塊作為代表

該區塊將資訊傳遞給網路內所有參與者

參與者同意交易有效

交易區塊被添加至區塊鏈上，以作為永久且透明的交易紀錄

資金自甲方成功轉移至乙方

圖 2-3　區塊鏈上的資金轉移

由上述交易過程，我們可以這樣理解區塊鏈的運作原理：

1. **產生一筆新交易**：首先，當有一筆新交易產生時，交易資訊會先被傳播到整個區塊鏈的網路中，讓其他在區塊鏈中的節點去進行確認與認證這筆交易。

2. **各節點將數筆新交易放進區塊**：每個節點會將數筆未驗證的新交易哈希值收集並放到不同區塊中，每個區塊中可以包含數百筆或上千筆的交易資訊。

3. **決定由誰來驗證這些交易**：每筆交易只能由一個節點來驗證並獲取獎勵，所以每個節點必須進行工作量證明的計算，來決定誰可進行這筆交易驗證，並由最快算出結果的節點來驗證交易，這就是取得共識的做法（俗稱挖礦）。

4. **取得驗證權的節點將區塊傳播給其他節點**：最快完成工作量證明計算的節點，會將自己驗證的交易區塊傳播給其他節點，告知其他節點此交易驗證已結束，並提供給其他節點驗證與記錄。

5. **各節點驗證並接上新區塊**：其他節點會確認這個交易區塊所包含的交易是否有效，確認沒有被重複花費且具有效數位簽章後，才會接受該區塊，此時區塊才正式接上區塊鏈，且無法再篡改其中資料。

6. **交易驗證完成**：所有節點一旦接受該區塊後，先前沒算完的工作量證明區塊就會失效，各節點會再重新建立一個新

的區塊，繼續下一次交易驗證的工作量證明計算。

 區塊鏈的 5 大關鍵技術

　　從技術上來講，區塊是一種記錄交易的數據結構，反應一筆交易的資金流向。系統中已經達成的交易區塊連接在一起形成了一條主鏈，所有參與計算的節點都記錄了主鏈或主鏈的一部分。一個區塊包含以下三部分：交易訊息、前個區塊形成的哈希數列、隨機檢查題。交易訊息是區塊所承載的任務數據，具體包括交易雙方的私鑰、交易數量、電子貨幣的數位簽章等。前一個區塊形成的哈希數列用來將區塊連接起來，做到過往交易的順序排列。隨機檢查題是交易達成的核心，所有礦工節點競爭計算隨機檢查題的答案，最快得到答案的節點生成一個新的區塊，並傳播到所有節點進行更新，如此完成一筆交易。

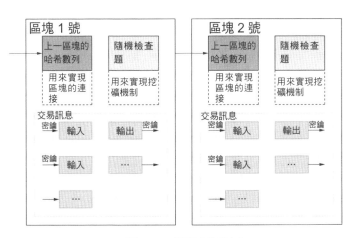

圖 2-4　圖解區塊(1)

比特幣區塊鏈的關鍵核心技術，包括用雜湊現金演算法來進行工作量證明，讓區塊鏈中的各節點有機會參與驗證，達到公正性，且交易過程採用橢圓曲線數位簽章演算法來確保交易安全，並在每筆交易與每個區塊中使用多次哈希函數以及 Merkle Tree，不只是為了節省儲存空間，更重要的是藉由將前一個區塊的哈希值加入新區塊中，讓每個區塊環環相扣，也因此做到所謂的可追蹤且不可篡改的特性，同時也使用時間戳來確保區塊序列，以下便依序解釋這些關鍵技術。

關鍵技術 1：POW 讓區塊鏈達到真正去中心化及公正性

首先，區塊鏈最關鍵的技術便是屬工作量證明機制（Proof of Work，簡稱 POW），這是一個可以讓每個參與的節點可共同參與交易驗證的方式，來實現一個能多方共同維護的單一系統，並共享同一份記錄交易的帳本，以形成一個基於零信任基礎，卻能實現去中心化的點對點網路系統。工作量證明其實是由任一運算節點，花費時間和運算資源所計算出來的一組數學公式，且要完成一次有效的工作量證明，需經過一連串地嘗試與失敗。不過，一旦這個數值被算出來後，其他參與節點也可用相關的數學公式去驗證這個值是否有效。

先前提到的比特幣區塊鏈就是利用雜湊現金（Hashcase）演算法作為工作量證明，讓各節點經由工作量證明來產生出一個有效的新區塊，再經由其他節點驗證並接受，進行工作量證明的過程就是俗稱的「挖礦」。不過，怎樣才是真的算出一個有效的新區塊，這些節點到底在算什麼？

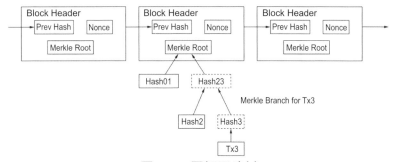

圖 2-5　圖解區塊(2)

　　每個區塊中的區塊頭（Block Header）會包含許多固定的值，其中只有 Nonce 值為一隨機值，因此每個節點在進行工作量證明時，要算的就是這個一直不斷替換的 Nonce 值，好讓這個區塊的哈希值會小於一個被設定好的難度目標值（Difficulty Target）。至於為什麼要小於這個目標值，則是因為這個難度值❻意味著每個區塊在理論上應該都要被產生完成。

　　而根據比特幣區塊鏈目前的設定，大約每 10 分鐘會有節點成功算出新的區塊，不過這 10 分鐘只是基於理論值，實際每個新區塊產生的時間，有可能只需要 17 秒（第 407062 個區塊的實際產生時間），也有可能需要 20 分鐘以上（第 407068 個區塊的實際產生時間）。而難度值是可動態調整的。目前每產生 2016 個區塊會調整一次難度，以每 10 分鐘產生一區塊估算，大約是每 2 周會調整一次難度。但是，由於挖礦具有一定的難度，因此也無法準確預期哪個運算節點可以最快算出新區塊，藉此機能來確保交易驗證的公正性。

❻ 難度值（Difficulty）是指節點要運算出低於困難度目標值的哈希值，平均所需花費的時間，也就是平均要完成一次挖礦的時間。

關鍵技術 2：ECDSA 造就區塊鏈的加密安全性

　　橢圓曲線數位簽章演算法（ECDSA）與另一種 RSA 演算法，都屬於公開金鑰加密演算法（Public Key Cryptography），公開金鑰加密技術在 1970 年代被發明，也稱為雙金鑰密碼安全系統，每個使用者會擁有兩把金鑰：公開金鑰（Public Key，公鑰）與私密金鑰（Private Key，私鑰）。公鑰可讓其他人知道，而私鑰則只有本人知道。舉個例子，當 A 要傳送一筆訊息或交易給 B 時，需用 B 的公鑰來將這份交易加密，而這個加密的訊息或交易，只有使用 B 的私鑰才能解開。

　　在比特幣區塊鏈中，便是採用這種橢圓曲線數位簽章演算法，每一個比特幣區塊鏈中的節點使用者，會同時擁有這兩把金鑰，以及一次性使用的比特幣位址（Address），公開金鑰可讓區塊鏈網路中的其他人知道，而私密金鑰則須自行保管，用來接收貨幣、進行電子簽章或是發送貨幣，而比特幣位址就像電子郵件一樣可用來當作存取比特幣的地址，使用者可重複取得新的比特幣位址，且可以在離線狀態下產生，不過每個比特幣位址只能使用一次。下表是各種加密法中公、私鑰的使用方式及意義。

	加密	解密	備註
一般加密	密鑰		加密解密都是同一把鑰匙！
公開金鑰加密	小嬌的公鑰	小嬌的私鑰	小明約小嬌出來吃晚餐不想給人知道！

公開金鑰 數位簽章	小明的私鑰 （簽章）	小明的公鑰 （驗證）	小明要讓大家知道小嬌 是她的女朋友，不要再 騷擾小嬌！
雜湊函數	哈希演算	無法	單向函數，驗證超容 易，卻難以破解逆推原 本的值！

　　RSA 加密演算法是一種非對稱的加密演算法，利用兩個質數作為加密與解密用的兩把鑰匙，金鑰長度約在 40 到 1024 個位元。不過，橢圓曲線數位簽章演算法能算出更短的金鑰長度，也就是能夠使用相對較少的資源，做到與 RSA 相同的安全性。在橢圓曲線數位簽章演算法中，由私密金鑰算出公開金鑰很容易，但要從公開金鑰推回私密金鑰卻很困難，造就了一個低成本而高安全性的加密法。

圖 2-6　ECC 加密 vs. RSA 加密

關鍵技術 3：雜湊現金演算法及多種哈希函數確保區塊鏈 上資料不被篡改

　　前面提到比特幣區塊鏈採用雜湊現金演算法來進行工作量證明，所謂的雜湊現金是可將任意長度的資料經由哈希函數轉

換為一組固定長度的代碼，原理是基於一種密碼學上的單向雜湊函數❼（One Way Hash Function），這種函數很容易被驗證，但是卻很難被破解，也就是難以回推出原本的值。最早之前雜湊現金演算法是被用來做阻擋垃圾郵件的機制，其最早在1997年由亞當‧柏克（Adam Back）提出，並於2002正式發表一篇描述雜湊現金系統的論文。比特幣區塊鏈採用雜湊現金來建立一套幾乎無法被篡改的電子現金系統，每個區塊的區塊頭都會被轉變成一串很難被回推的代碼後，再放進下一個區塊中，來確保區塊的正確性。

關鍵技術 4：經由 Merkle Tree 將訊息縮短成一個哈希值

在比特幣區塊鏈中，每筆交易產生後，都已經被轉換成一段代碼，才傳播給各節點，不過這樣做還是不夠，因為在各節點的區塊中，可能包含數百筆到數千筆的交易，因此為了節省儲存空間並減少資源耗費，比特幣區塊鏈的設計原理採用Merkle Tree 機制，讓這數百到數千筆交易的哈希值，經由兩兩一組形成一個新哈希值的方式，不斷重複進行，直到最後產生一組最終的哈希值，也就是 Merkle Tree Root，這個最終的哈希值便會被記錄到區塊頭中，且只有 32 Bytes 的大小。Merkle Tree 機制可大幅減少資料傳輸量與運算資源消耗，驗證時，只

---

❼ 常使用的單向雜湊函數包括 MD5、SHA-1、SHA-256、SHA-384 及 SHA-512 等。MD5 的哈希值長度為 128 位元，雖然廣為使用，但因長度不夠較容易破解。SHA-1 的哈希值長度有 160 位元，雖比 MD5 好但仍然不夠安全，因此美國國家安全局（NSA）又提出多種更複雜的 SHA-2 演算法，包括 224、256、384、512 位元長度的哈希值算法。

需驗證這個 Merkle Tree 的 Root 值即可。

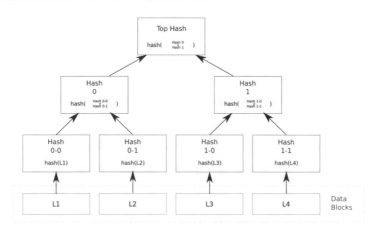

圖 2-7　Merkle Tree 運算

關鍵技術 5：用時間戳伺服器確保區塊序列

　　我們熟知的比特幣區塊鏈所採用的是時間戳伺服器機制
（Timestamp Server），將每個區塊加密後再貼上一個時間戳
（Timestamp）並發布出去，這個時間戳是用來證明資料在特
定時間的有效性。每個時間戳章會與前一個戳章一起進行加
密，所形成的哈希值會再與下一個時間戳章進行加密，因此而
形成一個用來確保區塊序列的鏈條。

 區塊鏈技術實例

1. **為什麼金融業需要區塊鏈：**信任，是金融業的基礎。為維
　　護信任，金融業獨自發展出了大量高成本、低效率、單點
　　不通即故障的中介機構，包括託管機構、第三方支付平臺、

公證人、銀行、交易所等。而區塊鏈技術使用全新的加密認證技術和去中心化共識機制去維護一個完整的、分布式的、不可篡改的帳本，讓參與者在無需相互認知和建立信任關係的前提下，通過一個統一的帳本系統確保資金和訊息安全。這對金融機構來說具有重大的意義。

第一，區塊鏈能夠降低信任風險。區塊鏈技術具有開源、透明的特性，系統的參與者能夠知曉系統的運行規則，驗證帳本內容和帳本構造歷史的真實性和完整性，確保交易歷史是可靠的、沒有被篡改的，相當程度地提高了系統的可追責性，降低了系統的信任風險。例如，區塊鏈可以規避當前網際網路金融 P2P 平臺的跑路、欺詐等事件。

第二，區塊鏈能夠提高支付、交易、結算效率。在區塊鏈上，交易被確認的過程就是清算、交收和審計的過程。區塊鏈使用分布式核算，所有交易都實時顯示在類似於全球共享的電子表格平臺上，實時清算，效率大大提升。例如，美國證券結算制度為 T + 3 [8]，區塊鏈卻能將效率提升到分鐘級別，這能讓結算風險降低 99%，從而有效降低資金成本和系統性風險。

第三，區塊鏈能夠降低經營成本。金融機構各個業務系統與後臺工作，往往面臨長流程多環節的困境。現今無論 Visa、Master 還是支付寶都是中心化機構運營，貨幣轉移要通過第三方機構，這使得跨境交易、貨幣匯率、內部核算、時間花費的成本過高，並給資金的流動帶來了風險。

---

[8] T + 3 是認購新股交割制度。T 為認購日 T ＝ today，＋ 3 為 3 日後。

區塊鏈能夠簡化、自動化冗長的金融服務流程，減少前臺和後臺的溝通成本，節省大量的人力和物力，這對優化金融機構業務流程、提高金融機構的競爭力具有重要意義。西班牙銀行認為，到 2022 年，區塊鏈技術將幫助金融行業降低 200 億美元的記帳及營運成本。

第四，區塊鏈能夠有效預防內部故障與外部攻擊。傳統金融模型以交易所或銀行等金融機構為中心，一旦中心出現故障或被攻擊，就可能導致整體網路癱瘓，交易暫停。區塊鏈在點對點網路上有許多分布式節點和計算機伺服器來支撐，任何一部分出現問題都不會影響整體運作，而且每個節點都保存了區塊鏈數據副本。所以區塊鏈內置業務連續性，有著極高的可靠性與容錯性。

第五，區塊鏈能夠提升自動化水平。由於所有文件或資產都能夠以代碼或分類帳的形式體現，通過對區塊鏈上的數據處理程序進行設置，智能合約及自動交易就可能在區塊鏈上實現。例如，智能合約可以把一組金融合約條款寫入協議，保證合約的自動執行和違約償付。

第六，區塊鏈能夠滿足監管和審計要求。區塊鏈上儲存的記錄具有透明性、可追蹤性、不可改變性的特徵。任何記錄，一旦寫入到區塊鏈，都是永久保存且無法篡改的。任何雙方之間的交易都是可以被追蹤和查詢。

除以上對現有系統和商業模式的積極作用外，區塊鏈還能驅動新型商業模式誕生。一方面區塊鏈技術的特點讓它能夠實現一些在中心化模式下難以實現的商業模式；另一方面區塊鏈通過原始碼的開放和協作極大地鼓勵了全社會的

創新和協作。

2. **車票的交易**：我們通常透過手機或是網路購買車票，必須透過信用卡公司付費，過程繁雜而且會抽取鐵路公司的營運費。但是巧妙地運用區塊鏈系統，不只減低鐵路公司的營運成本，也可將賣票系統整個套用在區塊鏈中，對於消費者也省下一道手續。

3. **其他拍賣網站或新型 App 行動消費平臺**：以此類推，拍賣網站、房屋買賣和其他商業實體都將岌岌可危。例如近年興起的 Uber 或 Airbnb 行動消費平臺，便利的叫車或訂房交易也可藉由區塊鏈的交易資訊碼送出，免去賺取佣金的中間平臺與 App 應用程式。最大的優勢是交易完全免手續費！區塊鏈裡不論哪一種營利模式都不需要任何交易成本，你不需擔心第三方收取費用或利潤被中間商剝削。

4. **音樂產業**：區塊鏈介入後，消費者就不用透過 Apple 或 Spotify 下載音樂、減少手續外，音樂人的獲利也可避免被剝削。使用者購買的歌曲，也可以經過編碼後成為區塊鏈的一部分，可以更安全的存放在網路雲端。

5. **電子書產業**：電子書也適用於區塊鏈系統。與其讓出版業者抽取利潤、被信用卡公司抽成，不如將書籍檔案編入鏈結，檔案庫直接儲存至區塊鏈。作者可直接從中抽取版稅，收到讀者購買的每一分錢，完全不需第三方介入。

6. **電子投票系統**：以區塊鏈為基礎，被記錄的每一項資訊，可確保投票時間、保護投票簽名資訊、降低開票延後錯誤率。區塊鏈系統提供一個透明化、獨立驗證的考核系統，成為紙本投票的支援備案。雖此套系統還在不斷測試中，

總有一天所有紙本選票將會被取而代之。例如今年二月開始，愛沙尼雅（Estonia）已啟動電子選票系統；納斯達克（Nasdaq）也提供區塊鏈技術，讓愛沙尼雅人民擁有電子身份系統（E-residency），開放安全系統讓國民可快速地進行網路投票，以建立更鞏固的資訊維安體系。

7. **區塊鏈身份識別**：身份識別可經由區塊鏈網路進行 ID 認證，除了提供全新的數位服務外，也可被運用在辨別區域網路名稱系統（DNS）。對於政府來說是一套有效管理國家的系統，區塊鏈將取代傳統身份證，更有效率地處理成千上萬的國民資料、數位印章、生物特徵辨識等。例如澳洲郵政在今年已用區塊鏈技術來儲存國民的身份資料，以此加速郵政服務的效率。

8. **防偽造與防貪汙**：區塊鏈技術可建立信任、抵制偽造文件和消除貪汙的現象。例如「區塊鏈初創公司 Everledger」，利用此特性來控管其鑽石交易產業，以防被偽造。「經濟學人（Economist）」也贊同的防貪汙特性，證實區塊鏈不只讓人們建立彼此間的信任，也可建立可信的交易記錄。只要所有身份資料和支付系統以區塊鏈為基礎，要進行偽造、詐騙、貪污根本不可能。

9. **地籍登記**：以區塊鏈技術為基礎的地籍資料登記陸續測試中，例如宏都拉斯政府目前正與 factom.org 合作，利用區塊鏈技術來快速管理地籍資料。專家認為，在這之後將有許多類似系統即將出現，幫助公關部門管理。此外，Alex Mizrahi 也發表了一份關於「Blockchain 地籍系統」提案，裡面揭露了區塊鏈無數種應用方式，特別是公關與地政等

部門的系統運作，其中提到瑞典是第一個使用區塊鏈管理地籍資料的國家。

10. **供應鏈管理**：除了地籍登記系統，區塊鏈也可運用在供應鏈管理。其中一個初創企業 UBIMS 基於區塊鏈技術，讓供應鏈管理變成「民主化的全球物流」，改變企業管理數據與資料的模式。區塊鏈能適應多變的消費者需求，在供應鏈管理中建立一個全新的「分散式庫存管理」系統。

 結論

　　區塊鏈技術興起的時間不長，有不少應用目前還處在概念階段，但其帶來的觀念衝擊值得重視。除了為金融界帶來旋風式改革，也將顛覆各大企業的經營模式。因為它可以安全加密網路編碼，完好保存交易記錄。它也有潛力讓比特幣成為統一全球的「網路虛擬貨幣」，以後出國只需帶著你的比特幣錢包就可輕鬆消費，不用擔心貨幣波動與匯率。比特幣連結區塊鏈技術，可安全地將有效經濟模式和資訊安全發揮得淋漓盡致，甚至可以被運用至各個產業！此外，中小企業主也可從類似的經營模式中，學習到快速的盈利模式，免除被中盤商抽佣的巨大成本。即使很多守舊人士不相信區塊鏈技術的實用性，但是許多預言家已經大膽預測未來，將有很多產業陸續運用區塊鏈技術，讓企業營運更有效率、資訊維安更有保障！

區塊鏈即將面臨的挑戰與機會

區塊鏈技術在金融市場的應用仍屬起步階段，未來的發展空間及其對金融業界的影響仍待時日印證。概括而言，區塊鏈技術在金融業界的普及程度將取決於「技術效益」、「業界取態」及「監管環境」等三大因素。

 ## 區塊鏈發展取決於三個重要因素

從「技術效益」角度看，區塊鏈技術的優勢在於不需要單一可信任的中介方，透過創造一個可靠的數位記錄，可提供完整性高、稽核能力強、監管模式較為便捷的營運模式，並且能應用在電子平臺上，有潛力成為網路世紀的記帳體系基礎。不過，區塊鏈技術在計算和數據儲存上佔用大量資源，難以應付銀行業的海量交易規模，區塊鏈是否可以廣泛在金融業界應用還要視乎這個問題能否得到突破。

「業界取態」方面，全球金融業對區塊鏈的前景可謂充滿憧憬，不少大型金融機構如美國銀行（Bank of America）、加拿大皇家銀行（RBC）等，更已進入技術應用的測試階段。臺灣銀行業對區塊鏈等創新技術應持相對開放的態度，積極研發能配合市場需要的服務以抗衡不斷湧現的挑戰者。按目前全球金融業在區塊鏈技術的研發方向看，預期短期內銀行業在相應技術的發展將會較集中在支付、匯款、貿易融資、銀行聯貸、銀行間結算、股票交易記錄等領域。

「監管環境」而言，雖然區塊鏈在技術上可以去除信任中介方，但科技的創新並不能輕易凌駕於現行的金融體系及管理架構之上。例如電子貨幣的發行、流通和交易，都應當遵循與傳統貨幣一體化的監管原則，實施同樣的管理機制。

銀行業是受到高度監管的行業，隨著科技的創新與技術應用的多樣化，監管機構應以本地金融穩定及行業發展等角度出發，在風險可控的情況下，按市場及科技發展步伐適度調節監管條例，支持和鼓勵銀行業研發創新服務，將對金融創新服務扮演著推動和導航的角色。

4 大挑戰：效率、隱私、規模和安全

現在我們聚焦於 4 個技術挑戰，包括了區塊鏈在效率、隱私、擴充規模（Scale）和安全上的難題，尤其當區塊鏈串連了大量應用之後，會面臨到大規模擴充的挑戰，這 4 項都是急待解決的區塊鏈問題。

身份驗證服務已經是一個可以運作的起點，但規模問題還需要 2 ～ 4 年才能解決。而對隱私挑戰，目前正在研究一項零知識相互證明（Zero Knowledge Proof）❾，預計 1 ～ 3 年後可以成為容易使用的技術。

然而，現在最難的挑戰是規模問題，尤其區塊鏈應用規模擴大之後，安全性也會成為一項挑戰，更難的是要兼顧安全又

❾ 零知識相互證明是一種特殊的交互式證明，其中證明者知道問題的答案，他需要向驗證者證明「他知道答案」這一事實，但是要求驗證者不能獲得此問題答案的任何訊息。

有擴充性，這是一個還需要幾年研究才能解決的問題。

區塊鏈的效率問題有待突破

目前來看區塊鏈的效率問題主要體現在儲存量與處理速度，是系統設計時面臨的最大挑戰。智能合約運行時會相互調用，因此交易的處理程序特別重要，節點在驗證交易的時候無法大批量進行，只能逐筆進行，這會制約節點的處理能力。大家總是對區塊鏈有著美好的想像，希望它可以是一個共享資料庫的解決方法。

事實上，它的確可以算是一種共享資料庫。在區塊鏈上的每一個節點都共同享有一份相同的資料，而且該資料是有一定的保障性的。然而，天下沒有白吃的午餐，為了達到分散式的寫入，每個點之間必須靠某種共識算法來保持一致。而這也讓區塊鏈跟傳統資料庫比起來，在每秒處理交易量上有著大幅的落差。

以目前公有鏈來看，大概每秒只有 3 到 20 筆的交易（其中最著名的比特幣是每秒 7 筆交易）。聯盟鏈或者私有鏈可以好一些，最高可以到每秒上萬筆交易。不過通常每秒交易數量提高，代表需要一定的犧牲，可能是參與節點數量的降低，或者是安全性保障的降低。

區塊鏈在隱私方面有待加強

區塊鏈的一大特性就是公開。事實上區塊鏈的運作就是靠著公開每一筆交易和區塊，讓每個節點都可以驗算、保障資料的正確性。舉比特幣來說，每個節點會幫忙驗證有沒有重複交

易的情況,並且檢查交易金額是否正確。所以,可以看到區塊鏈的運作是基於資料的分享上,因此隱私將會是一個區塊鏈上的難題。

目前有一些解法,最基礎的就是把一堆交易資訊混在一起,讓別人很難知道哪一筆支出是要給誰,加上本來交易的位址就有匿名,也就是只知道網路上的名稱,但不知道本人是誰的特性,可以來增加追溯的難度。然而,這個做法效果畢竟有限,而且如果是在聯盟鏈上,本來成員就不多了,對照一下發送位址,還是可以查到是哪個聯盟成員所發出來的交易,根本很難隱藏身份。

還有一種是把某些欄位加密,只有特定的人才能解開。然而,這個做法的問題是,加密的資料如果不需要被驗證,純粹只是把區塊鏈當一個傳輸資料的平臺;要不就是要設定權限給一些特定的節點,讓他們可以解密驗證,然後信任他們的結果。但是,問題一樣存在,這個資料的隱私,該誰能看到?誰來驗證?又誰來決定上列問題?

最後是一種利用零知識相互證明的辦法,它可以做到在不洩漏 A 這件事的情況下,證明你知道 A 這件事。所以,可以在每筆交易附上零知識相互證明,提出證明說這個交易是合法的,其他人只需要驗證你的證明之正確性,而不需藉由原始內容來證明正確性。這個做法感覺很神,但問題在於其速度比較慢,可能產生一個證明就會需時數分鐘的狀況。

區塊鏈升級修復機制有待探索

在公有鏈中,若有新的資料設備需要更新,但因為系統中

節點數量龐大，參與者的身份也不明，不可能將整個系統關閉再做更新。此外，由於公有鏈不能關停，所以當有錯誤發生時，其修復也異常棘手，一旦出現問題，尤其是安全問題將非常致命。儘管破壞區塊鏈系統需要攻擊 51% 以上的節點難度頗高，但攻擊者可能轉而攻擊使用的個人，例如侵入個人的錢包或攻擊相關平臺。

區塊鏈規模有待擴展

區塊鏈目前每秒只能處理 150 次交易，遠低於金融每秒數萬次交易的需求。更進一步來說，目前幾乎各家區塊鏈都差不多只能達到這樣的交易速度，這仍然是一個非常小的數字。金融交易需要每秒 1 萬到 10 萬次的交易能力才夠，要達到這樣的能力是一大挑戰，但這是必須解決的問題，因為區塊鏈有很多應用都需要這樣的能力，這就是擴充性的挑戰，解決這問題才能讓區塊鏈應用在更大規模的場景中。

最大挑戰是要讓每一臺電腦都有能力處理區塊鏈交易，也就是說，隨便用一臺筆電就能處理全世界的金融交易。目前一個可能的解決方向是從架構面來解決，讓大量電腦處理區塊鏈的交易時，不用要求每一個使用者要參與到每一筆的交易中，需要建立一個中介層，例如可以一次集中處理 1 百人規模的交易中介機制，一方面提供足夠的安全性，但仍保有足夠的去中心化特性，再透過網路，讓大宗區塊鏈交易分批拆解成足以平行處理的模式。

這就像是將一個大型區塊鏈切割成好幾個小型區塊鏈，但不只是切割成更小規模就好，還得確保當分成上千個小型區塊

鏈時，每一鏈仍有足夠的安全性，例如權限控管也能延續到每一個小區塊鏈上。

不過，這樣的交易能力對於有些應用已經夠用，例如身份驗證。每秒 150 次交易的能力，意味著全臺灣兩千多萬民眾人人每個月都改一次身份資料，相當夠用了。但若談支付，就真的不夠，尤其支付數量越大，複雜度也越高。不過，已有不少人投入這個問題研究，相信再過一段時間應該可以解決。

這些障礙，有些可以通過區塊鏈技術的發展得以解決，有些也許需要區塊鏈之外的其他技術才能解決。區塊鏈並不是萬能的，經過成本收益比較，部分領域更適宜使用區塊鏈技術。歷史經驗表明，技術突破性發明從實驗室走向商用普及，存在一個「30 年法則」，即技術的突破是需要時間積累的。

區塊鏈技術雖然受到了追捧，但多數還在研究測試階段，同時也有其他技術與其競爭，區塊鏈真正大規模商業化應用還有待時間的演進與檢驗。

臺灣去中心化的產業結構，正是區塊鏈的機會

臺灣現今產業的分散和去中心化，正是發展區塊鏈技術的機會，針對區塊鏈趨勢觀察，臺灣的現有金融系統是基於 20 年前的老舊技術思維所設計的架構。儘管新興的區塊鏈技術仍舊是發展中的技術，但能提供金融架構一個更好的選擇。

在企業內部應用上，已有人用以太坊來打造私有區塊鏈，可在企業內部，只用資料中心上的少量高效能電腦，來達到百萬人分享資料的規模。臺灣許多產業都是去中心化的產業，例

如臺灣有上千家銀行，但沒有一家能通吃所有使用者，也沒有
出現一個主導市場的領導者。

區塊鏈很適合用在這類去中心化的產業型態，一方面可以
保持其分散式的原始模樣，另一方面又能夠透過區塊鏈的科技
變革，來提高產業基礎運作的效率。透過區塊鏈來共享一套共
通平臺、共用資料庫，但又可允許各自有獨立的商業邏輯，這
是一個更合理的架構。甚至，可以讓整個產業運作效率，就像
是一家超大型企業那樣。不只金融，臺灣還有很多潛在的應用
模式，特別有潛力的是身份驗證的相關應用。

想要善用區塊鏈，你必須找出非用區塊鏈不可的需求，而
且還得和其他技術結合才行。目前來說，需要身份驗證的金融
業務很適合應用區塊鏈。例如已有銀行將區塊鏈應用在數位資
產的追蹤，如美元、黃金的交易記錄，或像新加坡有家企業服
務新創公司 Otonomos，已經開始提供創業家們買賣公司，從
事企業併購的業務。

甚至有一個專案是要讓人們自己就能建立個人的有效身份
（self-identity），銀行可以透過這套系統來驗證民眾自己產生
的身份，證明這是一個人的身份，如此一來，人們可用這個身
份憑證到全世界各地使用。而在保險領域，已有一些簡單的實
驗，例如有公司將保險契約放到區塊鏈上測試是否能運作，不
過，距離成品實用還很遠。金融服務上的身份驗證服務，未來
將會有很大進展。

另外，也已經有一些非金融的應用出現，例如有家國際採
礦公司 BHP Billiton 開始嘗試用以太坊來追蹤供應鏈。可以用，
但還不夠成熟的原因是，像這類供應鏈應用，得讓大量上、下

游廠商、供應商、製造商彼此互相溝通，大批訂單資訊也需要同步交換，再加上產業特定領域的議題要解決，難度頗高。過去幾年，我們都在花時間說服企業，區塊鏈是一個值得投資的技術，現在已經有了一些成果，但要適用到像供應鏈這類龐大應用，得要說服更多企業才行，這不容易。目前多數區塊鏈技術只是實驗型計畫，大多處於非常早期雛形階段，還得等待一段時間才會成熟。

有人說區塊鏈是網際網路 3.0，但這個比喻其實不適合，網際網路是由很多層的技術疊加而成，區塊鏈也是奠基於基礎網際網路技術才能運作。倒可以說，區塊鏈是 Web 3.0 的一環，是一種在網際網路上運作的應用層，因為區塊鏈目前只能做到每秒 150 次交易，無法取代所有的 Web 應用，一定會有其他類似技術同步在發展，例如 IPFS 就是另一個去中心化的技術。這是一個點對點分散式儲存技術，可以將一張圖片，切割成很多份，透過哈希值索引後，分散儲存多份在不同電腦上。當瀏覽器下載圖片中途，提供照片的網站突然當機或塞爆時，瀏覽器可以到其他電腦上取得圖片其餘區塊，重組出完整可呈現的圖檔。

Web 3.0 就包括了區塊鏈技術、IPFS、新型態訊息傳遞技術等的集合。讓一切都可以用程式來控制（Programmable）就是 Web 3.0 的目的。這也是人們對以太坊感興趣的原因。因為以太坊平臺的設計，就是要讓任何物件都宛如一支小程式，這是非常強大的潛能。

Web 版本	說明
Web 1.0	對使用者而言，是一種被動獲取資訊的模型，像政府、企業等網站就是這個版本的概念。
Web 2.0	從使用者角度來看，開始可以主動產生資料，藉由互動的方式來獲取所要的資訊，如論壇、部落格、社群網站等平臺即是屬於此版本概念。
Web 3.0	就是目前階段，使用者不但能有 Web 2.0 的行為模式，同時還能夠輕鬆獲取感興趣的資訊內容，例如 Google、Facebook 等公司，已經能夠提供使用者感興趣的資料。

 結論

　　區塊鏈技術興起時間不長，有不少應用目前還處在實驗階段，但其帶來的觀念衝擊值得重視。區塊鏈是一種中性的技術，有一定的應用前景，但不是萬能的。區塊鏈有優勢的領域包括在大家互不相信的情況下建立信用機制；解決中心化導致的非技術方面成本過高的問題，包括管理成本、組織機構的搭建等；通過使訊息真實透明、可追溯、可減少欺詐、腐敗等。但區塊鏈也存在不少技術瓶頸，有些方面甚至遠遠落後現有的中心化系統。因此，在應用區塊鏈時需妥善評估成本與效益。

　　區塊鏈技術的突破是需要時間積累的。雖然受到了各界的觀望與追捧，但大多數的應用還處於研究階段，以及受制於其過去的決策下所導致的取代舊技術的障礙，區塊鏈大規模的商業化應用還是有待時間累積。

　　區塊鏈雖然帶來了去中心化的理念和方法，但是去中心化和中心化各有優勢和缺陷，現實的應用取決於現實的需求。在日益數位化的世界中，法律規則和技術規則都會產生影響，參與規則的制定至關重要。監管者在法律規則之外也需關注技術規則，並需面對國際的競爭和合作。

　　區塊鏈技術將引起包括金融體系在內的經濟社會重構，最終哪種體系被採用，是一個由市場來選擇的過程，最有效率的體系最終會取得勝利，當然也有可能是競爭促進了效率的改進，最終形成並存的局面。

　　對於區塊鏈技術，以謹慎的態度深化研究是必須的。但政府在多大程度上、以何種方式介入值得探討。應該交由市場主導的，應由市場主體在競爭中發展優化，應該由政府負責的，則政府應該承擔責任。前者是治理與營運，後者則是監管。

Block 3

變革全球市場，
區塊鏈有何洪荒之力

- ⬇ 你的未來世界即將發生改變
- ⬇ 降低你的支出，增加你的收入
- ⬇ 傳遞訊息同時傳遞價值
- ⬇ 從只有一個老闆，變成每個都是老闆

你的未來世界即將發生改變

　　區塊鏈技術近年來是金融科技領域裡面一顆耀眼的明星，它有潛力改變整個金融業的基礎架構，進而對其他行業產生深遠的影響。當然它所影響的不止是金融業，其他行業包括食品、音樂、醫療保健、網路安全，甚至國際貿易等都有著莫大的關聯。

變革全球金融市場

　　「金融科技」（Financial Technology，也簡稱為 FinTech），這個 2015 年才開始在臺灣媒體上出現的詞，在國外早已把金融業翻轉得天翻地覆。金融科技的概念其實並不複雜，只要是金融業的服務流程，透過網路和軟體的功能而驅動新的服務內容和流程，就是金融科技。然而網路和軟體能做的事，不只是將原本銀行的各項功能數位化，也能將其他領域的應用帶進金融業的範疇，發展出新形態的金融服務和商品。

　　存錢、理財、支付、繳費、貸款等，過去必須跑銀行、找理專、跑繳費單位的苦差事，未來只要在行動裝置上操作，不用再實際臨櫃，就能完成大部分的金融業務，甚至衍生出群眾募資、P2P 貸款等功能。例如阿里巴巴集團支付寶衍生出來的餘額寶，推出後立刻成為全球前 10 大共同基金；騰訊微信的發紅包，也顛覆過去人與人之間的金錢來往行為。

FinTech應用層面

支付
Payments

新興支付 **無現金世界**
Emerging Payment Rails　Cashless World

FinTech發展下，出現電子、手機支付等新型態支付，所謂的電子錢包、手機大廠蘋果推出的Apple Pay等都算是其中一種，甚至比特幣等數位貨幣的出現，無現金時代漸漸來臨。

存放款
Deposit&Lending

替代管道 **通路偏好移轉**
Alternative Lending　Shifting Customer Preferences

傳統審查機制下信用不足、借款額小，金融機構不會放款，P2P點對點借貸平臺出現，就是試圖透過非傳統信用審核機制，或小額、多方資金與降低風險，搶食銀行放款商機。

保險
Insurance

價值鏈分解 **載具串接**
Insurance Disaggregation　Connected Insurance

傳統保險產業鏈因此重構，以往顧客關係管理在穿戴式裝置、物聯網極大數據應用下，或能做到更精準行銷，並出現新型態保險產品，如跟網購業者合作出現退貨運費險等。

投資管理
Investment Management

流程外部化 **賦權投資者**
Process Externalisation　Empowered Investors

透過簡單的條件選擇後，電腦即可幫你做資產配置，相較真人理專，機器人理專擁有成本較低廉的優點並有更多自主空間，除機器人理專，簡化財富管理或投資交易繁瑣流程的線上平台也是一環。

眾籌
Capital Raising

群眾募資
Crowdfunding

以往創業尋求資金管道較為狹隘，雙方的媒合也可能耗費較多的搜尋成本，股權型群眾募資平臺的出現將募資管道從個別來源擴及群眾，也改變了創業家對出資者的回饋形式，除了股權，也可能是實體產品或相關贈品的回饋。

市場資訊供給
Market Provisioning

機器革命 **新興平台**
Smarter,Faster Machines　New Market Platforms

具有網路特性的新資訊／交易平臺出現，有利於市場流動性增加、資訊不對稱的減少，在大數據等輔助下，能以更科學方法預設市場走勢，提供投資人更多決策資訊。而提供群眾大數據資料予金融企業的服務也算是應用範疇之一。

面對金融科技所帶來的創新變革，首當其衝的便是傳統金融產業。《資誠全球金融科技調查報告》（*PwC Global FinTech Report*）報告指出，這項由區塊鏈作為底層技術的新科技對金融產業將帶來前所未有的衝擊，對於全球 83% 的傳統金融機構受訪者認為，某些業務恐怕會被金融科技業整碗端走。然而，由於臺灣的金融環境開放性不足。所以，在發展金融科技前必須滿足三個條件：

1. 網路基礎建設和技術必須到位，4G 行動網路的布建和頻寬增加，以及無線傳輸技術，都讓金融行動化成為可能。
2. 法規的開放性會影響應用的發展。
3. 金融業者的態度，能不能理解業者和金融科技業的關係不是競爭，而是彼此相輔相成。

在臺灣，隨著 4G 行動網路的普及，網路基礎設備已臻成熟，不少國內電商、代收付服務業者也積極研發新的支付技術。然而臺灣過去的金融法規較嚴謹，即使近年來相關法規略有放寬，2015 年 5 月立法院也三讀通過電子支付專法《電子支付機構管理條例》，並於 104 年 5 月 3 日施行，但對於業者的管制還是偏向嚴格，例如電子支付業者必須要擁有 5 億元臺幣的資本額，明顯不利於新創的金融科技業者。

臺灣的創投環境尚未完全健全，金融科技新創不太可能像矽谷的公司一樣順利得到大量且多輪的募資，一舉推出破壞性創新的產品。跟金融業合作，和金融業者分屬上下游關係，反而是比較適合的選擇。比如餐廳 POS（Point of Sale）App 業者 iCHEF 與中國信託合作，由中國信託提供刷卡機，結合 iCHEF POS 系統，解決傳統 POS 和刷卡機通訊建置成本高的

問題。

　　未來臺灣的金融業會如何應用金融科技的發展，往 Bank
3.0 數位銀行布局，或是臺灣的金融科技業者會如何與金融業
合作，監管機關對法規放寬的想法，將決定下一步的走向。

銀行業和收付業，壓力最大

　　《資誠全球金融科技調查報告》共有來自全球 46 國 544
位受訪者參與，包括金融業及金融科技業的高階主管，其中有
3 成為銀行業者，財富管理業者、金融科技業者也各佔 2 成，
其餘包含保險、轉帳及收付服務等領域業者。

　　金融業者們一致認為，在未來 5 年內，會有超過 6 成的消
費者將透過行動裝置來取得金融服務，且每個月至少一次。而
新進的金融科技業者，將補足過去金融業者無法提供、滿足的
消費者需求缺口，並從這些領域切入金融服務市場。預計將有
23% 的傳統金融業務將受到金融科技的衝擊，恐會流失生意。
相對地，金融科技業者也預期，未來可搶到 33% 來自傳統金
融機構的業務。

　　金融科技崛起，讓傳統金融產業面臨到壓力，其中又以
銀行業和收付業感受的壓力最大。面對金融科技的逆襲，轉
帳及收付業者認為，在 2020 年，恐失去 28% 的市場佔有率，
而銀行業者也擔憂將失去 24% 的市佔率，不僅如此，資產管
理暨財富管理、保險業者也認為其市佔率將分別下滑 22% 及
21%。

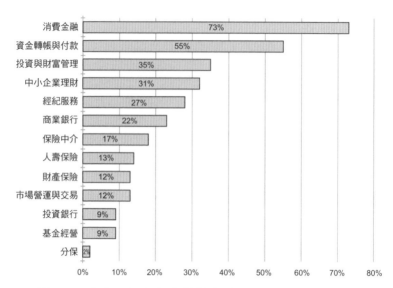

圖 3-1　未來五年內最容易被金融科技公司顛覆的業務

金融科技帶來四大威脅，傳統金融業利潤損失居首

　　金融科技業者將帶給傳統金融業的四大威脅，包括營業利潤的損失（67%）、市場佔有率的下滑（59%）和資訊安全更新／網路隱私加強（56%），以及顧客流失率的增加（53%）。除了憂慮業務遭侵蝕之外，對於金融科技帶來的價值，金融業者認為其可以明顯降低金融服務的成本，同時提高服務的效率及品質。

　　也就是說，金融科技正向全球挑戰各地傳統銀行和保險業的商業模式，重塑金融服務的客戶體驗。同時，為需求未得到滿足的消費者，提供重新定義和創新的解決方案，因此導致傳統金融機構的利潤下滑、市佔率下降。

　　金融科技的出現，讓傳統金融機構的中介角色變得岌岌

可危。儘管金融機構的傳統中介服務能為客戶帶來有價值的服務，但是以資通技術驅動的商業模式正逐漸吞食傳統以「真人」為中介服務的市場佔有率。例如：在銀行業，網際網路借貸平臺允許個人及企業在網路上完成借貸交易，機器人財務顧問正在脫離傳統的人工顧問方式進行財務決策。這樣的新變化對傳統銀行商業模式來說，將是極大的威脅。

區塊鏈的影響力被低估

另一個不能忽視的新趨勢是區塊鏈。這個被視為 FinTech 金融科技領域中，最具破壞力的革命技術，有專家這樣說，區塊鏈，不只會搶走銀行、金融交易和信用卡公司的生意，也會改變所有交易流程。它正在改寫金融產業的規則，在金融服務領域展現出巨大潛力和深遠影響。

根據調查報告，僅管逾半數的受訪者（56%）承認區塊鏈的重要性，但 57% 的受訪者說他們不確定或不知如何面對當前這個趨勢的影響，更有 83% 的受訪者表示，對區塊鏈的技術還不是非常熟悉。對金融服務企業來說，區塊鏈提供前所未有的絕佳機會來進行企業轉型。然而，目前金融產業對區塊鏈的認識和應對能力仍處於較低的水平，恐怕會低估區塊鏈帶來的機會和可能產生的威脅，這一點令人擔憂。

金融科技，降低服務成本

根據調查結果，73% 金融業者認為金融科技可降低成本，62% 認為可提供差異化服務，58% 認為可提升客戶黏性，這 3 項是目前金融業者認為金融科技的最主要核心價值與機會點，

而去中心化則是金融科技業者的終極利器。也就是說,金融科技在有效降低成本的同時,也提高了服務的效率和品質。

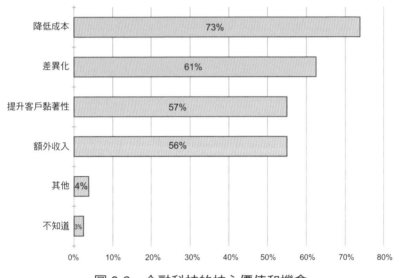

圖 3-2　金融科技的核心價值和機會

　　金融科技影響大部分金融機構前臺和後臺的營運模式和產品設計。它提供了一種新的方式:自動化給予客戶建議、處理交易訊息、分析數據、幫助客戶做出更好選擇,有效管理產品組合、更充分利用行動科技技術等。這些改變帶來的最大影響就是提升金融機構的營運能力,同時大幅降低成本結構。

臺灣數位金融轉型的五大機會

　　至於金融科技對臺灣金融業的機會和挑戰為何?臺灣的銀行業務近年面臨的挑戰包括利差減少、新增放款標的不易、非利息收入減少、消費行為改變、數位世代崛起及開拓海外市場等,這些都將將迫使銀行加速進行轉型,而 FinTech 將為其中

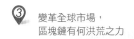
重要關鍵。臺灣金融產業進行數位轉型可以掌握五個機會：

1. **顧客的知識（Knowledge of Customers）**：金融機構可積極做資料整合，運用大資料分析數據來與客戶互動，進行數位行銷與客戶行為預測，藉此提供客戶精準推薦與行銷服務，讓客戶關係更緊密。

2. **多元通路的整合（Multi-channel Integration）**：包括全通路（Omini-Channel）整合、經營客戶接觸與體驗，並控管通路成本。

3. **社群金融（Social Banking）**：如社群媒體分析策略、社群分析與輿情掌握、風險與品牌管理、商情與商機等。

4. **行動能力（Mobility）**：透過數位科技和客戶互動、提供客戶新價值與新服務並增加銷售機會與客戶關係。

5. **企業文化改變（Cultural Change）**：也就是必須具有以客戶為核心的中心思想，以及跨部門的整合思考設計。

未來金融三大關鍵技術：AI、區塊鏈與生物辨識

對於金融科技發展的下一步，過去 10 年，雲端、行動網路與大數據支撐了數位金融服務的蓬勃發展。但隨著金融科技發展面臨到新困境，下一個 10 年將由 AI、區塊鏈、生物辨識這 3 個新興 IT 技術取而代之，將掀起新一波數位金融服務普及化的風潮，甚至將透過這 3 大金融科技技術，為居住不同地區的人們提供在地化與客製化生活所需的金融服務。

要達到金融服務普及化，最大的難題是利用有限的資源來服務更廣大的用戶群，而 AI 是最適合扮演金融生活領域專家的角色。透過自然語言的識別技術、結合深度學習訓練和大量

圖形處理器（GPU）的平行運算能力，讓 AI 能夠幫你解決金融遇到的任何疑難雜症，也能為你提供專屬一對一的服務。

當金融服務開始融入 AI，可以運用在像是包括智慧客服、信用和貸款、身份識別、風險控管、搜索推薦和廣告等服務，也能提供其他金融機構新的智慧服務，或是幫助企業做財務規劃與決策等。

而當 AI 成為未來金融生活的一部分時，如何確保數位世界流動的資料不會遭到篡改且值得信任則又是另一項必須解決的問題。未來若是要結合 AI 也得要讓交易系統本身具有足夠可信度，這得要靠目前火熱的區塊鏈技術才有辦法做到。透過利用區塊鏈採用的分散式協作架構，來做到共識算法，以及提高加密與安全，來達到安全對等的交易及數據分享。然而，區塊鏈做為一種新興的金融科技技術本身，還在發展初期階段，並不適用於所有的金融場景。

以螞蟻金服為例，目前他們打造一個區塊鏈雲端平臺，應用在支付寶線上公益的慈善捐款活動，來追蹤愛心捐款上的每一筆善款的使用明細，確保捐款在處理過程是真實且可信賴的。後來，他們更把區塊鏈應用打造成為一個「信任公益鏈平臺」。在這個平臺當中，可以完整追蹤捐款人每一筆捐助款項的完整流向，讓捐款人可以很快查看捐助的金錢，有沒有確實為捐助對象所用。甚至，這些捐款也可以是一種資產交易，將錢轉換成一個能給受捐人的保險或理財服務，並在這個公益鏈平臺內可以看到捐款人所有捐助完整動向，甚至還提供了一個陽光帳本的機制，能讓如非政府組織（Non-Governmental Organization，NGO）等非營利機構，未來能透過公共帳本來

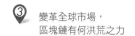

實現每筆公益資金的完整、開放、透明的使用方式。

除了公益慈善開始結合區塊鏈外，在供應鏈和物流的場景應用上也開始與區塊鏈技術結合，來追縱內部供應鏈金流，將從包括下訂單、零件製造到送貨付款的整個供應鏈流程完整記錄。未來也計畫加入更多的區塊鏈應用實驗，如保險（如保單跟蹤、互助保險）、監管（如業務審計、透明監管）、投融資（如資產公證、抵押貸款）和數據共享等。

另外在身份認證的部分，比起傳統的密碼輸入方式，生物識別的身份認證方式，將會是所有金融服務未來能否成功發展的一個重要基礎。目前有越來越多金融機構服務加入人臉辨識應用，未來也將結合更多生物辨識技術，如虹膜、指紋、聲紋與掌紋等，能以更真實且自然地方式來識別、認證每一個人的身份，再過 10 年，生物辨識技術將成為身份認證新主流。

變革未來的社會生活機制

從前面的章節介紹我們可以知道區塊鏈是一種可生成和共享交易活動數位帳本的數據結構，根據它的四個主要特徵：去中心化、去先天信任、集體維護、可靠資料庫，保證了所記錄訊息的不可篡改和可追溯特性，創造出一條「去中心化」的、牢不可破的網路「信任鏈」。

這項源自比特幣的區塊鏈技術，從 2015 年一路火紅至今，也逐漸從新生階段慢慢開始牙牙學語了。在 2016 年中區塊鏈技術成功吸引了金融業、製造業、醫療業、食品業，甚至是鑽石產業等，前仆後繼地投入相關研究與實驗，陸續有不少令人

期待的概念性驗證（Proof of Concept，POC）消息釋出。直至
2017 年，各領域區塊鏈的發展已逐步成熟，漸漸擺脫 POC 階
段，結束平臺技術的測試，開始出現更多商業級應用，下列是
區塊鏈未來將應用的案例。

金融應用

1. **國際支付**：當前的國際支付包括匯款和外匯交易，過程緩
   慢且費用昂貴，應用區塊鏈技術的數位貨幣能夠快速且廉
   價地解決這樣的問題。

2. **金融資本市場**：區塊鏈技術可以應用於各類證券（例如，
   股票、債券、金融衍生品、回購金融商品、貸款和資產擔
   保證券）和商品的整個生命周期：發行、持有和交易；清
   算金融商品；保管和證券付息。該技術採用同步共享的區
   塊鏈，各類帳戶不再需要協調，工作流程得以改進，整個
   鏈條資產和過程的所有情況得以清晰顯示，同時智能合約
   技術也省掉了一些手動過程。然而，由於不同證券目前的
   流程盡不相同，為了確保該技術帶來的好處優於現有作
   法、合理進行必要投資，區塊鏈技術在各類證券中的應用
   應該分別評估。

3. **貿易金融**：區塊鏈技術能夠自動通過智能合約進行貿易金
   融過程中的信用文件轉換。這樣能夠降低成本，提高效率，
   減少欺詐風險和人為錯誤。

4. **法規執行審計**：區塊鏈技術可以通過區塊鏈交易資料庫來
   簡化銀行之間的實時對帳，審計以及和監管機構的數據共
   享的報告流程，一旦發現違反內部合規和外部監管要求的

行為，智能合約就會發送警告。另外，區塊鏈技術要求機構間的標準會計模板，這將有助於機構間金融數據的比較和匯總。

5. **反洗錢和客戶維護**：基於區塊鏈技術，銀行之間共享訊息可以減少之前的客戶重複審核的次數，並且能夠確保數據的安全性。

6. **保險**：基於區塊鏈的保險政策能夠在滿足第三方公證的條件下利用智能合約自動支付索賠，如此可獲得及時的決定而不需要人為解釋，欺詐和索賠的處理成本也會下降。

7. **P2P 交易**：區塊鏈支持 P2P 平臺的高效運轉，智能合約在滿足一定條件時，確保價值傳輸，在缺少銀行服務但手機普及率高的地區，對於小額信貸和小額保險特別有用。

企業應用

1. **供應鏈管理**：區塊鏈技術可追蹤供應鏈的每個環節，交易過程中的所有權以及運用智能合約自動處理相關步驟。

2. **醫療**：應用區塊鏈技術記錄醫療數據可以提升數據的安全性和隱私性，可以讓患者更放心地提供醫生個人完整的病歷。另外，基於區塊鏈的治療可以有利於醫療費用的收付。

3. **房地產**：區塊鏈技術可以保存房產交易過程的整個歷史，消除在所有權方面的欺詐和錯誤，提高整個房產交易過程的速度和安全性。

4. **媒體**：數位版權在區塊鏈基礎上能更有效地管理並允許付費使用，並且智能合約能夠提供自動分布式支付。

5. **能源**：區塊鏈技術支持電網上匿名匹配生產者的供應和消

費者之間的需求，並記錄任何電力傳輸過程的細節。

政府應用

1. **記錄管理**：應用區塊鏈技術可以提供實時的訪問數據，並且可以保障這些數據在不同的政府機構之間進行安全共享，同時保證訊息的隱私性，這些記錄包括所有權記錄、業務記錄和個人訊息記錄。

2. **身份管理**：區塊鏈可以讓用戶用一個通過驗證的數位身份在一個安全的網路環境中登錄。

3. **投票選舉**：基於區塊鏈技術的投票可以提供一個具有簽名和時間的投票歷史記錄，減少重複操作或刪除行為，並允許公正第三方的審計和計算。

4. **稅收**：利用區塊鏈技術可以自動進行收稅、報稅管理，並且降低了相關的逃稅漏稅比例以及相應的稅收成本。

5. **政府和非盈利組織透明度監督**：區塊鏈可以追蹤並監督政府和非盈利組織的資金使用狀況，有利於減少貪汙腐敗。

6. **立法和監管**：一些法律合同可以被智能合約取代。當一些公司沒有收到特定的監管要求時，會收到網路中自動發送過來的具有實時數據的警告，通過這種更加安全的監管方式提升了監管效率。

跨行業應用

1. **財務管理與會計**：區塊鏈技術可以讓跨國公司更方便地向全球各地分公司轉移金融資產，並且這一行為全部會自動進行會計審計，有利於減少相關錯誤。

2. **股東表決**：區塊鏈技術可以提高表決的透明度，減少暗箱操作，並允許在線投票。

3. **記錄管理**：區塊鏈能夠提供具有最終登錄時間和身份狀態的用戶登錄訊息，並且可以在保障用戶隱私安全的情況下在機構間進行訊息共享。

4. **網路安全**：區塊鏈技術可以減少中心故障的風險。另外，區塊鏈還可以監督非法路由行為和非法軟體篡改。

5. **大數據**：區塊鏈技術可以提高數據的質量和安全性，減少因中心節點出問題所帶來的風險，且更便於數據分析。

6. **數據儲存**：區塊鏈技術可以讓任意網路節點分享它們電腦上的儲存空間且通過加密來保證數據的安全性。

7. **物聯網**：區塊鏈技術可以追蹤收集智能設備的整個歷史交換數據，並利用收集來的數據對設備進行優化。

作為支撐比特幣發展的基礎技術，區塊鏈被普遍推崇為下一代全球信用認證和價值網際網路的基礎協議之一。它的出現預示著網際網路的用途可能從傳統訊息傳遞逐步轉變成為價值傳遞，從而對傳統產業特別是金融行業帶來了前所未有的革命和挑戰。

 未來的區塊鏈應用將陸續開花結果

2015 年區塊鏈崛起爆紅

目前的區塊鏈市場的 3 大主流，分別是由強調跨產業的超級帳本（Hyperledger）、主打智能合約的以太坊（Ethereum）以及匯聚全球最多大型金融機構的 R3 CEV 所構成。它們在短

短的 18 個月內急遽吸引各領域業者的興趣,例如超級帳本加入的會員數已達數百家,是 Linux 基金會旗下拓展速度最快的專案。IBM 於 2015 年 9 月份推出的應用規模最大的供應鏈金流平臺,就是基於超級帳本的子專案技術所建立。而 R3 則是瞄準金融機構間的區塊鏈底層協議,它也是目前最大的金融區塊鏈聯盟,更積極拓展亞洲市場,臺灣的中國信託也在 2016 年 10 月加入 R3。

以太坊所發行的 Ether(以太幣)是目前市佔率僅次於比特幣的加密貨幣,它在 2015 年即與微軟合作,推出區塊鏈即時服務(ETH BaaS),更是多國央行選擇作為發行數位貨幣的基礎。

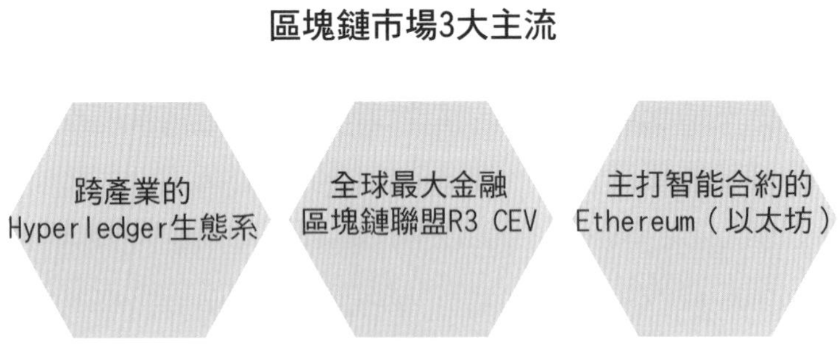

區塊鏈市場3大主流

跨產業的 Hyperledger生態系　　全球最大金融區塊鏈聯盟R3 CEV　　主打智能合約的 Ethereum(以太坊)

圖 3-3　區塊鏈市場 3 大主流

2016 年各國、各產業積極投入 POC 探索

若 2015 年是區塊鏈崛起的關鍵年份,2016 年則可以定義為探索的一年!

1. **食品業**:美國零售業龍頭 Wal-mart 宣布,正在測試利用區塊鏈追溯食品源頭,來減少食安糾紛。

2. **醫療業**：DeepMind 公司也與英國公醫制度合作，要研發
   區塊鏈技術來儲存病患資料。

3. **鑽石業**：鑽石新創 Everledger 也將鑽石履歷記錄在區塊鏈
   上，防堵詐欺。

4. **金融領域**：是試驗區塊鏈技術最積極的產業。例如英國巴
   克萊銀行跟 Wave 合作，完成第一筆區塊鏈金融跨國交易，
   並將愛爾蘭與東非的農產品交易時間縮短至 4 小時。渣打
   銀行也宣布完成第一筆秒速間的跨國交易。美國證交所那
   斯達克也推出第一個證券區塊鏈帳本應用。各國央行都投
   入相關研究，紛紛釋出對區塊鏈及數位貨幣的高度興趣。

   臺灣方面，由中央銀行管轄的財金公司預計在 2017 年底
會有區塊鏈平臺的雛型，要串接 45 家國內銀行的金流系統。
中國信託預計最快 2018 年底，會有可商轉的區塊鏈金融商品
出現。富邦金控也透露在 2017 年釋出公益性質的區塊鏈應用。

2017 年各領域成果陸續出爐

   2017 是實踐成果的一年，可預期的是區塊鏈技術將更加
火熱，世界經濟論壇就預測，2017 年全球會有 80% 的銀行啟
動分散式帳本計畫。專家們也預測，2017 年將逐漸脫離概念
性驗證，並有更多擔任中介層的區塊鏈新創公司成立，構成多
元蓬勃的市場。

1. **金融領域**：摩根大通、高盛、巴克萊以及桑坦德銀行最被
   看好，預估它們會是用區塊鏈進行大規模跨國交易的領頭
   羊。其他金融機構也將透過區塊鏈彼此串聯，各國央行也
   將會開始實地測試數位貨幣，並吸引出更多跨領域的去中

心化應用。

2. **體育業**：2017 年才剛揭開序幕，AMIS 帳聯網就跟臺灣鐵人三項公司合作，推出運動區塊鏈 BraveLog，在大鵬灣賽事就已正式運作，將參賽者完整的賽事履歷記錄在區塊鏈上。

2018 年逐步邁入商業運轉階段

更多產業開始接觸區塊鏈，並發展局部的區塊鏈系統，進一步進行跨系統的整合，也會有更大規模的商業應用模式出現。智能（智慧型）合約形式也會以更多樣化與普及化的形式出現。

降低你的支出，增加你的收入

　　區塊鏈最本質的應用就是降低交易成本，成功的關鍵在於：區塊鏈使用低成本信用創造機制。區塊鏈是一種建立在網路上的新制度，這個制度是基於自由交易的歷史邏輯，所產生的根本制度。

　　為什麼說區塊鏈可以解決金融的問題，是因為區塊鏈可以解決我們金融交易成本高的問題。我們從經濟分析的角度來看，交易制度的產生是為了要降低交易成本的需求，藉此降低支出，增加收入。所以，必須規定一些制度來達到需求，對於符合制度規定的行為進行認可與鼓勵，對違反制度規定的行為進行懲戒，引導人們將自己的行為控制在一定的規範內，從而減少社會的不確定性和風險，達到降低交易成本的目的。

　　同時，制度必須適應經濟發展狀況，依照科技進步成果，做出反覆地調適，以便在提供訊息、引導行為、降低交易成本，甚至創造激勵機制方面發揮更加積極的作用。

 區塊鏈的定義

　　毫無疑問，區塊鏈將對未來社會中各行各業多項應用起到極有價值的幫助與提升之作用。但是應該如何去定義區塊鏈？並如何有效運用？需要針對區塊鏈進行一個最根本性的定義。

　　目前，我們看到對區塊鏈的所有定義，很多是從技術的角度、從微觀的角度、從可操作性的角度、從可實驗性的角度，

甚至是從一個點，從一個線所給出的定義。例如，當人們發現比特幣以後，會說區塊鏈是比特幣的底層設計、底層架構；當發現區塊鏈可以記錄所有帳目時，就把它看成是全網帳本；當發現區塊鏈可以是點對點的時候，就把它看成是一個相互之間的記帳邏輯；還把它看成是一個不可更改、不可篡改、不可迴避的記錄；也看成是一個監管的有效的途徑。但是，所看到的這些僅僅只是人們看到區塊鏈的某一個方面，或某一個邏輯。

　　要真正理解區塊鏈，必須要真正實驗它、真正應用它。若是把區塊鏈當成是一種交易制度，則它就是一種基於網際網路重現所有人格、經濟、社會、法律、財產之間關係的制度性網際網路。在網際網路領域當中，如果歸結到一點，我們發現這是以網際網路為基礎，點對點、人對人，當然也可以人對某一種財產，也可以有個虛擬的人對某一個虛擬財務之間的關係，這是一種點對點的邏輯關係。人和人之間、人和物之間，通過網際網路就可以把所有的人都點對點和網路化、立體化的連接起來。未來物聯網還可以把人和物、物和物之間聯合起來，人們可以找出這之間的關係並加以確立，就是人類制度體系當中最根本的一環，而將這些環節連接起來就是區塊鏈。

　　什麼時候人類的財富開始產生重大變化呢？什麼時候人類的生活方式發生了劇烈的變化呢？是以什麼為起點的制度誘發、催生了自我生長的變化呢？答案是「交易」！而當交易制度開始產生的時候，就帶來了人類的、歷史的、全球的重大變化，這就是市場經濟制度。市場經濟制度就是把我生產的東西、我多餘的東西能夠在市場當中找到一個需求者賣給他，由此點對點之間的關係便開始產生。一個國家、一個民族、一

個人如果想富裕，一定是把自己的東西和其他人的東西進行交換，一旦交換就會有分工，就可以專業化，一交換就可以讓批量性的東西無限規模放大。人類從此開始了工業化，開始了城市化，把一切的交易關係放大，世界因此發生變化。當世界開始交易了以後，也產生了信用、產生了互利、產生了成長、產生了一切的商業邏輯。今天，竟然有了以網際網路為基礎之上的一種東西，可以把人們已經展現出所有的交易關係，用一種邏輯把它系統化，這就是區塊鏈。

區塊鏈背後的內在邏輯

區塊鏈最大的顛覆性在於信用的創造機制。區塊鏈技術基於數學（非對稱加密算法）原理進行了信用創造機制的重構，通過抽象的數學算法為人們創造信用，從而達成共識背書。參與者之間不需要了解對方基本訊息，也不需要藉助第三方機構的擔保或保證，進行可信任的價值交換。區塊鏈自身的技術特點保障了系統對價值交換活動的記錄、傳輸、儲存的結果都是可信的。區塊鏈記錄的訊息一旦生成，將永久記錄，無法篡改，除非能夠說服全系統 51% 以上的用戶，才有可能修改最新生成的一個區塊記錄。這樣的體系可以讓人們在沒有中心化機構的情況下達成共識。這超越了傳統和常規意義上，需要依賴制度約束來建立信任，即你可以不信任交易對手，但必須信任最終實現結果的信用交易模式。

自由自主的交易交換

在區塊鏈系統內，價值轉移過程的信任機制主要通過「一對非對稱密鑰」（公鑰、私鑰）完成兩項任務實現的，即：「證明你是誰」和「證明你對即將要做的事情，已經獲得必須的授權」。密鑰對必須滿足以下兩個條件：對訊息用其中一個密鑰加密後，只有用另一個密鑰才能解開；其中一個密鑰公開後，根據公開的密鑰也無法推算出另一個相應的私鑰，其中這個公開的密鑰稱為公鑰，不公開的密鑰稱為私鑰。

公鑰是公開且所有用戶都可看見的，所有人都可以用自己的公鑰來加密一段訊息，從而保證訊息的真實性。私鑰是只有訊息擁有者才知道，被加密過的訊息只有擁有相應私鑰的人才能夠解密，從而保證訊息的安全性。私鑰對訊息簽名，公鑰驗證簽名，通過公鑰簽名驗證的訊息確認為私鑰持有人轉移出價值。公鑰對交易訊息加密，私鑰對交易訊息解密，私鑰持有人解密後，可以使用他收到之轉移的價值。

在經濟領域當中，區塊鏈會產生點對點的經濟交易，而在金融領域時，可以產生點對點的貨幣基礎之上所有金融交易及其衍生。當人類開始用物品進行交易，進而到後期產生了金融交易和金融產品，直至今天有了區塊鏈，所有人類可以交易的東西，都可以點對點地適時交易，而且可以跨時空交易。如果只看到經濟關係和金融關係，看到有產權的自然人和有產權定義的法人時，這種交易僅是點對點還未能實現融合，而區塊鏈讓每一天的行動，每一個發出的東西，讓所有人都可產生 360度關聯時，能通過區塊鏈把它的關係化確定下來，這就是社會

契約。在社會契約領域，如果用區塊鏈去解決已經發生了尖銳衝突的問題，好比一個人自身一切的行為和所發生關聯的人都是 360 度的全方位訊息記載以及訊息記載背後點對點契約交換邏輯很清晰的話，就可以自動解決爭端，也自動解決了其他問題。因此，區塊鏈可以實現全新社會關係的制度化體系。

交易成本低、安全又可信任

最初，人類歷史上可交易的都是交易成本非常高的東西。人們都在思考如何讓生產成本變低，於是有了監管系統、有了票據、有了託管、有了清算、有了貨幣之間的互換。當人類進入市場經濟，可交易物品、可互動物品變多，此時最大的一個問題就是降低交易成本。金融相對實體經濟而言，交易成本降低很重要，而區塊鏈可以讓金融交易成本變得非常低。

正如我們反覆提及和看到的，區塊鏈系統有一些顯著的技術優勢，通過將負責安全管理的控制從監管層面或者第三方組織機構轉移到基礎架構層面，使整個系統變得安全可靠。雖然這些優勢會因具體區塊鏈的設計而不同，但高容錯性、透明性、不可篡改性是其相對穩定的特點，它們解決了各方對於區塊鏈完成交易的安全信任問題。

區塊鏈技術的高容錯性保證了交易環境的安全性。區塊鏈在分散式的網路上運行，而不受中央伺服器故障、惡意網路攻擊等因素的影響。分布在區塊鏈內的數據和訊息可以從數百或數千節點中探尋，任何特定節點的故障不會危及整個區塊鏈的事務處理能力。例如，比特幣就成功運行在世界各地數以千計的節點上，在誕生至今，比特幣經歷了區塊鏈分叉、價格劇烈

波動、全球最大交易所欺詐倒閉等一系列波折，但這個系統表現出了良好的安全性和抗攻擊性。

區塊鏈的透明性和不可篡改性保證了交易記錄的安全性。任何數據的更新都會被同步放至整個區塊鏈上，區塊鏈上的節點存在多個完全相同的分布式帳本，網路中的成員能夠迅速檢視任何人對帳本中某一部分的修改。當新數據寫入區塊後，新生成的區塊通過共識機制按時間順序加入區塊鏈，這樣的流程不可逆轉，並且帳本上的任何變動都是可追溯的，任何試圖篡改訊息的人將付出巨大的成本甚至得不償失，各方都對帳本記錄的完整性和可靠性擁有絕對信心，從而生成對系統的信任。

區塊鏈技術通過密鑰控制和有權限的使用，保障了交易過程的隱私性。基於節點的分布式控制特點，通過將私密性和匿名性嵌入到用戶自己控制的隱私權限設計中，向授權方共享基本訊息，但不會向全網泄露個人身份，可以實現對經濟狀況、家庭狀況、健康狀況等一些私人且機密訊息的保護。同時政府部門可以制定隱私保護技術標準，並要求通過軟體代碼運行，自動實現隱私保護。與現有的數據儲存模式相比，分布式帳本可以大大提高訊息的安全性和隱私保護，尤其是在大規模的物聯網應用中作用更為凸顯。

以前許多機構通過紙本文件來證明產品來源，但是卻沒有方法證明這些紙本文件是否被偽造。如果產品的供應鏈在區塊鏈系統上運行，通過智能晶片或者二維碼等防偽技術自動跟蹤監測產品的產地、運輸路徑以及交易訊息，形成了一套不可偽造的真實記錄，這樣可以更好地打擊假冒偽劣產品，從而有效地解決品牌信任問題。

　　基於區塊鏈技術的智能合約，不依賴第三方自動執行雙方協議承諾的條款，具有預先設定後的不變性和加密安全性，從規避違約風險和操作風險的角度較好地解決了參與方的信任問題。智能合約在現實生活一個典型的應用場景就是自動販賣機，基於預先設計的合同承載，任何人都可以用硬幣與供應商交流。通過向機器內投入指定面額的貨幣，選擇購買的商品和數量，自動完成交易。自動販賣機密碼箱等安全機制，可以防止惡意攻擊者存放假鈔，保證自動售貨機的安全運行。

　　於是，我們想在區塊鏈上嵌入智能合約，便可以在更大範圍內、更深層次上，解決交易雙方的信任問題和執行問題。假設承租人想在出差的城市租用汽車，承租人和汽車租賃公司很容易起草一個相關的智能合約。這份合約包含兩個功能：首先，將承租人的租賃費以某種加密貨幣的形式轉出並將其凍結在合約中，並向汽車租賃公司提醒租賃費已經轉出。再來，將汽車數位鑰匙從汽車租賃公司轉出並同樣凍結在合約中。如果汽車租賃公司提前將數位鑰匙轉出，在租賃時間生效之前，它將和租賃費一併凍結在合約中；如果到期承租人沒有收到數位鑰匙，租賃費將及時退還承租人。一旦發起了智能合約，協議將通過代碼自動執行，如果汽車租賃公司提供了鑰匙，它一定會得到支付；如果承租人轉出了費用，他也一定會得到汽車數位鑰匙或者退款。承租人和汽車租賃公司合同執行過程中的操作風險和違約風險通過雙方達成的智能合約得以規避。

　　日趨完善的智能合約將根據交易對象的特點和屬性產生更加自動化的協議。人工智慧的進一步研究將允許了解越來越複雜的邏輯，針對不同的合同實施不同的行為。更加成熟的數據

處理系統能夠主動提醒起草人合約在邏輯或執行方面存在問題的地方，從而擴大智能合約的應用範圍和深度，更好地解決交易過程中的信任風險。

從信任的角度來看，區塊鏈實際上是數學方法解決信任問題的產物。過去社會的有效運行主要靠制度建立規則，進而形成信任來規範和引導社會成員的行為。區塊鏈技術的出現運用基於共識的數學方法，在機器之間建立信任並完成信用創造。通過非對稱密鑰對解決所有權信任問題，基於區塊鏈的技術優勢保證價值轉移過程的安全信任，通過智能合約解決信任執行問題，最終實現了「無需信任的信任」。

去中心化

今天所有區塊鏈解決的生產問題、交換問題，最終通過交易費用解決時，無非表現為一個中心。貨幣是解決交易最好的工具，貨幣可以反映所有交易者的信用。但是，貨幣會通膨，各國的央行發多少貨幣反映了時代的信任，發多了就反映出非時代信任，這就是通膨。人們必須有貨幣的中心體制管理，因此，人們為貨幣組建了一個個體系，當貨幣在流通過程中要兌換、要交易、要報銷、要核驗票據的真實與否等會延伸出所有的問題，其實所有這些問題都可以構成一個交易費用的中心化和組織化。如果能夠去中心化，節省交易費用，才能解決最根本的問題，點對點，從底層由下至上。人類擁有智慧是個體的智慧，人類有利益是個體的利益，當把個體的智慧和利益與別人進行交換時，就是追求利益最大化的時候。滿足了別人利益的最大化，才能實現自身利益的最大化，這是通過交易實現

的。當理性的東西通過交易實現時，只要交易產品足夠大、資產足夠大、交易規定下的社會行為規定足夠大，人類的 GDP 會增多，整個人類的福利會增多。

今天，人們看到這種邏輯時發現，交易的背後一定要滿足從基礎性的產權擁有者個體開始的前提。個體是理性的，集體不僅交易成本高，而且集體不是個體理性的加和，更不是個體理性的化學反應增量。恰恰相反，由於它交易成本高和組織成本高，它會使理性利益降低。為什麼區塊鏈可以解決這個問題呢？因為區塊鏈是底層設計，由於市場經濟是一個一個的設計積累，是一個集體集合的智慧，而不是集中的智慧，集中無理性，集中一定會傷害一部分個體的利益，滿足另一部分個體利益，總體來看利益是下降的。而集合是基於底層向上的集合，才會產生有效的利益膨脹以及利益的公平分享。

區塊鏈應用的生態要求

一是底層架構設計的點對點，不管是自然人還是法人，一定要有他內在的區塊鏈，把自己的一切東西去積累，把自己的一切去應用，把自己一切行為進行價值最大化。有趣的是，在進行市場經濟改革期間，產生了民營企業的同時，也產生了獨立的自然人追求自我利益的法律框架、制度框架、交易框架。但這些如果只在小的範圍內去應用，既沒有規模效益也不能把價值利益最大化。因此，當它能夠在一個區域的範圍內，迅速地擴大到大規模的交易和大規模應用時，才是基於網際網路之下，把自身的組織成本、交易成本降低了，這是在財富可以自

積累的過程當中最有效的過程。

　　當人們找到一個邊界，一個自下而上的點對點的積累邏輯和在一個相對獨立的封閉系統當中，而這個系統是一個相對簡單的系統，就將會是區塊鏈應用的最佳生態法則。目前，對於區塊鏈領域最有挖掘衝動的是中國的BAT（指百度、阿里巴巴、騰訊），因為它已經形成了一個巨大的應用空間，這個應用空間當中如果引用區塊鏈的話，會產生自己的貨幣、產生自己的電子票據、產生一切東西，這些東西都會給它帶來利益的成長、交易費用的降低。雖然民營的網際網路領域當中，已經成氣候的企業對區塊鏈有衝動，但是它的衝動還不是最大的。網際網路當中第二梯隊或第三梯隊的那些公司，都想通過區塊鏈的應用去替代那些已成氣候的巨頭，去革命、去超越，他們對區塊鏈的衝動更大。

　　二是回到監管當中。集權國家的監管邏輯如果用了區塊鏈，所有的訊息不可更改，一定是從行為監管角度才可以發生最基本的變革。市場經濟體制變革，實際上是在區塊鏈當中的歷史應用，有地方市場經濟的比較，不同部門之間互相的競爭，就是一種鏈條和區塊的設計。如果在簡單邏輯系統化完成之後，我們就可以推廣、拓展，並全面覆蓋。可以預言，區塊鏈如果堅持真正的制度內涵，在新的競爭格局之下，在新的機構和個人歷史動力的推動之下，會快速走向人類。

傳遞訊息同時傳遞價值

作為一項創新的技術架構，有人將區塊鏈比作 20 世紀 90 年代的網路基礎協議，而將基於區塊鏈所形成的新網際網路稱為價值網路。也有人將區塊鏈比作更為具體的 SMTP 協議，認為網路實現了訊息傳遞，而區塊鏈則實現了價值傳遞。

 邁向價值網際網路的基石

反觀 20 世紀 90 年代以來網際網路對人類社會的巨大貢獻，區塊鏈也因此被視為下一個數位時代的新動力。而凱文‧凱利的啟發式著作《失控》更是在 1994 年就通過一系列自然與人工的例證，構想出了一個分布式、自組織的高效人造系統，而這也恰好就是區塊鏈所具有的特性。

然而前面所提及區塊鏈技術架構保證了數據的一致性、正確性與無法篡改，構造出一個真實唯一的數據世界，就像同一份比特幣同時不能被花費兩次，區塊鏈上的數據也因此具備了唯一性，因此人們開始廣泛認可基於區塊鏈的網際網路所傳遞的不再是數據的複製品，而是真實、唯一、可信的價值，而這一種價值網路也正在全球範圍內被探索和應用中。

區塊鏈的魅力在哪裡？

說起區塊鏈的魅力，首先要談我們身處其中的這個時代。當前這個時代，人類正經歷一個從訊息網際網路朝向價值網際網路轉移的過程。這個過程將持續很多年，最終會改變人類經

濟、政治和社會的組織和管理方式。

什麼是訊息網路？什麼又是價值網路？以發郵件為例，最初我們用紙寫信，然後密封，交付郵局分發各地，這是一個中心化的系統。現在，有了電子郵件，就是通過一種分布式的網路結構，使訊息從個人直接向對方傳遞，不用郵局作為中介。這種電子郵件的點對點傳播就是訊息網路的典型例證。

訊息網路時代，人類生活發生了根本性改變，不光是在郵件，還有辦公自動化等各方面，交易成本、運行成本急劇下降，效率飛速提高。但是，到目前為止，雖然網際網路已經實現了訊息的無中介傳播，但並沒有做到價值的點對點傳播。

以中國大陸的微信紅包為例，今天我發了個紅包給你，你馬上就能收到。從形式來看，像是我直接將錢發給了你，但實際上，它背後的運作是這樣的：微信以某個交易系統為平臺，構建了中心化的中介系統，參與收發紅包的每個人在此平臺上都有自己的微信支付帳戶，每筆交易都會記錄在帳戶裡。然後，此交易平臺會與你使用的開戶銀行聯絡進行扣款或收款。所以，在收發紅包的過程中，並沒有實現直接的、點對點的價值傳播。為什麼做不到這一點？答案很簡單：因為訊息網路是能夠複製的，價值網路卻不能夠複製。怎麼做到點對點的價值傳播呢？最重要的突破是 2008 年，中本聰提出的「比特幣原理」。簡單來講，就是一種去信用的算法，可以不用中介機構，通過網際網路，實現直接的、點對點的價值傳播。

中本聰的論文闡發的理論才正式建立起價值網路的基石。他不僅提出並發表區塊鏈概念，更重要的是，他把整個區塊鏈系統做出來了。這個系統經過多年的運作，現在已成為能在全

球自動運作、記帳、交易，沒有中心化機構維護的無主系統。為什麼說區塊鏈技術是大突破？我們看到，訊息社會有很多弊端，其中之一就是訊息網路特別依賴主幹網，所有的訊息都在主幹網上傳播，個人訊息很容易被竊取。例如，維基解密就發布報告稱，美國政府過去曾竊聽歐洲領導人的通話。

在訊息網路時代，由於所有的訊息都有匯總，因此竊取變得很容易，相對保密變得非常困難。這對個人隱私的保護是個巨大的威脅。如果是用區塊鏈技術來做，由於每個人的訊息都可用私鑰和公鑰加密，就能緩解人們對泄露隱私的恐懼。

現在普通大眾的隱私被侵犯的情況太多了。如果 Apple 的中央資料庫被攻破，所有的個人訊息就泄露了。但是如果用區塊鏈技術來做，就能防止中心化機構對訊息的濫用，例如泄露或出賣。個人可以通過哈希值對自己的檔案加密，其他人看到的只是一個代碼或者一個指紋，如果沒有私鑰授權，代碼或指紋裡的檔案訊息就無法看到，這對個人隱私有著極大的保護。

目前，在中心化的訊息網路下，形成了多家巨無霸的壟斷機構。Apple 是其中之一，Google 也是，中國的阿里巴巴和騰訊，都是超級壟斷者。例如，Apple 推出了 Apple Store 的系統，為所有用戶提供有償服務。如果所有使用者的個人資料訊息（信用卡、帳戶、密碼等）都集中到 Apple 手上，並且只有它一家可以整合 Apple Store 的數據，它就會變成超級巨無霸。這樣中心化的網路機構繼續成長，就會變成網際網路時代新的壟斷機構，且一旦它想要做惡，沒任何機構能與之對抗。當然，Apple 現在並沒有做惡，並且對我們的工作、生活和社交提供了很多便利，降低整個社會的交易成本，它至少到目前還不是

足夠的大，也會面臨市場和法律的約束。

但是，從技術面看，我們不能否認網路巨頭們做惡的可能性。訊息網路繼續發展，如果沒有價值網路做到「去中心化」，那麼在網際網路時代，未來是很令人擔憂的。正是在這個意義上，中本聰提出的這些概念具有偉大的意義。也就是說，現在訊息網路上已經出現的這種線條狀的帝國，或線條狀的壟斷機構，非常需要用區塊的結構來對沖。區塊鏈從概念上或基本原理上，能夠對沖這種網上線條狀帝國的壟斷。

當前，社會輿論對主幹網的依賴性很強，所有的訊息在主幹網上都能看到，而區塊鏈可以把這些訊息打散，成為一個個的個人私有訊息。從公部門行政的角度，確保訊息的真實性對公共安全方面也是有幫助的。由於個人訊息更難造假，整個社會透明度大大提高，欺詐、作假等犯罪率也會降低，防範性的工作也會相對減少。在這個角度，區塊鏈有一個重要的意義：它能對每則訊息或每個價值賦予權力，讓每則訊息或價值，都能找到它的主人，找到它的所有權所對應的那個人。這樣的話，每個人就能掌握自己的財產所有權，掌握自己的訊息所有權，從根本上保護個人的隱私。從這個意義上看，區塊鏈是網路時代給我們最好的禮物。

區塊鏈到底有什麼用？

區塊鏈主要可以保護和提高價值傳遞的效率。「沒有中心化的管理機構，但是能傳遞價值的網路」，這裡為什麼說「但是」呢？因為我們現在的價值傳遞網路，都是中心化管理的。

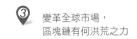
去中心化管理的傳遞方式是不常見的。

　　你坐車，司機開車的價值能傳遞給你；你叫外賣，餐廳的價值能傳遞給你；或者，我給你轉帳，我的一部分價值也能夠傳遞給你。但是，這背後都有中心化的管理結構。第一個，是車行在管；第二個，是外賣公司在管；最後一個，轉帳，如果你是用微信轉帳，那就是微信在管，如果你用銀行帳戶，那就是銀行在管。總之，在很多領域，你是沒辦法把價值直接轉給我的，必須通過中心化的機構來傳遞價值。當然，你也可以說，我可以直接把手上的鈔票給你，不通過中心化的機構來傳遞價值啊。但其實，在這裡面還是有中心化的機構在裡面管理的，他叫做中央銀行。不過對於這一點，我們稍後再說。

　　首先，我們要感謝這些幫助我們傳遞價值的中心化管理機構。如果沒有車行，我搭不到車；或者沒有餐廳，也吃不到熱騰騰的外賣；再或者，沒有銀行，要給別人匯款轉帳，也變得很麻煩。也就是說，價值傳遞的成本很高，或者用經濟學的話說，交易成本很高。總之，這些中心化機構降低了我們的交易成本。但是，就沒有一個比這種中心化機構更好的方式來讓我們傳遞價值嗎？我們看看現在這種中心化的管理方式，有哪些可以改進的點。

安全

　　中心化機構，例如銀行都是把數據儲存在自己的中央數據庫中。所以，銀行就是活靶，如果有人能想辦法入侵銀行系統，或者銀行內部人員想要出賣銀行，是非常有利可圖的，他可以更改交易數據，隨意更改自己的餘額等。相比之下，去中心化

的機構，沒有所謂的內部和外部人員，整個數據資料都是公開透明的，誰都可以下載這些數據，大家共同維護，就像共用的雲端資料庫一樣，上面的檔案，你我都可以添加。

這裡，你可能會有兩個問題：第一，你可能會說如果交易數據公開，那大家都可以來更改，那豈不就更亂了嗎？第二，如果數據都是公開透明，那每個人還有什麼隱私？

對於第一個問題，區塊鏈不是簡單的去中心化，是有規則的去中心化。每個人都可以加入區塊鏈網路，並且，按照規則去維護網路是有獎勵的，例如維護比特幣區塊鏈的獎勵就是比特幣。如果你想破壞，那你就是不想要那份獎勵，但總體來說想要得到那份獎勵的人還是居多，所以你也並不能搞出什麼破壞，因為大家都在下載這份數據，都會盯著這些交易記錄看。

這跟銀行的例子是有差別的，你只要瞞過銀行系統，你就能修改交易記錄，雖然那也是很難的事情，但還是有人可以辦到，所以像是銀行這樣有規模的企業也偶爾會爆出安全漏洞問題。但在區塊鏈網路上，是真的難以欺騙所有人，要欺騙所有人，成本是很大的。

另外一個是隱私，區塊鏈採用非對稱加密，也就是說，你的數據會被加密成一串隱蔽的密碼，存放在區塊鏈中，來確定你的交易，但是那段密碼並不能反向解析出你的數據。具體是利用前面介紹過的哈希加密算法可以實現，在此就不再細說。

成本

今天利用銀行轉帳匯款所收取的手續費用已經算很低了，但其實還可以更低甚至達到無手續費，且目前國際轉帳、跨行

轉帳的手續費還是比較高，這些也是可以優化的地方。你只要想想，銀行系統中有那麼多領導幹部，有那麼多手續和步驟，你就知道這裡面其實是可以變得更優化，也就是說可以提高這些中心化機構的效率。但是，方式不是優化管理，而是用去中心化的區塊鏈技術替代這些中心化的機構。

區塊鏈是去中心化的，這上面的維護者沒有老闆，他們是一群出於想要獲得區塊鏈獎勵為目的而來工作的。他們只需要按照區塊鏈的規則工作，不需要老闆來指導，或者說，他們每個人都是老闆，把請員工來工作的費用省下來。總之，就是省下了一部分資源。那你可能會說，沒有老闆指導，以後的戰略怎麼調整呢？這是另外一個問題，我們在下一個章節說明。

不平等和馬太效應

所謂的馬太效應就是指強者越強，弱者越弱之現象，即是貧者越貧，富者越富。舉個例子來說，以大型的企業公司來說，他們的內部人員比較多，可是能力參差不齊，造成效率低下，但是公司卻依然能賺錢，股票依然升值，為什麼呢？因為他們的數據越來越多。相對的小公司也想搞大數據，但是可能連數據都沒有，這碗飯就只能由那些大公司吃，就是因為人家公司規模大，所以可以辦的更大；你的公司規模小，就只能越做越小。但是，去中心化後的數據，大家都可以擁有，想搞大數據的請隨便自取，只要擁有專業知識即可。

總結一下，中心化機構確實有它的用處，如果沒有車行，你把錢付給了司機，你怎麼保證司機會來接你。或者你在網上買東西，如果沒有交易網，你把錢付給了賣家，你怎麼確定賣

家就會發貨給你呢？又或者賣家先發貨，卻沒法保證你一定會付錢給他。中心化機構，用自己的信用、管理與技術來解決這方面的問題，這是很有價值的事情，所以一些知名的大企業價值才會這麼高，例如 Uber、阿里巴巴、Apple 等。但是他們也有不足，這些不足，可以通過一個有規則的去中心化網路來解決問題。這個有規則的去中心化網路叫做區塊鏈。

通貨型區塊鏈

所謂的通貨型區塊鏈，就是指能夠當錢用的區塊鏈。首先是技術，區塊鏈網路是由無數個交易節點組成的，這些交易節點都是人控制的計算機，在計算下一個區塊的產生。假設我們有了第一個區塊，這些節點就要計算出第二個區塊，因為這兩個區塊要用複雜的方法鏈接在一起，所以需要大量的計算，每當有人搶先計算出了第二個區塊，他就擁有了記帳權。記帳權能幹嘛用呢？例如在第二個區塊被計算的這幾分鐘內，如果向你發起了一筆轉帳，我就需要向全網廣播說，我向你轉帳一萬塊錢，拿到記帳權的人，就會去全網搜羅這些轉帳消息，並有權把這筆轉帳寫進第二個區塊鏈，同時收走我的 0.001 個比特幣的轉帳費。所以，這個人並不是做白工。

另外，無論你在美國還是歐洲，一旦這次轉帳被寫進這個區塊，錢就歸你了。而 0.001 個比特幣相當於 20 塊臺幣，所以還是很便宜的。而且，只要全球轉帳的人足夠多，那些記帳的人也是很有利可圖的。

等第二個區塊產生出來，所有的網路節點就會用 P2P 的方

式把它下載下來，然後接著第二個區塊，來計算第三個區塊。未來，所有的轉帳訊息都寫在這個不斷延續的區塊鏈中，所以，交易是有很多個交易節點來見證的。你要想篡改區塊鏈，或者更改某筆交易，前面說過是完全不可能的。

　　或許你也會問，記帳的那個人憑什麼正常記帳，如果他隨便記帳怎麼辦？這方面比較複雜，但區塊鏈最早的設計中，通過一些代碼解決了這個問題。雖然，他可以隨便記帳，但只能在其中一條鏈記帳，要知道區塊鏈是不只一條的，它是擁有許多分支的鏈狀系統，但是大家主要還是在有共識的那條鏈上，所以就算是亂改的記錄也是沒機會公布的。而且，這是一個去中心化網路，如果你自己捏造了一條鏈，其他人是不會下載你的區塊的，因為大多數人，都知道維護主鏈才是有利可圖的事情。只有主鏈上交易的貨幣，才是被更多人接受的貨幣。

通貨型區塊鏈用處

限制貨幣超發

　　人們在經濟生活中會製造出越來越多的商品，用這些商品來兌換錢幣，如果錢幣的總量是固定的，隨著商品越來越多，錢幣就會供不應求，然後升值，但真正現實是另外 4 個字：通貨膨脹。這裡面一個很重要的原因是，錢幣越來越多。誰有權製造錢幣呢？就是中央銀行。

　　回到一開始的問題，為什麼我給你一張鈔票，中間也是有中心化機構在管理，但這張鈔票的價值還是需要靠政府出面來保證？我可以隨便製作一種擎天幣，說給你 100 塊，你會不接

受，因為你不信任這張錢的價值，只有政府出面強制的法幣，你認為有價值，因為國家要求大家統一相信錢幣。如果國家倒臺了，中央銀行這個中心化機構沒有了，錢幣和擎天幣的價值就是一樣的。但數位貨幣不同的地方在於：它的價值是建立在人們共識之上，不是靠政府保證的共識之上。這一點在一些經濟大國（如美國、中國等）不是很明顯，因為大家都覺得他們的國家欣欣向榮，但在一些較不發達的國家（如非洲），那些政府經常倒臺的地方，法定錢幣就沒那麼可靠。

但是數位貨幣不一樣，因為它的共識是大家的，例如在創立比特幣的時候說總共有 2100 萬個比特幣，就只能有 2100 萬個比特幣。你可以造出 2200 萬個，但只能在另一條鏈中，而不能在現有的鏈中，因為對於現有的鏈，所有人都在盯著區塊鏈訊息，不可能有多一個，所以不存在貨幣超發的可能性。

你的就是你的

比特幣本質上只是一串能接入區塊鏈網路的密碼，因為採用非對稱加密，所以，大家都知道你有這個比特幣，例如第 10 號比特幣，但是不能猜到這個比特幣對應的密碼，所以，你的就是你的。

但是，你儲存在銀行裡的錢可不是這樣，對於一般民眾來說，可能不會遇到下面的情況，但是對於很有錢的人，他們的資金安全全依賴於此。首先，他們不想被中央政府超發的貨幣洗劫，也就是說如果你有 100 億，錢幣貶值 1%，你也會損失了 1 億。另外，如果一個國家要打仗了，肯定要凍結你銀行中的錢，你的錢就這樣被充公了，你是一點辦法也沒有。

對於我們早期參與者來說，還有一個用處，賺錢！

1 個比特幣的價值在 2011 年的時候是 1 美元，到 2016 年是 700 美元，5 年內漲了 700 倍，且早期參與是有紅利的，例如英國脫歐、印度廢幣等，這些經濟事件都能在很短的時間內推動比特幣的上漲，讓早期投入的人可以小賺一筆。直至現在，陸續有一些新的區塊鏈貨幣在產生，例如增加了智能合約接口的以太坊和更具有隱私化的 Zcash 等。

2017 年還有一個很受關注的項目叫做量子鏈（Quantum Blockchain，簡稱 Qtum）致力於開發比特幣和以太坊之外的第三種區塊鏈生態系統，並全力拓展區塊鏈技術的應用邊界和技術邊界，使普通網際網路用戶能感受到區塊鏈技術的價值。在 Qtum 系統中，可以通過價值傳輸協議（Value Transfer Protocol）來實現點對點的價值轉移，並根據此協議，構建一個支持多個行業的（金融、物聯網、供應鏈、社交遊戲等）去中心化的應用開發平臺（DAPP Platform）。

從只有一個老闆，變成每個都是老闆

　　在未來的世界中，我們可以預見各行各業將運用區塊鏈的技術，打造出一個點對點的互動模式，在這樣一個技術背後所支撐的工具，就是去中心化。然而，負責維護區塊鏈網路上的工作者都是沒有老闆，他們都是想為了要獲得區塊鏈獎勵而來工作的，且只需要按照區塊鏈的規則工作，不需要老闆來領導，換句話說，其實他們每個人都是老闆。這樣不僅僅是省下了一部分資源，更省下一大筆開銷。

「去中心化」到底是指什麼？

　　過去幾年裡，人們對區塊鏈的最大誤解可能就是對「去中心化」這個詞的理解。按字面含義，去中心化就是節點的分散、數據的分散、礦工的分散、開發者的分散⋯⋯，甚至有人認為，礦工的分散（人人都能用個人電腦挖礦）是中本聰的初心，中本聰支持「一 CPU 一票」，即每個用戶通過個人電腦、手機就能挖礦。還有人試圖透過演算法的改進，阻抗特殊應用積體電路（Application-specific integrated circuit，簡稱 ASIC）晶片的研發，避免算力的中心化，當然，這些努力都是掩耳盜鈴，演算法只能延緩專業化挖礦晶片的誕生，而不是阻止。

　　需要指出的是，「人人都能用個人電腦挖礦」恰好是中本聰所反對的「一 IP 一票制」，因為每位礦工的電腦都貢獻為

一個全節點，相當於網路節點的所有 IP 都擁有相等的權力。那麼，擁有分配大量 IP 位址權力的人，比如殭屍網路就可能主宰比特幣網路。殭屍網路中最多可包含數十萬臺機器，如暴風木馬擁有 25 萬個節點，遠遠大於比特幣全網節點數（6000 ～ 8000 個），暴風木馬控制的殭屍網路可以輕而易舉地發起 51% 攻擊。中本聰所言「一 CPU 一票」實際是說一個計算單位代表著一個權力單位，擁有的計算力更高，即意味更高的權力，這是工作量證明「計算即權力」思想的形象化表達。

每個人都能通過自己的個人電腦、手機挖礦，這看起來是更公平、更去中心化的理想社會，可為什麼區塊鏈的安全性反而降低了呢？原因很簡單，去中心化並不是一個描述狀態的詞，而是一個描述過程的詞，狀態的去中心化並不意味著過程的去中心化，殭屍網路的節點在狀態上是分散的，但在行為模式上具有高度一致性。去中心化的本意是指，每個人參與共識的自由度。他有參與的權力，他也有退出的權力。在代碼開源、訊息對稱的前提下，參與和決策的自由度，即意味著公平。

我們可以從資產配置的角度來理解去中心化，資產配置也同樣有著分散風險、分散資產的需求。早在數百年前，莎士比亞《威尼斯商人》中的安東尼奧說道：「我的買賣的成敗，並不完全寄托在一艘船上，更不是依賴著一處地方；我的全部財產，也不會因為一年的盈虧而受到影響。」也就是人們常說的「不把雞蛋放在同一個籃子」策略。

但是，如果籃子裡的資產具有相關性，那麼，不管資產配置是多麼分散，它都不能起到分散風險的作用。如果一個市場整體處於下跌通道，且市場中的絕大多數資產具有相關性，你

的資產配置越分散，即意味著越穩定的資產損失。這個時候，反而不如賭徒式的孤注一擲，把所有資金配置在一個與多數資產不具相關性或具反相關性的資產之上。

如果這些資產的相關性是一個未知數，那麼按最大熵原理❿，應該假設這些資產擁有最大隨機性。對於區塊鏈來說，就應該假設這些節點都有絕對的自由決策權，而不應賦予開發者或一部分人更高的權力，授信或委託他們來記帳。正如普林斯頓比特幣公開課所指出的：「比特幣的共識算法十分依賴隨機化。它摒棄了發生共識的特定的開始時間和結束時間，取而代之的是隨著時間的推進，你認為的某些區塊將被共識的幾率會越來越高，觀點分歧的機率則會以指數級下降。這些模型中的區別正是比特幣能夠繞過傳統的對於分布式共識算法的不可能結果的關鍵所在。」

人人都能用個人電腦挖礦貌似更分散，但事實上，如果這些個人電腦感染了殭屍病毒，那麼它們行為表現的相關性將為1。這些節點數量不管多麼龐大，它們都將被視為同一個節點。又如 Bitfinex 交易所雖然使用了多重簽名，但由於 Bitgo 所保管的那把私鑰，對所有來自 Bitfinex 伺服器的請求都自動簽名，兩把私鑰實際上僅相當於一把私鑰。不管是使用多少把私鑰的多重簽名，不管這些私鑰的保管是多麼分散，只要這些私鑰的行為模式具有一致性，那麼這個多重簽名方案就是不安全的。

....

❿ 最大熵原理是在 1957 年由 E. T. Jaynes 提出的，其主要思想是：掌握關於未知分布的部分知識時，應該選取符合這些知識但熵值最大的機率分布。

相反，在挖礦激勵機制下，雖然造成表面上的算力中心化局面（實質上也是分散的，只不過少數人擁有的算力遠遠大於其他人），但沒有人可以阻止你去參與挖礦、研發礦機，這完全是個自由競爭的去中心化過程。這就好比選舉投票，人人擁有選票的民主制度雖然也會選出出乎意料的人選，但選舉過程是去中心化的，那麼這些選舉就是合法的。

可見，去中心化並不是什麼新詞，它其實就是亞當‧斯密的那隻看不見的手：市場的自由競爭。在競爭機制下，算力集中並非什麼可怕的問題，一方面，由於高昂的計算力成本，礦池、礦工發起 51% 攻擊不符合理性經濟人的前提；另一方面，即使存在不可理喻的瘋子，比如擁有大量算力分額的礦池，他們的攻擊也不能持續，因礦池的算力並非真正屬於他們，且隨時面臨新加入的算力、新玩家的挑戰。算力集中本身就是市場的結果，任何一個開放系統在自由競爭下，都會形成專業化分工，這就好比生物有機體的組織分化。專業化的礦工，專業化的支付錢包，專業化的區塊鏈數據服務商等，這正是區塊鏈去中心化的結果，而不是我們處心積慮要避免的後果。

去中心化的社交網路將顛覆現有社交網路

全球的社交網路平臺都有一個共同目的，提供人性化的服務，讓人們保持聯繫、交換心得、結交志趣相投的朋友，滿足社交需求又豐富了生活。但是，用戶在整體環境中卻處於弱勢的狀態，因為，用戶將個人資料內容上傳到網路後，會立即變成網路運營商所擁有，可以自由出售給出價最高的人或者披

露給任何需要的人。這包括我們朋友的身份訊息，我們的觀點和愛好，當然還有我們所寫、上傳以及在這些平臺上創建的東西。社交平臺要對傳遞的訊息進行監管、控制，讓它們滲透進每個人的生活從而影響他們，扭曲現實照片，更加有效地控制我們看待世界的方式，中央集權的絕對控制。

主要核心之一就是強調「以自己中性化的去中心化」，完全分散式的點對點直接連接，從主流的內容沉澱轉向行為和關係的沉澱，訊息為用戶自己所有，商業模式稱為連接彼此，訊息交換的分散型經濟，也可以叫注意力經濟。

區塊鏈的社交模型

區塊鏈提供了一種去中心化的、無需信任積累的信用建立範式。以點對點驗證將會產生一種「基礎協議」，是分布式人工智慧的一種新形式，將建立人腦智能和機器智能的全新接口和共享介面，簡單來說陌生人社交的最大訴求之一就是快速地找到志趣相投的人（發現＞聯繫＞關係）或被找到，而區塊鏈於這一部分充分表現出陌生人社交的心機點。

傳統社交網路控制用戶數據

現有的社交網路是中心化結構，社交平臺設定規則、儲存內容、分發內容，均由統一中心系統管理，由用戶創造內容，用戶之間利用社交網路進行人際關係的彈性社交，獲取朋友動態、熱點內容等，而作為服務提供方的社交網路則掌握了用戶產生的數據，並通過分析這些數據，進行精準的廣告推薦、流量廣告變現。但這也引起了一部分用戶的不滿，尤其是對自己

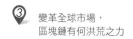
的隱私安全敏感的用戶。

區塊鏈社交網路的萌芽

　　為了讓社交網路控制權從中心化的公司（如 Facebook、Snapchat、Twitter、LinkedIn 等）轉向個人，有人想到了區塊鏈的技術，試圖通過區塊鏈實現由中心化向去中心化的轉變。全新的社交媒體平臺開始萌芽：利用區塊鏈分布式技術構建平臺，讓用戶自己控制數據資料。本質上就是個可信任的無中介網路平臺，建立可信任的點對點連接的對等社交平臺。

　　Synereo 是一家創新性的科技公司，試圖通過區塊鏈技術，挑戰中心化社交網路現狀，形成點對點網路。Synereo 社交網路跟 Facebook 社交網路剛好相反：

1. Synereo 社交網路無法記錄、儲存任何個人訊息。

2. Synereo 社交網路不會向用戶推送精準廣告。

3. Synereo 社交網路允許用戶在自己設備上運行節點接入網路，節點與節點之間實時互連。

4. Synereo 社交網路用戶訊息以加密形式儲存在網路節點上，形成一個分布式網路。

　　按照區塊鏈技術，數據是冗餘儲存，也就是將同筆資料分散儲存在多個節點上，而裡面的數據只有掌握秘鑰的人才能查看，保障用戶資料安全，同時網路會向做出儲存和算力貢獻的用戶提供補償，也會向創建和維護內容的用戶提供獎勵。

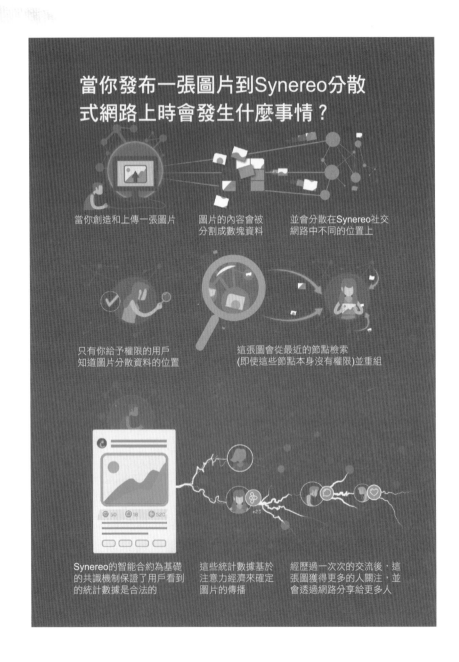

當你發布一張圖片到Synereo分散式網路上時會發生什麼事情？

當你創造和上傳一張圖片

圖片的內容會被分割成數塊資料

並會分散在Synereo社交網路中不同的位置上

只有你給予權限的用戶知道圖片分散資料的位置

這張圖會從最近的節點檢索(即使這些節點本身沒有權限)並重組

Synereo的智能合約為基礎的共識機制保證了用戶看到的統計數據是合法的

這些統計數據基於注意力經濟來確定圖片的傳播

經歷過一次次的交流後，這張圖獲得更多的人關注，並會透過網路分享給更多人

Synereo 社交網路通過散點共振的方式，建立了新型社交網路的運作模式：讓用戶自己控制自己的資料和訊息，並對有貢獻的用戶提供獎勵。這樣的模式不但保證了個人數據安全，還通過系統機制刺激大家做更多的貢獻。網路在這個時候，不再是中央控管，而是單純的平臺，用戶們可以自由地享受網路社交平臺。

未來會怎樣？

區塊鏈的技術也許會讓社交創業者看到了新的希望，但今天的市場環境能否接受分散點狀式的社交網路，它能否成長為主流社交網路，都需要考驗。去中心化的社交網路未來非常可觀。它建立了社交網路的對等性，用戶可以更自由、更開放、更興趣化，比中心化的平臺更有優勢。

有一個很重要的場景就是訊息的分層化。因為所有的用戶都是點對點網路，用戶可以塑造不同身份，創建基於個人需求的不同身份的社交群組。滿足同事、父母、同學、興趣等不同的需求背後的身份 ID。這樣不同身份產出的訊息流，誰可以看，誰不可以看操作非常方便。隨著共享經濟、生態開放的發展同時，用戶對個人訊息隱私安全要求會越來越高、對商業化廣告會越來越反感，自我掌控個人的訊息和內容的需求會越來越強烈。點對點的社交網路的核心需求不是要堤防，而是能不能建立更高效、更有意義的社交網路，這一點還是有很強的吸引力和想像空間的。總之，基於區塊鏈的社交網路本質上就是去中心化，打破現有社交網路的規則。一個活在現在的人是無法判定未來的市場，直覺不夠、分析不夠，如果革命真要來了，

一切取決於社會價值的變化。

掙脫現實框架，區塊鏈＋應用場景的無限可能

　　想像一下在不久的將來，當一輛汽車被製造出來時，就如同比特幣被挖掘出來一樣，會在區塊鏈上以汽車的 VIN 碼作為每一輛汽車的身份證明，這時所有權是屬於汽車廠商的。當經銷商從廠商手中收購了這輛車後，便會在區塊鏈添加一筆記錄，而自買家從經銷商手中購入這輛車後，區塊鏈上又會被增加一筆新記錄。這樣的技術詳細記載了每輛汽車被製造後的所有交易記錄，拜區塊鏈之賜，你可以在任何時候、任何地點知道每一輛車的所有權歸屬變動，大大降低買到問題車輛的風險……。

區塊鏈＋的無限狂想

　　全球區塊鏈新創團隊在 2015 年所累計的融資總額已突破10 億美金，區塊鏈已成為金融業搶進 FinTech 領域的關鍵核心技術之一，我們不禁想問，為什麼金融機構不採納比特幣，卻對其背後的區塊鏈技術趨之若鶩，甚至將區塊鏈掛上「信任機器」的美譽呢？

　　原來比起傳統的交易方式，利用區塊鏈技術的金融交易模式至少具有四大優勢：

1. 速度提升。
2. 結算風險降低。
3. 交易過程中的失誤減少。

4. 交易價格和費用透明，且幾乎所有目前在第三方平臺或是
　中央機構中介的金融產品，例如股票、基金、人壽保險等
　等，皆可透過區塊鏈的優勢改善既有交易中存在的問題。

　　各方巨頭顯然已經嗅到區塊鏈的商機，美國納斯達克已採
用區塊鏈技術打造新交易平臺，日本瑞穗金融集團最近正嘗試
將區塊鏈應用於跨境支付業務，中國大陸陽光保險也採用區塊
鏈技術推出了能夠轉贈、與其他公司發行的點數互換的紅利點
數系統，區塊鏈在金融各領域的應用上已經如火如荼地展開。

　　然而區塊鏈技術可應用的範疇橫跨各領域，若暫且拋開現
實層面的考量，試想一下區塊鏈的各種可能應用場景，會發現
這樣的技術蘊含著無限的發展可能。

低效率、高風險市場的終結

　　現實中任何有價值的物品或資產在數位化後，都可能成
為可利用區塊鏈進行買賣的品項。以房地產為例，根據 Home
Insight 的調查，美國房地產所有者每隔 5 ～ 7 年就會賣掉手中
的房子，平均一生中會搬 11.7 次家，為了防範偽造文書或是
賣方欺詐，幾乎所有房地產交易都會經過第三方的服務。這樣
的服務費用通常是房地產價格的 1 ～ 2%，勞心又勞力的傳統
交易方式，不管是時間、人力還是費用都是房地產買賣方的痛
點，也成為了一個待解決的課題。

　　國際比特幣房地產協會（IBREA）試圖透過區塊鏈技術解
決此問題：首先將房地產所有權記錄存放在區塊鏈系統上，就
如同將文件上傳到 Drop Box 或 Google Drive 一樣，但不同的
是，在上傳文件到區塊鏈上時，需要有私鑰密碼證明是擁有該

文件的第一人。房地產所有權轉讓時也要先回溯歷史記錄，證明自己擁有文件的所有權才能夠進行。借助區塊鏈技術，不僅提高了房地產買賣的效率、節省了人力成本，也讓買賣方在交易前後都感到更加安心。

　　同樣的應用也適用於藝術品或是奢侈品的買賣，過去藝術品的轉讓是不透明的，僅憑著紙張證明藝術品的所有權或價值，因而導致偽造品或是利益糾紛充斥市場。正如上述，區塊鏈是一個去中心化且可信賴的數據存取系統，能夠追蹤資產的所有權和交易歷史，若懂得善用區塊鏈技術，將可以解決藝術品轉手或買賣中長期存在的問題。美國新創公司 Chronicled 利用區塊鏈技術提供運動鞋收藏的認證服務正是此觀念的運用。透過運動鞋內的智能標籤連接消費者的手機 App，用區塊鏈保存運動鞋的資訊，創新的技術運用使 Chronicled 首輪融資達到342 萬美金。

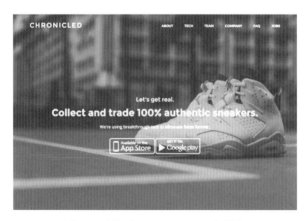

圖 3-4〈取自 Chronicled 官網〉

無孔不入的區塊鏈技術

究竟哪些生活場景適合區塊鏈技術？答案為凡是有中介參與且該成本過高，或是低追蹤成本且高訊息安全需求的場景，皆可以是區塊鏈技術的切入利基。

以音樂產業來說，區塊鏈技術可以為歌曲版權管理、版稅分配和版權體系不透明等棘手的問題提供多種解決方案。以色列初創公司 Colu 便是一個絕佳案例：該公司宣布在區塊鏈基礎上推出一個測試版平臺，幫助不懂區塊鏈的開發者和消費者，透過平臺建立和交換電子資產，包括金融資產、文件記錄還是所有權交易（活動門票、代金券、禮品卡等等）。目前 Colu 正在與音樂技術行業的領導者 Revelator 合作開發版權管理 API 系統，這個系統將為數位資產的發行和分配提供安全管道，包括音樂作品的上市和註冊，並為所有市場參與者提供更高的透明度和運營效率。

不僅能解決產業無效率的問題，區塊鏈的技術運用其實也能貼近生活。舉例來說，過去超市必須花費大量人力物力以確保食品的安全可靠性，尤其是有機食品的來源。未來若能運用區塊鏈，就可以確實掌握每一項商品從農場到供應商、再到物流的每一次交易時間、數量和金額，不僅超市可以節省更多針對消費者宣傳品質的行銷費用與安全認證的成本，消費者也可以更加安心的在超市採買食材。臺灣新創公司數金科技（DTCO）正致力於利用區塊鏈連結線上或線下各種生產者，保存合作夥伴、通路、供應者、設計者、庫存等資料，建立一個可追溯的系統，減少供應鏈管理的成本。舉例來說，DTCO

提供種稻的農民建立在區塊鏈上的 App，讓農民把米的產地、檢驗證明、米的上下游流通廠商與米的產品內容等資訊數位化後進行存取，如此米從生產到消費者手中整個過程的完整履歷就形成了。

圖 3-5〈取自 DTCO 官網〉

　　放眼未來，生活中的各種商業模式都有機會透過區塊鏈進行優化，各行各業也都有機會利用區塊鏈轉型開創新局面。也許上述描述的場景，都將在不遠的將來，出現在你我的生活中。

Block 4

區塊鏈走進生活，
各領域將百花齊放

- ⬇ 物聯網領域應用
- ⬇ 慈善領域應用
- ⬇ 金融領域應用
- ⬇ 數位版權領域應用
- ⬇ 供應鏈領域應用
- ⬇ 教育領域應用

物聯網領域應用

　　今時今日，區塊鏈技術應用已從早年的金融交易，逐漸延伸到所有需要中間人作保或認證的應用項目，譬如房屋交易、汽車買賣等等，甚至可經由應用程式的串聯，將區塊鏈技術與其他應用服務內容加以整合，據此加速產生各式各樣的創新應用，甚至有助於加速推動物聯網應用發展。比方說，設備儀器的製造商可以藉由區塊鏈技術，追溯到每一項零組件的生產廠商、生產日期、製造批號乃至製造過程的其他資訊，以確保整機生產過程的透明性及可回溯性，有效提升整體系統與零組件的可用性，繼而保障設備儀器運作的安全性。

　　更有甚者，倘若設備儀器供應商想從原本產品販售角色，轉型成為加值服務供應商，亦可藉助區塊鏈技術，自動監管該設備儀器與其他智慧聯網裝置的互動狀況，依據智能合約內容，適時引進必要的零組件與維修服務，藉此確保設備儀器長年保持正常運行狀態。

　　所以進入萬物聯網時代，幾百億臺物件都可以上網，屆時急需解決的難題，便在於急遽擴張的數據儲存需求。環顧全球絕大多數資料中心，都很難承擔如此龐大的數據儲存量，也因為物聯網帶動共享經濟的起飛，多數資料中心也難以負荷川流不息的巨大數據流。更加困難的癥結在於，現今始終缺乏適當的技術，足以在透明化與隱私權之間建立最佳平衡。上述問題都可能阻礙與抑制物聯網應用發展，值此時刻，只要善用具有去中心化、共識機制等獨特性質的區塊鏈技術，便可望化解前

述諸多盲點，進而加快帶動物聯網應用的增長。

物聯網的前世今生

　　首先，先給不熟悉物聯網的朋友簡單介紹一下。打開馬克·韋瑟（Mark Weiser）的標誌性論文《21世紀計算機》，該論文於1991年9月1日發表在《科學美國人》雜誌。雖然「物聯網」這一術語最先由英國企業家凱文·阿什頓（Kevin Ashton）在1999年公開提出，但是韋瑟的出版物在某種程度上才是「物聯網」的開始。1991年，韋瑟倡導重新思考計算機概念，以此將計算機整合到自然人文環境，然後使其無處不在。他當時寫下「計算機與電燈開關、恆溫器、音響和微波爐」，這些都可以通過「無處不在的網路連接在一起」，從本質上使用今天我們稱為「物聯網」（IoT，Internet of Things）的這一術語進行了描述。

　　我們熟悉的網際網路其實是指人人相連的網路（Internet of People），而物聯網顧名思義就是物物相連的網路，利用訊息傳遞設備，讓物品與物品之間進行交互。簡單來講，就是把生活裡所有設備都裝上晶片，使之能夠智能化連網互動，「開口說話」。如同《玩具總動員》、《變形金剛》裡的場景一樣。於是神奇的事情發生了：在你下班回家的路上，手機會自動告訴浴缸可以放好熱水等你，完全不用自己動手。然後，在洗衣服的時候，衣服會告訴洗衣機關於水溫和洗衣精的要求。

　　物聯網能夠提升利用資源的效率，節約人們的時間。隨著訊息技術的發展，低成本的訊息設備進入家家戶戶，連接在網

際網路上的設備以幾何級數增加。據 IBM 預測 2020 年互相連接的設備將超過 250 億臺，2009 年是 25 億臺，2014 年是 100 億臺（見圖 4-1）。

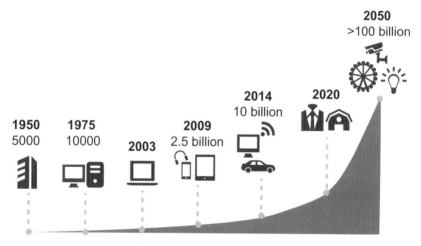

圖 4-1　連接網路裝備數

　　物聯網，其實已經或多或少地進入到我們的生活中了，在未來還有很大的市場潛力，其中的每一個設備都可以充當獨立的商業主體，以很低的交易成本與其他設備分享能力和資源。在物聯網上，每個設備都能夠報告自己的狀態，這就為我們合理利用閒置設備創造了條件。同時，物聯網還為交易創造了透明、流動性好的市場，我們就可以進行資產的買賣和轉移。比如可以把家裡太陽能發電機剩下用不完的電賣給鄰居，或者把閒置的房子張貼網路上進行短期出租。

　　此外，物聯網還能幫助金融機構對信用和風險的定價。比如保險公司能夠通過連在汽車上儀錶盤、GPS 日誌等的感測器搜集駕駛數據，從而個性化評估車險的風險，合理定價。

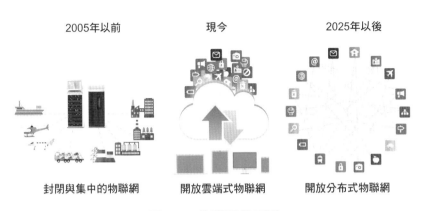

2005年以前	現今	2025年以後
封閉與集中的物聯網	開放雲端式物聯網	開放分布式物聯網

圖 4-2　物聯網發展圖

　　由此看來，物聯網是個很棒的潛力股。然而，潛力股物聯網最近卻很焦慮。截至目前，物聯網主要是用於 B2B（Business-to-Business）的工業領域，比如汽車智能製造、遠程健康管理、金融風險定價等。許多領域對物聯網的需求起步緩慢：只有 30% 的重工業裝備實現了網路化和只有 10% 的智能電視用於收看網際網路節目。特別是在家庭的物聯網自動化方面，進展非常緩慢。家庭消費者依然對物聯網的安全性提出質疑，同時現階段的物聯網也沒有給家用設備創造多大的實用價值，就像連網的麵包機並不會因為上了物聯網就能烤出更好吃的麵包。面臨物聯網的困境，區塊鏈重裝上陣。

物聯網與區塊鏈，天作之合？

　　物聯網在安全和可持續方面一直遭受嚴重的批評。不過如今看來，區塊鏈能夠提供最佳解決方案。而這些最深刻且有代表性的技術通常是都會消失不見。因為技術不斷融入到日常生

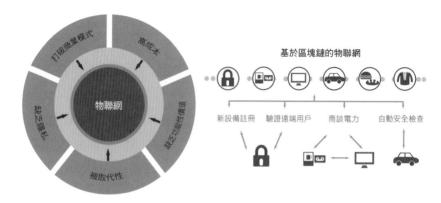

圖 4-3　左為物聯網的痛點。右為區塊鏈充當一個通用的數位帳本，
　　　　促進物聯網設備間的不同類型交易。

活中直到成為生活的一部分，再也沒辦法區分出來。

物聯網的機遇與挑戰

　　根據網際網路數據中心（IDC）所述，物聯網可以被描述為「一種集合獨特識別端點（事物）網路的網路，這種網路內部可以在沒有人為干預的情況下使用 IP 連接進行交流通信──無論是在本地還是在全球其他地方。

　　2014 年，IDC 預測到 2020 年將會有 281 億個物聯網單元被安裝；相比之下，2013 年僅有 91 億個，而物聯網市場年收入將達到 7.1 萬億美元。而 Gartner 預測的 2020 年物聯網設備數量要低一些，大約為 208 億個。Mckinsey 則認為到 2025 年物聯網的年產值將增加到 11.1 萬億美元。物聯網市場已經吸引了大量全球大型企業的關注和投資，例如蘋果公司、AT&T、IBM、英特爾、飛利浦、甲骨文、微軟等等。

小微企業的物聯網

艾米科蒂斯（Amy Cortese）已經指出「每一個基於區塊鏈的設備都能被當作一個小微企業」，這句話特別適用於能源領域。太陽能生產不僅僅是第一個 CoT 案例研究的主題，還是第一個見證點對點產品交易的能源市場。2016 年 4 月 11 日，美國綠能公司 LO3 跟區塊鏈技術開發商 ConsenSys 在紐約布魯克林區推動了一項微電網計畫（TransActive Grid），可以提供點對點的電力交換。第一位嘗試這項計畫的居民 Eric Frumin，就將自家太陽能板產生的剩餘電力「過戶」給鄰居使用，讓電力也可以成為個人化交易的標的。這筆交易代表著紐約點對點交易平臺正式啟動，該平臺由以太坊推動。該平臺支持所謂的「布魯克林微型智能電網（Brooklyn Microgrid）」，該電網能夠將當地綠色能源供應商、消費者和以太坊連接起來，並且還是使用原有的電線網路。

區塊鏈在安全、透明度和大數據管理方面能夠改善物聯網。成功的案例正在不斷增加，例如 Filament 的硬體和軟體物聯網解決方案。然而，為了獲得真正的成功，物聯網需要變得無處不在，到這種程度的時候，就會像韋瑟指出的那樣，人們將會「意識不到物聯網的存在」。

 ## 拯救大兵物聯網，區塊鏈重裝上陣

將區塊鏈技術應用到物聯網領域的想法已經存在有一段時間了。在區塊鏈的助力下，物聯網將從 IoT 演進到 CoT（Chain of Things）的鏈上世界。你也許很好奇，區塊鏈究竟和物聯網

有什麼不得不說的故事，區塊鏈究竟如何能夠拯救物聯網於水火之中。這邊就不賣關子了，先把結論告訴大家。

事實上，區塊鏈技術看起來至少在物聯網的三個方面能夠成為其合適的解決方案：大數據管理、安全和透明性，還有對基於相互連接的智能設備之間服務交換的微交易帶來的便利。物聯網操作層面上，因為要連接數以百億計的設備，導致其成本高昂，安全和隱私性難以保證，發展遇阻。區塊鏈適時出現給物聯網帶來了共識機制和分布式網路，可謂久旱逢甘霖。共識機制解決了百億計設備之間如何協作的問題，鞏固了物聯網的安全性問題，而分布式網路則使得節點不再需要中心化資料庫，能實現自我管理，極大地降低了物聯網的運作成本。

物聯網隱私安全性被質疑

採用了物聯網技術之後，由於所有的個人工作和生活的數據都會被採集，消費者對訊息安全提出了很高的要求。比如消費者會很擔心連網後的家用設備成為網路安全漏洞，不法分子可以通過攻擊這些薄弱環節來侵入家用網路，進而侵入計算機來盜取個人數據。

想像一下如果有人入侵了你家冰箱，獲得你的日程安排表、公司等訊息，然後再進入你網路中的雲端空間盜取你家人的照片，甚至獲得你家裡智能門把手的控制權，這樣是不是有背脊發寒的感覺呢？同時，隱私問題也是很大的挑戰。現在大多數物聯網解決方案為政府、生產廠商或者服務提供者等中心化的機構提供了後臺的小門，使得這些機構可以不經用戶授

權，就能收集和分析用戶數據，甚至接近和控制用戶的設備。更重要的是，查出問題節點對於物聯網來說也是很大的挑戰。以前對於中心化的資料庫來說，由於一個網路裡的節點較少，因此中心能夠很容易的區別一個出問題的節點。而對於一個數以億計的網路而言，這是很大的工程量，幾乎不可能不出錯。

區塊鏈解決方案

其實物聯網的安全性的核心缺陷，就是缺乏設備與設備之間相互的信任機制，即設備之間相互驗證，保證共識。而區塊鏈正好提供了這麼一種機制可以進一步解決有關物聯網的安全和身份問題，即一種無需信任單個節點的共識機制——拜占庭將軍問題。而這正是新建的物鏈（Chain of Things）智囊團和產業聯盟的目的。

也就是說，區塊鏈上每個節點的運作機制是少數服從多數，即使有幾個節點被攻破、壞掉，整體也能夠照常運行。同時，用戶還可以自由地在設備之間制定交互規則，我的地盤我做主。當物聯網需要禁止一個行為不當的參與者時，也可以憑藉由 51% 共識機制將其找出來，不影響整體。

 單點故障的可靠性問題

由於物聯網中心資料庫包含了所有數據，一旦資料庫崩塌，會對整個物聯網造成很大的破壞。

區塊鏈解決方案

區塊鏈分布式的網路結構能夠保證即使一個或多個節點被攻破，整體網路體系的數據依然是可靠、安全的。

 中心化資料庫成本高昂，計算和儲存能力有限

物聯網本質上與大數據相連，伴隨著安裝的物聯網單元不斷增加，物聯網中收集到的消費習慣和行為模式數據成倍增加，且為了記錄和儲存物聯網上發生的事情，需要有一個物帳本（Ledger of Things）。而在現有物聯網中心化的方式下，數以億計的節點都連接到中心雲端和大型伺服器上，導致成本高昂。這一龐大的數據如何處理成為了一個必須解決的問題。

區塊鏈解決方案

區塊鏈技術不僅能夠為記錄所有物聯網單元的數據提供合適的解決方案，同時還能保證一旦數據被記錄，之後將不可以再更改。因此，利用分布式計算中的點對點計算處理物聯網中發生的數以千億計的交易，能夠顯著地降低與建立和維護龐大的中心化資料庫的相關的成本。同時，還可以充分利用分布在不同位置的數以億計閒置設備的計算力、儲存容量和頻寬，用於交易處理，大幅度降低計算和儲存的成本。

 產品生命周期和收入方面有著嚴重的缺陷

一般來講，消費品的疊代、更換的頻率較高。比如 iPhone

7 發布了，按捺不住的同學又要破財了。而物聯網設備如同門鎖、LED 燈泡、智能插板等可能要數年才換一次。智能設備的消費頻率太低。這對設備製造商而言是個災難性的麻煩。在超長的產品壽命中，軟體更新和設備的維護都有很高的成本。其實雖然超長的產品周期是無法改變的，但巨大的維護成本還是有降低的空間，區塊鏈就能幫助我們做到這點。

區塊鏈的解決方案

區塊鏈模式下的物聯網將維護設備的責任轉移給一個自我維護設備社區，無論在設備生命周期還是超過生命周期，物聯網都不會過時，並節省大量的基礎設施成本。

 區塊鏈＋物聯網的雙劍合璧

智能電網：分布式發電，我的電力我做主

能源行業是物聯網應用頗有前景的領域。物聯網在設備之間搭建無線網路，讓設備具有報告自身情況的能力，以降低設備的管理和檢查成本。比如說，在電網的日常維護程序裡，能夠讓工程師精準定位、有的放矢地去檢查有問題的部分，再也不用只靠推測和經驗了。然而，作為物聯網中心資料庫，要承載上百萬個設備的訊息交互和儲存，壓力山大。區塊鏈的作用在此時就凸顯出來了：讓節點們為中心資料庫分憂。

於是，在區塊鏈的影響下，能源行業的網路結構從中心化的集中式電網，轉型為去中心化的分布式電網，以實現實時定價、實時匹配供需等。在此過程中，區塊鏈憑藉分布式帳本和

智能合約體系，來整合訊息流、能源流、資金流，打造去中心化的智能電網。

　　以前集中化的公用事業，電錶有自身難以解決的缺點：其一，集中化的電力需要長距離傳輸，電壓的變化會導致電力的損失。高盛估計美國發電量有 8% ～ 9% 未能到達用戶處。其二，中心化的電網導致大量地區同時停電。而去中心化的區塊鏈智能網路有以下的優點：隨著電力的供需本地化（比如居民採用太陽能發電、交易），能夠更好地匹配供需。同時，也節省了昂貴的電力輸配成本。

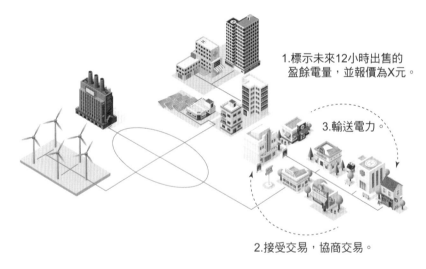

1.標示未來12小時出售的盈餘電量，並報價為X元。

3.輸送電力。

2.接受交易，協商交易。

圖 4-4　分布式智能電網

案例一　Filament——工業物聯網公司

Filament 一共經歷了 7 輪融資，累計 7350 萬美元。2015

年 8 月，完成了 A 輪融資投資方包括 Bullpen Capital、Version 風投和三星風投。

　　Filament 建立的工業級分布式結構，通過在設備裡部署感測器，以建立設備之間的無線網路（比如電力網路），使得設備在不依靠 WiFi 或者蜂窩網路的情況下，在 10 英哩的範圍內直接通訊，滿足工業物聯網對可靠性和成本的需求。相當於把電力網路裡的設備變成數位化的節點，以組成全新的點對點電力生產和分配模式。同時，Filament 也支持支付和智能合約的功能。其商業模式包含三個參與方：Filament、客戶和電力公司。Filament 擁有硬體，它的設備一直監控電線狀況和訊息交換，把感測器數據賣給數據集成商，然後再賣給電力公司。

　　Filament 主要是針對工業級市場，包括能源（石油、天然氣）、農業、製造，幫助他們利用分布式網路提升設備的利用效率。目前 Filament 已經在澳洲實施了區塊鏈技術和電力網狀網路的結合實驗，用點對點物聯網來保證電力安全，同時又可以出售現有網狀網路閒置電量。

案例二　俄羅斯首例農業物聯網區塊鏈應用

　　一家位於莫斯科郊外 Kolionovo 村莊的農場企業將整個商業運作整合到區塊鏈中。

圖4-5　米哈伊爾‧施略普尼柯夫（上圖中）〈取自每日頭條〉

　　Kolionovo 農場的創始人兼負責人米哈伊爾‧施略普尼柯夫（Mikhail Shlyapnikov）告訴 ForkLog：「專家說，我們是世界上第一家做農業物聯網區塊鏈應用的企業，我們花費了幾個月的時間，從擁有基本概念到準備工作、測試、創建算法最後變成現實。」

　　對農夫來說，將區塊鏈技術整合進商業事物中並不違反俄羅斯的法律。他說道：「先從國家公訴人、調查委員會、財政部和中央銀行的角度來談這個合法與否的問題，在俄羅斯只要在法律領域範圍內進行業務，並且保留支付某些稅收和賠償，都是允許的。我們只是將組織結構、金融和法律的一部分轉移到易於使用的分布式區塊鏈上。」

　　這種非常規的形式採用了兩級構架，第一級使用村子裡自己的加密數字貨幣「Kolions」。施略普尼柯夫繼續闡述道：「在經過長期的訴訟和政府部門做出禁令之後，我們將『Kolions』轉移到一個加密區域的虛擬空間，並且對擁有我們創建的資產

持有人進行無條件支付。」

關於「Kolions」的新聞報導始於 2015 年，農場發行了自己的紙幣以應對通貨膨脹。以施略普尼柯夫為首的農場主設計並發行了紙幣，以代替俄羅斯境內農夫們在市場中以物易物的行為，「Kolions」紙幣成功了！但是檢察官辦公室發現「Kolions」對俄羅斯的經濟體制和央行政策形成威脅。

施略普尼柯夫指出如今的 Kolion 存在著幾種形式，其基本的運作形式涵蓋了產品的發展、設備、技術和相關工具的採購。因 Kolions 的價值穩定，所以對農產品來說至關重要。Kolions 的另類作用是「便於操作」，Kolions 承擔了滯留費和維持財務周轉，以及增加吸引投資的功能。此外 Kolions 還有社會慈善募資和用於支持社會化重要項目的功能。現在已有一些「外部」的 Kolions 錨定著一些加密數字貨幣。

Kolions 的第二級構架是基於崛起幣（Emercoin）平臺，農夫們使用其平臺主要基於以下幾點：通過崛起幣核心錢包（Emercoin Core Wallet）可在分布式的商務中體現快速、安全和使用費廉價的特點。農場通過所有權證明應用將農場股份記錄到崛起幣的分布式帳本上，而該服務幾乎免費。崛起幣的分布式帳本由遍及全球的數以萬計的節點構成。股東可以判斷出，在崛起幣網路（Emercoin Network）中股息是自動支付。

該項目的新聞稿強調了採用區塊鏈技術的優勢如下：(1)削減成本，為客戶和買家的產品增加銷量，以及擴大產品的銷售範圍。(2)額外的資金募集、創造新的就業、增加工資、降低主要成本、提高財務規劃、提升工作效率，並節省資金用於養老，以及保護反破產和銀行制裁。(3)正在進行中的慈善事業、保密

驗證行業、森林恢復等等。(4)此外，還涵蓋了增強 Kolionovo 村的基礎設施等。(5)提供了選擇區塊鏈技術的農業商務訊息化支持，包括最新的農業訊息、客戶公司和合作農場等。

Kolionovo 村裡的村民打算將區塊鏈技術「緊密覆蓋到生活的所有方面」，並把這項技術作為另一種鄉村樂趣。ForkLog 將監督該事物的發展。

供應鏈溯源，物聯網時代無假貨

供應鏈溯源這個領域是區塊鏈＋物聯網結合的完美典範。現有的主要難題是在於第三方平臺的公信力不足，合作企業在提供數據時有顧慮，導致平臺數據缺乏而不能精確認證和管理。區塊鏈物聯網提供的解決方案，能夠幫助經銷商、消費者進行商品廠商和產地的驗證，在保護消費者權益的同時也幫助商家提高商品價格。

供應鏈溯源需要將每個產品以物聯網的方式登記在區塊鏈上。針對高端產品將每個都放置一個晶片，針對低附加值如農產品就提供一個二維碼。再將這些產品登記在區塊鏈物聯網上，利用公共帳本和不可修改的特性，提供驗證服務。

中國的唯鏈科技 Vechain，作為一個基於區塊鏈技術的真假校驗雲平臺，也計劃打造供應鏈管理的雲端平臺。Vechain 的母公司是 BitSE，成立與 2013 年，在比特幣區塊鏈領域有過很多嘗試。在 2016 年推出的 Vechain 產品。其營運長為原 LV 中國的首席資訊長，理解奢侈品行業急迫的防偽需求，加上奢侈品行業較高的產品溢價，因此選擇奢侈品真偽驗證作為突破口。其驗證真假的模式是給每一個產品設置一個電子晶片或是

二維碼，再將其唯一的 ID 註冊在一個由生產商、品牌商、經銷商等共建的聯盟區塊鏈上。憑藉共同維護的帳本來防止作假。

圖 4-6　Vechain 介紹〈取自 Vechain 官網〉

區塊鏈＋物聯網，物鏈社會可期

　　未來物聯網能夠重建社會的基本架構。如果說網際網路打通了人與人之間的交流，極大地降低了協作成本，那麼物聯網就是打通了機器和機器之間的交互，讓這個星球上幾十億甚至幾千億部機器彼此能夠在人不干預的情況下自動協作。網際網路 10 餘年的發展，帶來了萬億級別的商業機會，物聯網也毫無疑問地能夠開闢出新的市場。比如能源物聯網（智能電網）、

供應鏈管理等等。所以，在區塊鏈和物聯網的通力合作，不僅是區塊鏈多了一個應用的場景，也從根本上解決物聯網的核心難題，節約了大量的成本，提高效率。人類又一次解放生產力的時代即將到來。

圖解區塊鏈＋物聯網

傳統的物聯網模式由一個中心化的數據中心收集所有已聯接設備的訊息，但這樣一來，在生命周期成本、收入方面有嚴重缺陷。為了解決這個問題，每個設備都得能自我管理，這樣就無需經常做人工維護，這意味著，設備的運行環境應該是去中心化的，它們彼此相連，形成分布式雲網路。

傳統的物聯網模式則是可持續的，只要設備還存在，整個網路的生命周期就可以變得非常長，同時運行成本可以顯著降低。而要打造這樣一種分布式雲網路，就得解決節點信任問題，在傳統的中心化系統中，信任機制比較容易建立，畢竟存在一個中央機構來管理所有設備和各個節點的身份。但對於潛在數量在百億級的聯網設備而言，這幾乎不可能做到。中本聰的比特幣區塊鏈技術可以完滿地解決這個問題：「解決方案的核心是區塊鏈技術，也就是比特幣的底層技術」。

讓我們通過下頁圖去了解物聯網如何與區塊鏈進行結合。

根據IDC最新發表的一份統計報告顯示，到2020年，全球物聯網市場規模將增加到3兆美元，全球物聯網設備將達到300億臺。萬物互聯是未來的發展趨勢。

1 在設備之間建立了低成本連結。

2 通過去中心化的共識機制提高系統的安全私密性。

3 結合智能合約把每個智能設備變成可以自我維護調節的網路節點，這些節點可以在事先規定好的基礎上交換訊息、核對身份，同時幫助陌生人進行交易。

1 如果電纜線桿遭雷擊著火倒塌，可以即時生成事故報告，並通知維修人員攜帶適合工具去確定地點維修。

2 智能電纜線桿還可以將信號傳輸任務暫時分配給其他附近的電纜線桿，畢竟它們都屬於同一個網路。這樣電信公司不需要花費相當高的現場檢修成本，還可以盡快恢復通訊。

物聯網應用範圍十分廣泛，遍及智能交通、環境保護、政府工作、公共安全、智慧城市、智能家居、環境監測、工作監測、食品溯源等多個領域。但物聯網中數以千億計的參與者不都是值得信任的，有的甚至是惡意的，所以需要某種形式的驗證和共識機制。而區塊鏈可以有效解決物聯網在安全和可持續方面的問題。

區塊鏈未來前景就是將地球上幾十億人和幾千億部機器連接到一個區塊鏈的網路上，人與機器、機器與人、機器與機器的交流對話、交易、支付已經成為事實。人類正朝向商品與服務幾乎免費的時代加速前進，區塊鏈+物聯網的世界，就是去中心化協同共享模式的世界。

慈善領域應用

在慈善領域中，假設所有的捐款都通過區塊鏈來追蹤的話，那麼大家就可以知道他們所捐的錢都用在哪裡了。有沒有花在該花的地方，還是說被那些公益組織亂花掉了？當公益組織有這樣一個能夠獲得外界信任的機制時，人們就會大量地捐錢，紅十字會就不會重蹈當年因為郭美美事件，而失去公眾信任的危機。

用區塊鏈提升慈善機構治理能力

慈善機構和非營利性組織在社會中扮演著重要的角色，區塊鏈技術的優勢也能在這些涉及經濟交易的場景中達到相得益彰的效果。英國的慈善組織——慈善援助基金會（CAF），一直在探索如何利用區塊鏈技術提升慈善組織和非營利機構治理慈善基金能力方面起到模範作用。英國組織能在這一領域起到領導作用並非偶然，因為英國是少數幾個擁有專門機構來管理慈善組織的國家之一。

CAF 的論文《Block & Tackle》具體闡釋了區塊鏈技術怎樣提升慈善治理的三個重要方面：註冊、報告和治理，論文中提到，區塊鏈技術在這三個領域中都有應用。由於沒有第三方機構的參與，區塊鏈帳本提升了交易透明度，降低交易成本，並提高交易可信度。

使用區塊鏈的主要優點

由於不需要第三方機構參與，使用區塊鏈技術的民間公益組織，將大大降低經營和管理的成本。此外，可以通過直接在區塊鏈中記錄交易數據來實現管理，通過在區塊鏈上部署正確的算法，註冊程序可以自動來決定接受或者拒接收到的訊息，少數不確定的節點將自動被拒絕，這樣一個系統是基於共識協議來工作。這樣民間公益組織都可以擁有自己的訊息註冊系統。至於報告功能，區塊鏈技術也帶來了重大變更，它將實時提供交易訊息，通過使用數位貨幣或數位令牌，訊息將在區塊鏈中自動傳播，參與者能夠更加信任數據的完整性，而不需要額外的花費去審計。

智能合約有所作為

完全透明和實時更新也將有助於監管機構。由於民間公益組織會被智能合約約束，就可以把功能內置於合約，如果達到了觸發條件以確保被監管，智能合約也能在第一時間防止慈善組織打破規則。民間公益組織在區塊鏈上所運行的智能合約，可以防止該組織的不當基金支出，因為支出也將由智能合約來管理。

 當區塊鏈變成公益帳本

「資金黑幕」將遠離慈善

目前一些公司開始從技術上嘗試將「公益帳本」透明化，

雖然未達完善，但依托這項市場熱捧的區塊鏈技術，公益帳本將真正有望做到公開、透明、不可更改。

全世界很多人想做慈善，但不少慈善組織的公開透明度，卻始終蒙上一層面紗，讓人看不透。例如 2011 年中國的「郭美美事件」，更是讓一批人對慈善望而卻步，所以在 2016 年 9 月 1 日正式實施的新《慈善法》中，明確要求慈善組織必須公開帳本，募捐訊息也須在指定平臺發布。另一方面，目前臺灣許多企業開始關注並嘗試將這種技術引入公益項目，雖然擺在面前的困難依舊重重，但當越來越多的人開始關注這種技術所能發揮的價值，為加速公益透明化提供了一種可能。

帳本透明，不可更改

對於捐獻者而言，最關心的事莫過於自己的捐款究竟有沒有送到受助人手中，但就目前的體制而言，涉及環節眾多，中間訊息公開化程度低，很多人無法清晰掌握自己的善款去向，因此對當下慈善很難建立真正的信任。

案例一 中國支付寶的區塊鏈慈善平臺

在 2016 年中國的支付寶上，愛心捐贈平臺出現了一個實驗性的慈善募集項目：當捐獻者為 10 名貧困聽障兒童捐出資金後，他可以在「愛心傳遞記錄」中，看到自己的善款變成一個打包的包裹。從捐款人開始，經過每個「郵寄」節點都會被蓋上「郵戳」，每個「郵戳」可以供捐獻者公開查詢，包括銀行和物流訊息，用戶第一次能夠目送自己的捐款如何從支付寶

平臺劃撥到項目執行方帳號,最終進入受助人指定帳戶。與此之前網路公益的公開流程相比,細化了善款流動的每個環節,同時,這套體系留下的訊息將永久有效。

項目详情　　　　　　　　愛心留言 (99+)

項目简介

为30位贫困家庭自闭症孩子提供资金帮助,支持孩子接收外部专业康复训练。

←　**捐款记录**

每一笔捐赠的善款将直接到账深圳壹基金公益基金会账户

捐款人姓名	金额(元)	捐赠时间 ↓↑
荣**	1.00	2016-12-26 17:37:33
爱心用户	1.00	2016-12-26 17:41:09
张**	2.00	2016-12-26 18:45:15

圖 4-7　愛心傳遞記錄

這也是中國首次公開將「區塊鏈」技術應用於公益。區塊鏈是一種具有不可篡改特性的數位帳本,它的公開、透明等特性與公益有著天然的接合點。目前中國正在嘗試將區塊鏈套用於慈善捐款中,也就是民眾所捐獻的善款進入到系統後,整個款項的生命週期都會自動記錄在區塊鏈上,形成一個完整的生態閉環。基於所有節點的共識性原則,在每一個節點,訊息同步,多方記帳,即使是企業本身,也無法更改數據。

　　有些公益項目場景略顯複雜，引入的合作方比捐款項目還要多，對區塊鏈技術和共識機制提出的要求也就會相對的更高。例如有些國際扶貧項目，向非洲運送物資，參與方除了公益機構之外，還可能涉及電商平臺、物流公司等，想像一下，未來區塊鏈應用的公益場景更多，鏈上的合作方更豐富，對我們技術構架的要求也會更高。

　　無獨有偶，另一家網路公司「輕鬆籌」，也宣布啟動「區塊鏈」技術的測試，「輕鬆籌」是一家通過社交模式來發動大病救助籌款的眾籌平臺。

　　在與基金會合作的慈善項目中引入區塊鏈技術，從技術上強化公益帳本的公開透明，帳本不再由企業單獨記帳，而是由多方驗證保存，捐贈人在自己的個人中心即可看到項目的所有捐贈人、捐贈金額和受助者使用資金的金額和時間。就目前看來，區塊鏈主要解決的是資金進出時的公開透明，防止平臺挪用資金。如果發起方是基金會，區塊鏈技術甚至可以幫助基金會，對資金的使用情況向全體捐款人進行最有效的公示。

案例二　區塊鏈＋公益，是概念還是趨勢

　　最近一段時間，「區塊鏈＋公益」成了一個熱門話題。2016 年 12 月初，中國網路互助平臺眾托幫在上海舉行了「心鏈」發布會，而「心鏈」是眾托幫依託區塊鏈技術，專門針對公益行業開發的產品。隨後不久，螞蟻金服正式宣布旗下支付寶愛心捐贈平臺已全面引入區塊鏈技術，並向公益機構開放。同時，中國紅十字基金會（以下簡稱紅基會）和壹基金率先向

支付寶提出了區塊鏈公益項目申請，並先後上線了「和再障說分手」以及「照亮星星的孩子」項目。

其實早在 2016 年 7 月份，支付寶愛心捐贈平臺就對區塊鏈公益進行了小規模試水。當時，中華社會救助基金會在支付寶愛心捐贈平臺上線了「聆天使公益計畫——聽障兒童重獲新聲」項目。這一項目是支付寶將區塊鏈技術應用於公益場景的首次嘗試。有評論認為，這項技術將有助於解決公益財務透明的「痛點」。

圖 4-8　壹基金第一個區塊鏈公益項目「照亮星星的孩子」
　　　　〈取自支付寶〉

打開支付寶，進入壹基金「照亮星星的孩子」項目頁面，細心的用戶會發現，「項目說明」右側多了一個「愛心傳遞記錄」。用戶點進去之後可以看到項目上線時間並且能夠查看捐款記錄，而捐款記錄中包括經過隱私化處理的捐款人信息、捐款金額以及捐款時間。此外，頁面上方有一行顯著的紅字——每一筆捐贈的善款將直接入到壹基金公益基金會帳戶。

相比而言，網路募捐平臺上線的公益項目，無論捐款人還

是平臺，通常都只能追蹤善款進入基金會帳戶，至於每一筆錢究竟何時以何種方式撥付給了哪位受益人，則無法實時監督，只能靠公益機構人工上傳項目圖文反饋。而區塊鏈技術通過第三方支付平臺對資金流向的實時公示，能讓公眾更直觀地了解公益項目的執行方式和流程，有望解決善款公示「最後一公里」問題。

壹基金副秘書長沈旻表示，「照亮星星的孩子」項目募集的資金將用於一對一支持貧困家庭自閉症孩子獲得行為訓練的機會。和之前的公益平臺相比較，確實有許多新的體驗，特別是一些細節部分，比如最明顯的是單獨有機構管理費設置一欄，這也正是區塊鏈技術希望實現的「透明、公開」的體現。最大區別是它要求善款自捐贈人捐出善款到最後給到受益人，必須在支付寶的環境下發生。區塊鏈技術在這個過程中提取所有交易信息，以確保資金流轉的痕跡能一目了然，這個過程同時也完全向公眾開放。

有什麼公益價值

據了解，用於支付寶愛心捐贈平臺的區塊鏈技術由螞蟻金服自主設計和研發，它吸收了螞蟻金服和阿里集團過去十多年在支付、電商、雲計算等領域的技術積累，性能高、成本低，並達到了金融級的穩定性。

據螞蟻金服資深系統架構師趙尊奎介紹，螞蟻金服區塊鏈技術還在不斷完善升級，且已經具備雲上部署能力。「螞蟻金服正在建設一個開放的『信任鏈』。作為一個以信任為核心的雲服務，它可以提供可信資料庫、可信資金交易、可信資產交

易、可信連結服務，也可以提供可信的公益服務。」

對此，業內人士認為，除捐款外，以後更多形態多元、參與方眾多、流程複雜的非傳統公益項目將有望通過區塊鏈技術解決運營、財務和信息公開等問題。比如，國際救援項目中的電商平臺和物流公司、公益保險項目中的理賠機構，甚至國家審計機構等，都可以將「帳本」同步到雲端。「帳本」信息由所有參與方共同確認後生效。也就是說，如果有某一方想要偷偷篡改，將被默認無效。

目前，除了支付寶愛心捐贈平臺，中國一些網路互助平臺也引入了區塊鏈技術。據最新調查數據顯示，截至 2016 年 11 月，已有 22 家投資機構進入網路互助領域，網路互助平臺超 120 家，總註冊會員超過 1000 萬人。在競爭如此激烈的情況下，網路互助平臺引入區塊鏈技術更多的是想藉此提高平臺的公信力，而公信力是這些平臺生存的根本。

2016 年 12 月 7 日，眾托幫在上海舉行了「心鏈」發布會。眾托幫創始人兼 CEO 喬克告訴記者，「心鏈」是眾托幫專門針對公益行業而開發的產品，依託區塊鏈技術，所有的愛心將被記錄在「心鏈」上，捐助金額、資金流向等訊息公開透明，使公益資金非法挪用成為不可能，這也讓個人的愛心行為成為一筆客觀的「數位資產」。

「心鏈」建立了一個公益慈善公共帳本，公益活動總共募集了多少錢、這些錢的去向等訊息通過區塊鏈的記錄都可追溯，且不可篡改。在區塊鏈的助力下，整個慈善過程全部公開、透明。這能夠讓愛心成為每一個參與者的數位資產，甚至信用記錄，變成跟隨每個人一生的公益記錄簿。

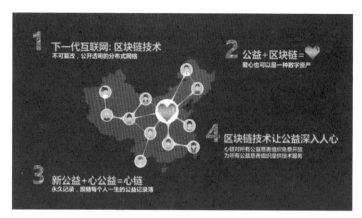

圖 4-9　心鏈〈取自眾托幫〉

　　眾托幫開發「心鏈」，就是希望利用它在公益方面做一點事情，讓大家看到公益最真實的情況，通過技術手段來獲得大眾的信任。喬克表示，眾托幫的「心鏈」將會免費與公益組織對接，使公益組織的慈善活動、善款使用等通過區塊鏈技術變得更加陽光透明。

　　2016 年 10 月份上線的八方互助也引入了區塊鏈技術。專家表示，互助保障平臺作為服務平臺，會員數據的真實性對於用戶獲取保障均攤資金有著巨大的風險控制價值。區塊鏈技術的運用使會員數據得到備份與驗證，可以防止用戶的道德風險，防止會員數據被篡改。

面臨的挑戰

　　區塊鏈技術率先從技術層面上為公益行業的透明公開提供了可能，同時也是優化這一問題的解決方案。從區塊鏈技術目前對項目的相應要求來看，其為公益機構提供了一個選擇，公

眾通過區塊鏈技術也能清晰地了解到資金從捐贈到使用的每一個環節的痕跡。

不過，在現代公益組織內，除了一對一的資助外，捐贈人的善款往往會轉化成相應的服務、硬體、軟體等服務受益人。此外，還有一些公益組織做的是支持其他機構能力提升。此類項目在區塊鏈上進行訊息公開時，模式可能就與一對一的直接資助有所區別。一方面，區塊鏈技術會吸引行業內有類似項目的公益機構參與其中；另一方面，這也是挑戰，尤其是對於項目管理流程是否合乎規則與數據的透明。

可以肯定的是，區塊鏈技術的運用能把人為失誤減到最小，對於公益機構進行數據統計、項目執行跟蹤提供了很大的便利。同時，第三方平臺的資金流公開，也有助於公益項目得到更多公眾認可。但技術處理方面一般都是可以標準化的問題，並不是所有公益項目都可以標準化。同時，公益項目的執行流程，比如撥款、記帳方式等，基於銀行系統的收款、撥付流程而設計的財務制度和記帳方式等，面對資金從公益機構帳戶到受益人帳戶的情況，也需要做出適當的調整。

區塊鏈技術為公益透明化操作提供了解決方案，但資金撥付並不是一個項目的終結，資金的透明化也不是公益項目的全部。對受益人接受幫助後境況的跟蹤與反饋，不僅是對捐贈人的交待，更是持續不斷地關注社會問題發展的方式，這一過程需要有更多社會力量加入。

打破訊息不對稱阻力重重

用區塊鏈做公益，應是推動捐贈人與受助者之間建立信任

關係和直接支付，而不是傳統的由基金會合作項目並管理資金，再給捐贈人報帳。對於區塊鏈在公益領域的應用，絕對不是用來炒作的概念，公益是單方面的給予，不是交易行為，如何做公益帳本，還需要進一步創新。

　　四年前，中國有公益人士開發了一套披露公益項目執行全過程的網站「微公益」。這個網站上「捐贈收入」和「捐贈支出」的金額數值，都能精確到小數點後兩位。這在當時被網友稱讚為史上「全裸曬」的第一部公益慈善帳本。網站負責人曾坦言，他們試圖打造一套項目執行過程披露系統，用來解決錢怎麼來、怎麼花、花錢的效果怎麼樣。現在看來，這就是區塊鏈模式的雛形。但與我們要推行的區塊鏈技術相比，最根本的區別在於，究竟由慈善組織的管理者統一記帳還是讓流程中的每個環節自動記帳，從而形成一個共享帳本？在業內人士看來，這絕對不僅是概念上的轉變。當下，我們看到的區塊鏈＋公益，也只是藉助平臺自有的能力打開了某個環節，比如，銀行端的記帳能力，或者是公益基金會的記帳能力，但這與整個社會共同記帳相比，只是邁出了第一步。

　　率先將區塊鏈技術落實的螞蟻金服也坦言，接下來要如何更大範圍地推廣區塊鏈技術在慈善公益甚至是更廣泛金融領域內的應用，他們也無法給出確切時間。區塊鏈的應用難點在於如何打通各個節點，比如保險、支付、理賠，只要有一項沒在鏈上，這條鏈就是不完整且不可控制的。因此，對於區塊鏈技術的實際應用，依然有很大一批網路公益平臺處於觀望階段。

　　在區塊鏈領域人士看來，區塊鏈技術本身要解決的是訊息對稱的問題，但在不少領域，包括公益組織自身，其營利模式

正是來自於這種訊息的不對稱，因此在推行過程中，阻力很大。另一方面的阻力是來自技術的壓力，數位進程的推行過程中，行業更新升級成本高，不少組織缺乏推進動力。

未來：不誠信的代價將十分昂貴

理想狀態中，未來在社會公共區塊鏈上有「數位資產」會是一種新的身份標識，以此證明你的誠信程度。尤其是一家慈善機構，或者公益環節上的某一個分支，若拒絕加入區塊鏈，那麼你的行為動機本身就很值得懷疑。區塊鏈技術的發展及普及，一定會是未來發展的趨勢，儘管這個過程可能需要 10 年、20 年，甚至更久。

在一條完整的公益區塊鏈上，至少應當具備包括醫院、學校、法院、警察、保險、銀行、支付等等公益基本組織之外的角色，上傳他們手中擁有的包括身份證明、看病記錄、審判決定、帳戶訊息等等，有助於推動公益事業日趨公開透明的各類數字憑證，幫助捐助人盡可能掌握捐助環節中的資料訊息，做到真正訊息對稱。

當越來越多的角色加入，才能實現區塊鏈上共享帳目的安全有效，因為整條區塊鏈上的節點是由區塊鏈上每個節點來共同維護的，其中任何一個環節一旦存在造假行為，即便這個節點可摧毀自己擁有的服務器，也無法改變其他任何節點所有的數據記錄。因此，區塊鏈構建的系統，就是一個不斷在自我淨化的生態體系。

技術自身的原因無法確保每個節點上傳的數位訊息都是真

實可信，但隨著共享到這些訊息節點的數據不斷增加，真偽的
辨識度也會不斷提高，一旦被糾錯或造假，這些訊息將被永久
保留，因此每個節點都必須為自己的未來「背書」。一旦這些
記錄被上傳到區塊鏈，這些有損個人信用記錄的行為會伴隨人
一生，這樣的代價本身就十分昂貴。

金融領域應用

在區塊鏈的創新和應用探索中，金融應是最主要的領域，現階段主要的區塊鏈應用探索和實踐，也都是圍繞金融領域展開的。不少業內人士看來，區塊鏈技術擁有去中心化、方便快捷、高安全性、記帳速度快、成本較低、互相監察驗證和資料公開透明等優點可以在數位貨幣、支付清算、智能合約、金融交易、物聯網金融等多個方面存在廣闊的應用前景。

典型的應用包括比特幣、萊特幣等電子貨幣，更加安全公開的分布式記帳系統、支付清算系統等。近期興起的瑞波（Ripple）、以太坊（Ethereum）等二代區塊鏈技術，將區塊鏈推向了應用研發階段。發達國家的清算所、存託所、交易所、投資銀行、商業銀行、經紀商等金融機構，紛紛開始在跨境支付、證券交易結算和證券發行等領域推進應用探索。然而，對大多數金融消費者來說，更多的疑問卻是：如今的區塊鏈技術已發展到何種程度？有無投資機會？

 區塊鏈技術看起來很新，但並非一個新事物

區塊鏈被用作比特幣的底層技術已經有將近十年時間，從技術上來講並不新，只是對於大眾來說覺得很新鮮。區塊鏈技術在金融領域的應用將完全改變交易流程和記錄保存的方式，從而大幅降低交易成本，顯著提升效率。區塊鏈實際是 P2P 主網分布式結構一脈相承發展下來的，雖然很多人認識不清

楚，也講不清楚，但現在區塊鏈的投資熱潮已經超過了當年的P2P。

麥肯錫有關負責人表示，在過去的幾年中，區塊鏈技術已成為全球創新領域最受關注的話題，受到風險投資基金的熱烈追捧。國際各大領先金融機構也紛紛行動起來，組建了 R3 CEV 和超級帳本這樣的區塊鏈技術應用聯盟。

金融應用場景廣闊

區塊鏈應用究竟能在哪些金融領域落地？區塊鏈未來在世界的應用可從徵信、支付等基礎服務領域開始探索，通過具體應用場景，將區塊鏈融入到基礎服務是一個發展方向。區塊鏈技術本身是源自比特幣，但傳統金融業已經看到了區塊鏈可能產生的巨大影響。

傳統銀行向現代銀行轉型，要以遠程行動服務、人工智慧服務來推進。說明白一點，其實就是去機構、去人工來降低成本、提高效率，利用網際網路技術遠程提高效率，提升客戶的體驗。從客戶體驗的角度來看，過去都是拿紙本的方式，跑幾十家去證明自己。未來有了區塊鏈技術，整個的驗證包括合約的達成都可以快速實現。

與此同時，從銀行內部管理來看，區塊鏈等相關技術主要會改變銀行業運行的架構，促進全面的升級，顛覆原來的業務架構、邏輯架構，幫助銀行實現原有各種通路的整合。商業模式也會不斷地創新，從支付結算、理財、融資借貸、企業網際網路金融都會呈現出新的典範，同時它還會顛覆那種傳統的運行邏輯，促使銀行來調整戰略方向。未來的銀行，一定會在某

個節點呈現出新的特點。

　　不僅如此，根據麥肯錫分析，區塊鏈技術影響還可能發生在支付及交易銀行、資本市場及投資銀行業務的主要應用場景。比如，在票據金融業務上，通過區塊鏈技術，可以減少人為介入，降低成本及操作風險。長久以來，票據的交易一直存在一個第三方的角色來確保有價憑證的傳遞是安全可靠的。在紙本票據中，交易雙方的信任建立在票據的真實性基礎上；即使在現有電子票據交易中，也是需要通過央行 ECDS 系統的訊息進行交互認證。但藉助區塊鏈的技術，可以直接實現點對點之間的價值傳遞，不需要特定的實物票據或是中心系統進行控制和驗證。中介的角色將被消除，也減少人為操作因素的介入。

　　區塊鏈未來應用應該是慢慢融入到基礎服務裡，包括大數據、雲端儲存等等，與其他技術形成新的技術聯動，從而形成新的應用。

諸多問題待解

　　然而，區塊鏈技術可能對金融業產生的影響已經成為業內共識。但在一些專家看來，當前區塊鏈的發展中出現了一組看似矛盾的現象：發展速度「快」，但實際解決問題的速度「慢」。當前區塊鏈的很多內容都是流於表面，實實在在有創新的內容很少，真正實際解決問題的速度很慢。同時監管層發出的政策和法規也很慢，導致中間出現時間差、認識差，這就會產生很多問題。區塊鏈一邊在發展，一邊也在暴露問題。

　　目前區塊鏈技術在實際應用中還存在性能低、單位時間內

交易頻率少、技術應用生態環境缺失、相關應用案例不足以及假借區塊鏈名義的騙子橫行等諸多問題。面對上述區塊鏈技術開發應用中所存在的風險問題，都是不得不解決的問題，也是很基本的問題。從技術上，區塊鏈至少要達到每秒上萬筆級別的性能，在很多應用場景上才會有它的意義。

現今區塊鏈技術在實際開發應用中存在訊息安全保護、技術生態建設、性能提升、智能合約規範與映射等五方面問題亟待解決，還需要在應用探索中多務實，多實驗。以區塊鏈應用中的數位貨幣為例，比特幣是數位貨幣應用領域非常成功的分支，大家最早了解區塊鏈是通過比特幣。對應當前社會公眾對區塊鏈的理解就停留在數位貨幣的層面，但實際上數位貨幣只是區塊鏈應用的一個分支，並不是它的全部。即便如此，區塊鏈的數位貨幣應用是真的在做應用還是炒作，對普通老百姓來說都是很難區分的。

現在區塊鏈的亂象不亞於當年 P2P 的亂象，最近盜用區塊鏈的名義、打著區塊鏈旗號的騙局很多。當前很多人並沒有弄明白區塊鏈的基本原理及應用情況，所以這種「熱」也帶有一種不健康的傾向，如果再這麼熱下去，就會「生病」，需要行業適當地保持清醒、理性。為此提醒，對區塊鏈從業者來講，要敢於嘗試，但相關應用也要早日落地，警惕非法集資的陷阱。對監管層來說，在鼓勵創新的同時，也要加強監管。

區塊鏈在金融領域的七大應用

1. 數位貨幣：

(1)非中央數位貨幣：比特幣是目前區塊鏈技術最廣泛、最成功的運用，也是區塊鏈的起源。自推出以來，雖價格波動較大，但以其穩定性和廣泛的認可度征服了大量參與者。而基於比特幣的基礎，後續又誕生其他的數位貨幣，這邊統稱「競爭幣」或「山寨幣」。比較著名的競爭幣有 IXCoin、萊特幣、狗狗幣、蝴蝶幣、瑞波幣等。其中，IXCoin 為第一個出現的競爭幣，他透過更改比特幣中的參數，進而增加貨幣的發行量。萊特幣主要是改變了獲取貨幣的工作量證明算法，將新數據區塊產生的時間從原本的 10 分鐘縮短為 2 分半鐘。狗狗幣（Dogecoin）是一種基於腳本算法的小額數位貨幣，目前用戶數為國際第二多，僅次於比特幣。全世界產生過數千種數位貨幣，到目前還在運行中的，大概還有七百多種，其中超過一半的競爭幣複製於萊特幣。目前比特幣產業鏈發展已相對完善，其他數位貨幣仍呈現旺盛活力，非中央數位貨幣是區塊鏈的重要創新來源。拋開比特幣表面存在的諸多爭議，其區塊鏈設計機制、技術和背後的理念在去中心化價值轉移中有著較大的價值。

(2)中央數位貨幣：貨幣從實物形態到紙幣再到數位貨幣是一較為確定的趨勢。區塊鏈安全、可追溯的優質基因獲得多國央行密切關注。自 2015 年 7 月以來俄羅斯、英國、歐洲央行均表示正著手研究區塊鏈技術，中國央行也在

大力推進數位貨幣，並認為區塊鏈技術是可供選擇的技術方案之一。中央發行貨幣的數位化是歷史趨勢，而區塊鏈諸多技術特點較好滿足可靠、可追溯，且有用於執行精準的貨幣政策的潛力。後續更多中央的研究及嘗試值得期待，一旦中央推出基於區塊鏈的數位貨幣，將對現行金融體系產生廣泛而深遠的影響。

2. **支付清算**：支付與清算領域存在很多痛點，首當其衝是安全問題頻出和收付成本高昂，在跨境支付、機構間清算（跨境清算）領域更為常見。現階段商業行為的交易支付、清算都要藉助銀行體系。傳統通過銀行方式進行的交易要經過開戶、清算、境外銀行（代理或境外分支機構）等多個組織及相當複雜的處理流程。過程中每個機構都有獨立自主的帳務系統，彼此之間需要建立代理關係；每筆交易需要在銀行記錄，與交易對方進行清算和對帳等，導致整個過程花費時間較長、使用成本也較高。而區塊鏈支付可以為交易雙方直接進行點到點支付，不涉及中間機構，在提高速度和降低成本方面能得到大幅的改善。尤其是跨境支付方面，基於區塊鏈技術可以構建一套通用的分布式金融交易系統，可為用戶提供全球範圍的跨境、任意幣種的支付清算服務，跨境支付將會變得便捷和低廉。

在跨境支付領域，瑞波已經開始了的實驗性應用，主要為加入聯盟內的商業銀行和其他金融機構提供外匯轉帳方案。目前，瑞波為不同銀行提供軟體以接入瑞波網路，聯盟成員可以保持原有的記帳方式，只要做較小的系統改動就可使用瑞波的「網路帳本」協議。同時銀行間的支付交

易訊息通過加密算法進行隱藏，相互不會看到交易的詳情，只有銀行自身的記帳系統可以追蹤交易詳情，保證了商業銀行金融交易的私密性和安全性。

3. **數位票據**：目前，國際區塊鏈聯盟 R3 CEV 聯合以太坊、微軟共同研發了一套基於區塊鏈技術的商業票據交易系統，許多著名國際金融機構加入了試用，包括高盛、摩根大通、瑞士銀行、巴克萊銀行等，並對票據交易、簽發、贖回等功能進行了公測。與現有電子票據體系的技術架構完全不同，新型數位票據可在具備舊有電子票據的所有功能和優點的基礎上，融合區塊鏈技術的特點，成為更安全、更智能、更便捷的票據形態。

   數位票據主要具有以下核心優勢：一是可實現價值傳遞的去中心化。在傳統票據交易中，需要由交易中心進行交易訊息的轉發和管理；而藉助區塊鏈技術，則可實現點對點交易，有效去除交易中心角色。二是能夠有效防範票據市場風險。區塊鏈由於具有不可篡改和公開的特性，一旦交易完成，將不存在賴帳現象，從而避免了紙票的「一票多賣」、電票打款背書不同步的問題。三是系統的搭建、維護及數據儲存可以大大降低成本。採用區塊鏈技術框架不需要中心機構，可以節省系統開發、人事及後期維護的成本，並且減少了系統中心化帶來的運營風險和操作風險。

4. **銀行徵信管理**：商業銀行信貸業務的開始發展，無論是針對企業還是個人，最基礎的考慮因素都是借款者本身所具備的金融信用。商業銀行將每個借款者的信用訊息及還款情況上傳至中央的徵信中心，需要查詢時，在客戶授權的

前提下，再從中央徵信中心下載訊息以供參考。這其中存在訊息不完整、數據更新不及時、效率較低、使用成本高等問題。在徵信領域，區塊鏈的優勢在於可依靠程序算法自動記錄信用相關訊息，並儲存在區塊鏈網路上，訊息透明、不可篡改、使用成本低。商業銀行可以用加密的形式儲存並共享客戶的信用訊息，客戶申請貸款時，貸款機構在獲得授權後可通過直接調取區塊鏈的相應訊息數據直接完成徵信，而不必再到中央申請查詢。

5. **權益證明和交易所證券交易**：在某些國家，權屬登記中心信任度不夠；一些誕生於網際網路的版權缺乏權威登記機構；另外一些權屬交易市場則混亂或缺失。在區塊鏈系統中，訊息具有不可篡改性和不可抵賴性。可充分應用於對權益的所有者進行確權。另外，對於需要永久儲存的交易記錄，區塊鏈也是理想的解決方案，可適用於房產和車輛所有權、股權交易等場景。其中，股權證明是目前嘗試應用最多的領域：股權所有者憑藉私鑰，可證明對該股權的所有權，轉讓時通過區塊鏈系統轉讓給他人，產權清楚、記錄明確、整個過程也無需第三方的參與。

目前，歐美各大金融機構和交易所紛紛投入區塊鏈技術在證券交易方面的應用研究，探索利用區塊鏈技術提升交易和結算效率，以區塊鏈為藍本打造下一代金融資產交易平臺。在所有交易所中，納斯達克證券交易所表現最為激進。其目前已正式上線了 FlinQ 區塊鏈私募證券交易平臺，可以為使用者提供管理估值的儀錶盤、權益變化時間軸示意圖、投資者個人股權證明等功能，使發行公司和投資者能

更好地跟蹤和管理證券。此外，紐約證交所、澳洲交易所、韓國交易所也在積極推廣區塊鏈技術的探索與實踐。

6. **保險管理**：隨著區塊鏈技術的發展，未來關於個人健康、事故記錄等訊息也可以上傳至區塊鏈中，使保險公司在客戶投保時可以更加及時、準確獲得風險訊息，從而降低核保成本、提升效率。區塊鏈的共享透明特點降低了訊息不對稱，還可降低劣勝優汰的情況；而其歷史可追蹤的特點，則有利於減少道德風險，進而降低保險的管理難度和管理成本。

例如英國的區塊鏈初創公司 Edgelogic 正與 Aviva 保險公司合作，共同探索對珍貴寶石提供基於區塊鏈技術的保險服務。中國的陽光保險於 2016 年採用區塊鏈技術作為底層技術架構，推出了「陽光貝」積分，使陽光保險成為中國第一家利用區塊鏈技術應用的金融企業。

7. **金融審計**：由於區塊鏈技術能夠保證所有數據的完整性、永久性和不可更改性，因而可有效解決審計行業在交易取證、追蹤、關聯、回溯等方面的難點和痛點。全球四大會計事務所之一的德勤公司從 2014 年起已成立專門的團隊對區塊鏈技術在審計方面的應用進行研究，目前已與部分商業銀行、企業合作，成功創建了 Rubix 平臺，此平臺允許客戶基於區塊鏈的基礎設施創建各種審計應用。同為四大會計事務所的普華永道自 2016 年宣布大舉進軍區塊鏈領域研究後，已經招募多個技術專家探索和研究區塊鏈技術，並與專門研發區塊鏈應用的 Blockstream、Eris 科技公司合作，尋求為全球企業提供區塊鏈技術的公共服務。此外，

區塊鏈技術在 P2P 借貸平臺、去中心化的眾籌平臺等方面，
也有巨大的應用潛力和應用場景，吸引了資金投資人和應
用探索。

 ## 推動「區塊鏈＋金融」研發

目前全球金融業對區塊鏈技術關注度高、投資也大，大家
都期望可以藉由區塊鏈技術創新並降低經營成本、提高效率，
實現跳躍式發展。區塊鏈作為傳遞信任、價值的新一代網際網
路，目前約 80% 的應用都在傳統金融領域，引發了人們對「區
塊鏈＋金融」的無限遐想。因為傳統金融體系是通過中央、
銀行等中心化的權威機構來建立信用的，而區塊鏈則是弱中心
化、去中心化的，通過技術背書而不是中心化信用機構來促進
交易，這從理論到實踐，都將為傳統金融業帶來綿綿不斷的革
新。

全球區塊鏈金融行業板塊發展迅猛，已形成全球化聯盟，
比如全球多家頂級銀行加盟成立了 R3 聯盟（中國信託已加
入），其核心職能是制定銀行間區塊鏈技術開發的行業標準，
探索實踐應用，試圖跳過 Swift（程式語言）系統做全球即時
清算；納斯達克藉助區塊鏈建立私人股權交易平臺 Linq；澳大
利亞股票交易所（ASX）使用區塊鏈技術作為其清算和結算系
統的替代品；加拿大「區塊鏈科技有限公司」已在多倫多證券
交易所創業板上市。

已開發國家官方機構也很重視區塊鏈。2015 年 12 月，美
國證券交易委員會（SEC）批准 Overstock 公司通過比特幣區

塊鏈發行自己公司的股票。2016 年 1 月,英國政府發布了《分布式帳本技術:超越區塊鏈》,認為政府參與數位貨幣和區塊鏈網路的立法很重要。2 月,歐盟委員會把加密數位貨幣放在快速發展目標領域的首位。4 月,歐洲數位貨幣與區塊鏈技術論壇為歐盟議會的政策制定者舉辦了一個集中討論區塊鏈的「博覽會」。

在中國,一些大型企業也成立了專門的區塊鏈實驗室。2015 年 12 月,區塊鏈研究聯盟、區塊鏈應用研究中心成立;2016 年 2 月,中關村區塊鏈產業聯盟成立;3 月,陽光保險採用區塊鏈技術推出了「陽光貝」計分;4 月,由中證機構間報價系統股份有限公司等 11 家機構共同發起的「中國分布式總帳基礎協議聯盟」(China Ledger)在北京成立。從官方機構看,央行在 2014 年成立了專門的區塊鏈研究團隊,2016 年 1 月召開基於區塊鏈的數位貨幣研討會。2 月央行行長指出,數位貨幣必須由央行發行,區塊鏈是可選的技術。總體而言,已開發國家在區塊鏈的研究和應用方面居於領先地位。

具體建議

在「區塊鏈＋金融」散發勃勃生機的同時,我們可以看到,目前區塊鏈更像一種理念,是很多現有技術的疊加,沒有取代和否定其他技術。金融業有其自身運行規律,具有頑強的生命力,在經歷一次次技術革命後,最終都是科技驅動金融創新,但是總能在金融這棵老樹上萌新芽、長壯枝,更加枝繁葉茂。目前「區塊鏈＋金融」處於概念導入期,還不具備顛覆原有金融體系的能力,比較務實的做法還是遵循金融發展規律,相向

而行。區塊鏈對於金融，要像高速公路對於汽車運輸業、貨櫃對於遠洋運輸業那樣，相互融合、相互促進才能實現共贏，儘早創造新的價值鏈和金融模式。

從長期看，「區塊鏈＋金融」的深度融合需要配合數位貨幣的使用。以比特幣為代表的數位貨幣是區塊鏈最廣泛的運用，也驗證了區塊鏈技術的生命力，可為中央發行數位貨幣鋪路。但客觀地講，數位貨幣廣泛、合法流通，勢必衝擊中央傳統貨幣管理手段，任何貨幣當局都不會等閒視之，在引入數位貨幣前，都須經過深入、全面的考量和規劃，數位貨幣的廣泛流通必將是一個長期過程。所以筆者認為，探索「區塊鏈＋金融」宜從易到難，循序漸進，近期可集中力量加強理論研究，普及基礎知識，做好政策諮詢，並重點加強後述領域研發。

降低信用風險

區塊鏈通過對網路上的每一筆交易建立起集體核查的完整資料庫，讓參與各方之間能夠在技術層面建立信任關係，解決了「拜占庭將軍問題」。藉助區塊鏈的「共識」數據，可以實現對所有參與者信用的搜集和評估，並可實時進行控制，減少可疑交易，進而達到「增信」目的。這有可能成為「區塊鏈＋金融」最成熟、應用最多的領域。

降低運行成本

區塊鏈技術能實現機構間的直接交易，使合約的執行更加簡易化，可縮短交易時間，降低交易成本。以跨國支付為例，在傳統支付模式下需要兩三天的處理時間，而區塊鏈採用點對

點的支付方式只需幾秒至幾個小時。

　　R3 聯盟倡導的區塊鏈技術可能很快運用於國際金融支付和清算領域。在證券結算和清算領域，藉助區塊鏈，證券所有人發出交易指令後，買賣雙方通過智能合約直接實現自動配對，可以繞開證券經紀人、資產託管人、中央銀行和中央登記機構，縮短證券交易流程。

提高場外交易的透明度

　　區塊鏈具有自主運行、無需人工干預、數據不可篡改等特性，可以幫助降低場外交易成本，使該市場更加透明、規範，保證投資者權益。

提高金融監管效率

　　區塊鏈具有不能篡改、不能偽造、公開透明的特點，更有利於監管。因為通過從技術體系的頂層獲取訊息，更加方便監管機構提前獲得關於市場的動態，同時監控每一步資金的流入流出情況，降低支付、清算、結算步驟的出錯率，減少監管的滯後性，讓監管更加簡單高效。

未來更多向智能合約領域發展

　　區塊鏈到底有多熱門，跟大家分享幾個數據：目前有超過 20 個國家投資區塊鏈的技術領域；80% 的銀行從 2017 年開始實施一些區塊鏈分布式帳本有關的項目；在過去 3 年，投資在區塊鏈領域的資金已經超過 14 億美元，特別是 2016 年，據統計在上半年已經有接近 10 億美元的投資投入在區塊鏈領域。

　　波士頓諮詢相關報告也指出，2015 年金融科技領域的融資總額達到 350 億美元，其中區塊鏈技術的相關初創企業累計融資總額超過 10 億美元。自 2013 年以來，該領域的投資額翻了 3 倍，目前全球有 750 多家與區塊鏈技術相關的創新公司，其中約 200 家獲得了風投注資。

　　其實在 2016 年，對金融科技的投資是整體下降的，但是針對區塊鏈技術的投資仍然保持上升，足見其發展趨勢之火熱。不僅資本市場如此，監管部門也對區塊鏈的發展十分關注。2016 年 6 月，來自 90 個國家的央行及監管層代表齊聚華盛頓，在世界範圍內探討是否應該推出數位貨幣等區塊鏈相關問題。毫無疑問，在政策和資本的共同推動下，未來區塊鏈技術會有更進一步的發展，將對金融業產生巨大影響。

不可逆性保證了交易安全

　　區塊鏈技術在金融領域的應用中最重要的一點在於，密碼學技術保障了交易的安全性。區塊鏈需要全網廣播，為了安全，每個參與者都有一個自己獨有的電子指紋「私鑰」，用於電子簽名。參與者的私鑰經加密算法生成對應的公鑰，但公鑰是不能逆推出私鑰的，只能用於驗證公鑰和私鑰是否匹配。而在區塊鏈中，公鑰和私鑰都是符號（亂碼），具有很強的隱私保護性，這兩種特性就保證了交易安全性。私鑰類似於密碼，簽名類似於身份證，公鑰地址類似於銀行帳戶，與傳統的匯款相比較，用戶提交給分布式伺服器檢驗的是數位簽名，而不是帳戶密碼，且每一筆交易使用的簽名都是不同的。

　　傳統的密碼提交方式有兩種風險，一是密碼在提交過程中

可能會被劫持，二是傳統金融系統中心服務器也可能會被攻擊，兩種情況都會造成密碼洩露。但在區塊鏈中，用戶提交的簽名，並不是密碼本身，而是經過轉換的一系列符號，分布式記帳伺服器也只需檢驗簽名即可，所以用戶密碼安全性更高。

其實區塊鏈技術原理是成熟技術的組合，需要的設備也很普通，只是之前沒人想過把它應用到金融領域來。小公司沒有能力在區塊鏈的研究和開發上投入太多資金和人力，大公司和銀行等本身安全級別就比較高，所以也沒有太大動力進行這方面的改變。而現在，資本市場的青睞和政府政策的支持，讓全世界都開始重視起區塊鏈的技術。

真正做到「一手交錢，一手交貨」

區塊鏈在金融領域的另一重大應用是可以構建智能合約機制，即以程式代替合約，約定的條件一旦達成，網路自動執行合約，金融活動由交換數據變為交換代碼。比如我們在網路下單時，付款的錢是先放在網路平臺（第三方）中，賣家發貨、買家確認收到後，平臺才再把錢給賣家。如果是區塊鏈的話，就不需要這樣做，因為錢已經在區塊鏈中，你所要買東西的提貨單也在區塊鏈中，它就相當於一個倉庫，買賣雙方交易時，錢和貨物在鏈上就自動兌付了，真正實現一手交錢、一手交貨，當然前提是錢和資產都要在鏈上。

當然，區塊鏈的應用未來更多是向智能合約的方向發展，不只是簡單的轉帳，這種機制目前已經開始慢慢實現了。目前，全球金融領域已有多個區塊鏈技術付諸實際應用的項目，例如瑞波，是一種用以點對點金融交易的網際網路協議，由於

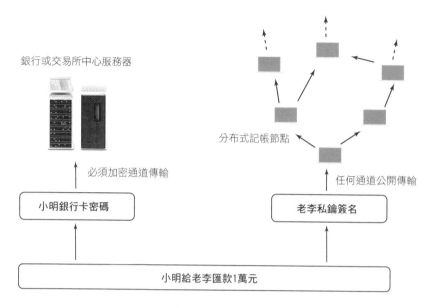

銀行或交易所中心服務器

必須加密通道傳輸

分布式記帳節點

任何通道公開傳輸

小明銀行卡密碼

老李私鑰簽名

小明給老李匯款1萬元

圖 4-10　中心式交易和分布式交易

結算系統十分複雜，資金需要通過銀行、央行和國際組織多個清算系統的轉移才能到帳，而使用區塊鏈可以實現點對點即時支付，在區塊鏈上轉移電子貨幣，進行跨境支付，可大大縮減到帳時間，降低跨國支付成本，提高效率。再如 Deloitte's Perma Rec 是德勤利用區塊鏈技術開發的全球分布式帳本，通過與各種財務報告系統的對接，提高買賣過程的透明度，該項目的最終目標是實現審計數據的全覆蓋與自動化的稅務合規申報，使用戶和監管部門同時收益。

　　針對不同的金融體系，區塊鏈技術未來發展將呈現三大趨勢：其一，管理者專注於保護與客戶、供應商和競爭對手的合作機會中所涉及的知識產權；其二，大型金融機構採用新技術而承擔的風險管理並製定計劃；其三，市場參與者將圍繞交易

層面展開配套流程開發工作。

創業者的首要任務是獲得監管層的認可

儘管區塊鏈技術潛力巨大，但投資者們仍需謹慎、理性看待其發展。區塊鏈到目前為止還處於早期階段，金融業雖然已經開展了大量的研究試驗，但是要真正應用和產生影響還需要一定的時間，所以從投資角度來講，建議審慎樂觀。

區塊鏈技術從 2009 年產生以來，已經在比特幣、銀行金融機構的應用方面及社會應用方面，開始了大量的討論、研究和投入。在技術方面，區塊鏈無疑在安全性和信用體系建設方面有很大的意義，還有著快捷、低成本、智能化的優勢。但從投資的角度來看，還應該從經濟合理性、商業模式的可行性和市場操作性等多個指標來看待區塊鏈的投資。

目前大家都很關注區塊鏈，已經有多家銀行組成了區塊鏈的聯盟，在現有的業務基礎上尋求發展契機，加強同業之間的交流，並和金融機構、科技公司及其他相關企業進行緊密合作，共同探討合作的機會和區塊鏈廣泛的應用前景。總的來說，從時間上來看，可能還需要數年時間的發展才更適合投資。

在區塊鏈技術未來的發展中，監管層的態度尤為重要。各國對於金融領域的態度基本都是強制監管，目前各國的監管層也正在學習區塊鏈技術帶來的創新應用。所以在金融領域中，區塊鏈創業公司如果說想要做好應用，或者說要有比較穩定的應用，能讓客戶用得踏實，那它的首要任務就是要獲得監管層的認可。換句話說必須跟監管部門一起來工作，才有可能將這個技術在金融行業中推廣應用。

數位版權領域應用

　　著作權又稱版權，是指在作品上設定權利，並加以保護之制度，長久以來與科學技術相輔相成，共同促進人類社會進步。然而在網路技術日趨發達的現今，使作品複製與傳播之成本大幅降低，對版權制度之震撼甚大。

　　區塊鏈在版權方面的應用，簡單來說就是為每個數位產品（電影、戲劇、音樂、電子書等）分配一個唯一的 ID，類似書籍的 ISBN 碼、人的身份證等，而數位產品每次的交易都會記錄到區塊鏈裡，做為正版證明。

　　由於記錄不可修改及用戶私鑰的保密性，完全可證明用戶對該數位產品的擁有權、使用權、分享權。所以，以點對點技術為基礎之區塊鏈，恰是版權制度與網路技術結合之調和劑，引入區塊鏈技術應用於版權保護，不僅是對法制帶來危機，亦可能是帶來轉機。

區塊鏈實用於版權管理＋文交所應用

　　那麼，基於文化金融特性的區塊鏈技術應用場景是不是也存在呢？答案是肯定的。在筆者的觀察中，區塊鏈技術將在以下幾個方面得到應用，並對文化金融的發展產生重大影響。

　　首先，在版權管理領域的應用。文化產業的核心是內容產業，內容產業的核心是版權，而文化金融的基礎之一就是版權資產。文學作品、音樂、創意設計等，沒有版權保護是很難進

入生產階段和資本市場的。

區塊鏈以全民記帳方式對記錄和過程進行確權，多節點、不可逆、不可篡改，對權屬認定具有單一主體認證模式不可比擬的優勢，這首先對版權登記和保護進行了革命。在版權管理方面，以區塊鏈技術為底層技術的版權公共服務成為一種可能。社會也可以通過區塊鏈技術進行版權管理自治，實現版權管理的社會化。

英國的 Everledger 與藝術品和展覽資料庫服務公司 Vastari 合作已經推出的區塊鏈資料庫系統；德國的 Ascribe，為藝術家們提供藝術作品的登記、註冊、交易服務；而以色列 Colu 公司 2015 年推出的基於區塊鏈技術平臺提供了數位資產發行和管理服務，涉及協議層和終端應用工具，Colu 公司還和 Revolator 公司合作為音樂版權提供了一個註冊、交易的透明可信通道。

去中心化是區塊鏈的一大特點，所以實現自治也是區塊鏈最重要的意義所在。從文化金融的視角上，只有在完善的版權管理基礎上，版權金融和智慧產權金融才能得到更好發展。

其次，在文化產權交易的應用。文化產權交易（郵票、錢幣、電話卡、藝術品交易等）是文化產業要素市場的重要組成部分，交易對象包括股權、版權、收益權、物權等，也進行投融資服務業務。目前各類型的文化產業交易所有近百間，運營水平參差不齊，很多文交所的交易多數都是物權交易，實際上成為了另類的電商、拍賣行甚至賭場。如果沒有新的有效解決方案，文化產物交易亂象將無法避免，而文交所運營不善。交易量低、地域限制等都是重要原因，更重要的是沒有安全、高

效、真實的數據平臺，無法高效進行交易和流轉，而利用區塊鏈可為文化產權交易的變革提供可能。

在股權交易方面，作為區塊鏈技術服務的領先者，布比公司已經開始在文化產業交易所應用領域開展應用測試。應用區塊鏈技術使版權產品（如藝術品）成為數位資產，比電子標籤等數位化手段要先進得多。藝術品成為數位資產後，可以在區塊鏈技術平臺實現更加便捷、安全的交易，也能夠有效防止欺詐和利用藝術品交易進行洗錢。看起來文交所利用區塊鏈技術只是以新的中介去中介化，以新的中心去中心化，但區塊鏈在效率、真實和可靠性方面的優勢將大大發揮，同時海量真實的資料庫也能夠為文交所的其他投融資服務提供核心競爭力。

中小微企業 VS 文化眾籌

第三，在中小微文化企業小額信貸領域的應用。文化產業中小微企業眾多，輕資產、貸款難。如果不能納入金融服務的一般範疇，也許可利用區塊鏈技術的小額信貸模式提供新的交易方式。區塊鏈技術在小額信貸方面的使用始於美國，而目前在世界各地開始發酵，就連緬甸也開始嘗試這個技術。Infoteria、Techbueau 和緬甸 BC 控股有限公司合作，成功地推出了實現轉移貸款和轉移存款帳戶數據的新系統。

目前，一些中小型銀行也在研討利用區塊鏈技術提供小額信貸服務的可行性，但針對文化企業的小額信貸還需要結合文化企業的特點。文化產業信貸市場的薄弱源於文化企業特性帶來的風險，比如輕資產，但區塊鏈技術如果可以解決無形資產確權和價值評估基礎問題，同時解決企業的資產、信用甚至行

為記錄問題，輕資產就不是問題了。

第四，在文化眾籌等網路金融領域的應用。比起傳統金融的網路化，由網路企業發起的網路金融，應是區塊鏈技術應用更順暢的領域。文化產業眾籌是網路金融的一種形式，是構建文化產業多層次資本市場的重要一環，具有鮮明的產業特點。作為新金融的重要形式，文化眾籌模式＋區塊鏈將呈現更驚人的能量。眾籌區塊鏈技術在股權眾籌的應用，通過總帳和智能合約實現公平透明的登記規則、流通機制和可追溯記錄。

獎勵眾籌方面，由於文化產業的獎勵眾籌具有融資之外的多元功能，區塊鏈技術除了實現登記和交易功能，還可以提供代金券和積分管理，可以通過參與者數據進行產品或項目決策。通過數位貨幣進行眾籌也是文化產業眾籌的方式。另外，文化產業能夠為 P2P 提供新的資產端，但 P2P 急需加強監管和整治。區塊鏈技術對 P2P 進行平衡而有效的監管是有邏輯基礎的，一旦實現將有利於文化產業更好地利用 P2P 平臺。

 ## 研究和實踐亟待深入

區塊鏈技術在文化產業還有很多應用場景，如文化生產供應鏈、網路媒體、網路社群等。在所有產業的區塊鏈技術應用場景中，文化產業領域是極有想像力和落實可能的。文化金融區塊鏈技術的應用可能會領先於其他應用，因為這受益於整個金融系統。區塊鏈技術應用的風險是存在的，但不變革的風險更大。

目前的現狀是，受益於網路經濟的文化產業對區塊鏈技術

還缺乏足夠的敏感，有些應用項目還只在可研究和測試階段，未進入實際應用，只有很少的研究組織和學者開始關注這一領域，與文化、版權、網際網路等有關的部門還在旁觀。「眾籌金融」、「IP 金融」和「區塊鏈金融」是未來數年內文化金融最重要的三個焦點領域。科技和金融是當前文化產業發展的雙驅動力，區塊鏈作為一種金融科技，將文化金融和文化科技融合在了一起，從這個角度上其意義就非比尋常。區塊鏈技術在文化產業的應用應受到更多的關注，呼籲更多的部門和專家介入。對於產業先行者而言，將率先分享技術變革紅利。

產業版權未來發展，區塊鏈帶來的五大好處

第一個是高效，版權的申請登記和變更在現今階段十分麻煩，要排隊又要找中央機構，且還要花費很多的時間和精力去準備一堆資料。在做版權申請或轉讓時，一旦涉及到多人就會變得非常複雜，例如，企業的眾籌可能有 30 個股東，如果要做重大的版權轉讓事項，可能需要 30 個人都同時到場，這在現今忙碌緊湊的生活節奏中幾乎是不可能的。

其二是安全性，眾籌有個很大的問題就是確權問題，剛才提到在登記上的不便，在眾籌中，由一個發起人來代替其他所有人持有這個企業的股份，這就帶來了一個代持的風險，遇到這種風險的時候一旦持有人有邪念或不能履行責任，這個時候其他股東的持股於眾籌的份額就變成非正常狀態了。所以區塊鏈如果說能夠實現在鏈上的股權登記，不管是在將來的法律認定上，還是在執行的便利上都會有很大的好處。

其三是便利性，我們可以想像，未來絕大多數企業辦公都直接用手機來完成，為什麼在版權申請的時候還需要去特定機構呢？不可以通過手機 APP 來做嗎？這是大家一個很直接的想法。這個想法可能舊一代人還沒有，但是新一代人一定會產生這樣的疑問，你們為什麼還要用這麼原始、古老的方法去做這樣的事情。全球的電子政務系統也在逐步推出，在未來通過移動的方式進行快速的董事會、股東會的召開，進行表決，都有可能會發生。通過這種區塊鏈的股權方式，你可以快速的投資多家企業，而不用因為考慮到種種的麻煩問題而不去參與這些投資。

其四是公信方面，不用多說，大家已經非常的了解，區塊鏈是一個天生的信任機器，只要將你的股權登記到區塊鏈上，那麼在後續，因為它相當於沒有刪除、改變功能的數據庫，因而有非常強的保留證據的能力。

其五是智能，在將來如果說我們能夠將智能合約用起來，在我們的很多股權條款上，甚至合同的簽訂上都可以到通過區塊鏈來輔助合同的執行。

 ## 區塊鏈對版權存證之應用機制

區塊鏈發展至今，其應用領域已延伸至各種領域，如數位金融、食安履歷、智財保障等，這邊將聚焦於版權領域應用。當前版權人之維權存在著舉證難、週期長、成本高的問題，而區塊鏈在技術上可應用於版權之存證，與實務見解之著作人身份、著作完成時間、非抄襲之獨立創作等待證事項完美匹配，

原因分析如下：

1. **版權人身份**：此部分意在證明著作確實是主張權利人所創作，證明難度不高，僅需著作人於登入系統時進行身份驗證，透過如帳號密碼、電子憑證等技術，便能推定系統之使用者確為著作人本人。目前多數網路平臺均有採相似技術，於登入系統時確認使用者之身份、年齡等資訊，如結合區塊鏈不可篡改之特性，將更可保存身份資料，確認真實性。惟著作人本人是否具行為能力，甚至具備創作能力，尚非區塊鏈技術可以解決，仍需視個案事實認定之。

2. **著作完成時間**：區塊鏈在技術上，其區塊之排列是按照歷史時間順序，恰可將所有實務見解強調之創作過程，如日記般記載呈現，清楚確定著作是於何時生成而取得版權，有助於釐清權利取得先後之爭議。

3. **非抄襲之獨立創作**：所謂創作過程乃著作人在創作時之相關記錄，常見之記錄包含筆記、草稿、設計圖、會議記錄等。又法律並無明定何謂抄襲之判定基準，法院常以創作過程做為認定著作是否抄襲之依據。除著作人於訴訟中無法證明自己沒有抄襲，只能請公證人進行著作認證，或將著作寄存於特定機構，亦僅能證明自己在特定時間完成著作，仍無法證明著作是自己之獨立創作。

   若運用區塊鏈具有去中心化、透明性、訊息不可篡改等特徵，即能確保創作過程是被忠實記錄於區塊鏈中，不受變更；過程之完整性與真實性亦可通過科學檢驗，便於著作人舉證證明著作之創作過程。透過作品之創作緣由、經過細節，輔以庭審詰問質證，即可舉證之著作人確為實際創

作者。

　綜合上述，如果引入區塊鏈對版權進行存證保護，作為此技術之新運用，應符合法院實務見解與創作市場需求，具有可行性。臺灣近期已有銀行業者將區塊鏈運用於金融業務，如果想要建立區塊鏈的版權保護機制，或可借鑑國外成功實例，汲取他人操作經驗。目前國際上，將區塊鏈技術運用至版權保護之實例以歐美為大宗，包括 Blockai、Ascribe、Verisart 等許多網路平臺均已運用區塊鏈對版權進行存證。

案例一　美國 Blockai 區塊鏈保護版權平臺

　美國長久以來是由國會圖書館管理版權事宜，但實作程序上曠日費時且效率不彰。Blockai 便在此環境中誕生，作為一運用區塊鏈保護版權之網站，其旨在提供更簡單有效的新選擇。Blockai 以區塊鏈建立公眾資料庫搭配圖像比對技術，以證明作品確由版權人創作進而保障之。其開立之版權證書雖並無法定證據效力，但因區塊鏈訊息不可篡改之技術特徵，仍可成為法庭上有相當證明力之證據。

　除此之外，Blockai 現在已經允許網路內容創造者將自己作品的加密驗證記錄在比特幣區塊鏈上，這樣就能提供基本的版權保護，可以幫助作品所有者消除版權侵犯。根據Blockai，版權保護單獨在美國每年就能產生超過 1.126 兆美元的收入，這都是在美國政府註冊的成本，這種註冊過程緩慢且耗時，事實上它主要是讓大型企業受益。

　版權註冊是世界經濟最重要的組成部分之一，它保護了所

有創造性的作品，如藝術、照片、歌曲、視頻、文學、建築
和軟體。今年早期，Blockai 籌集了 54.7 萬美元種子輪資金，
於三月份重啟成為一家提供區塊鏈版權服務的公司。該公司
在 2015 年最初計劃成為一個「比特幣網景瀏覽器」，如今卻
把區塊鏈變成一種社交媒體流，將允許用戶發送消息和驗證作
品。

　　雖然目前的網際網路使藝術家比以往任何時候都更容易創
造和分享他們的作品，但是他們只能從大公司那裡獲利，因為
網際網路無法保護他們的版權，他們也無法承擔在美國版權辦
公室的註冊成本。創造性作品將來將會更加充實，Blockai 通
過創建和發布作品到網際網路，特別是利用那些分享他們的
創意作品利潤的網站，旨在幫助藝術家獲得一個好的生活。
Blockai 比特幣區塊鏈上的一種永久性時間戳能夠提供一種出
版證明武器來幫助保護每一位創作者，能夠發送停止和終止信
或者 DMCA（美國版權法）通知，以此強制網站刪除受版權
保護的作品，否則將依法承擔法律責任。

案例二 德國 Ascribe 用區塊鏈保障作者權益

　　德國的 Ascribe 通過區塊鏈，使作者可以確定作品的權利
屬性，安全的進行分享並追蹤作品傳播情況，亦透過區塊鏈對
作品創作真實性進行認證，在發行時可就發行數量進行限制，
旨在使數位內容作品在網路環境中能如同實體作品般具備稀少
性。與 Blockai 作法類似，Ascribe 也提供版權證書，該證書除
作者名稱、作品名稱、完成時間外，更包括所有權人、交易時

間，透過記錄所有權移轉歷程體現數量限制、追蹤傳播情況的功能，有效避免一權多賣。

案例三　區塊鏈＋版權結合 App 應用

　　Verisart 是透過區塊鏈從事版權保障的網站，作法是提供 App 予使用者，使其可以簡單、快速地驗證作品版權，使用者包括創作者、收藏家、交易者等，與其他平臺不同處在於操作上通過手機、平板電腦等行動裝置，在作品訊息的資料上，更記載作者目前所在，突顯行動性，是區塊鏈技術與行動裝置的創新結合，以行動裝置使版權的存證不受時間、地點的限制。

　　雖然區塊鏈目前只能提供每秒 150 次交易，但對版權驗證已堪用。因為版權存證之目的在於呈現訴訟實務上所重視之創作過程，該過程是一歷史事實之呈現，著重於訊息之正確與完整，而不要求訊息傳遞之即時性，是以區塊鏈技術上之時間成本，於此並不構成致命缺陷；至於空間成本，因硬碟儲存技術之發展，儲存空間已可以極低成本予以克服。

　　面對虛擬貨幣之新思潮，各國政府與民間爭相投入區塊鏈之應用研究，望能藉新技術降低產業成本，如中國人民銀行成立中國區塊鏈研究聯盟，美國有利用區塊鏈保障版權之平臺，臺灣亦有金融業者加入全球區塊鏈聯盟與國際接軌。

　　從版權訴訟實務上著作人舉證責任來看，通過科學技術保障權利標的進行舉證，與一般證人之證言宣誓有別，證據之證明力更禁得起檢驗。在我國現行法未有版權登記制度之際，引入區塊鏈於版權保護之應用，可對現行法制上之舉證難題對症

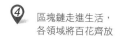

下藥，緩和權利人不易舉證之窘境，使權利人更能獲得其應有之權益保障，落實我國版權法之立法目的。

　　期待產業主管機關或版權專責機關，推動運用區塊鏈技術解決創作舉證不易而產生的版權歸屬糾紛，並進一步利用區塊鏈技術於授權交易，促進原創作品的流通，為數位經濟與文化創意發展構築更加完備的發展環境。

供應鏈領域應用

　　供應鏈行業往往涉及到諸多實體，包括物流、資金流、訊息流等，這些實體之間存在大量複雜的協作和溝通。傳統模式下，不同實體各自保存各自的供應鏈訊息，嚴重缺乏透明度，造成了較高的時間成本和金錢成本，而且一旦出現問題（冒領、貨物假冒等）難以追查和處理。

　　通過區塊鏈各方可以獲得一個透明可靠的統一訊息平臺，可以實時查看狀態，降低物流成本，追溯物品的生產和運送整個過程，從而提高供應鏈管理的效率。當發生糾紛時，舉證和追查也變得更加清晰和容易。供應鏈領域被認為是區塊鏈一個很有前景的應用方向。例如運送方通過掃描二維碼來證明貨物到達指定區域，並自動收取提前約定的費用。

 ## 區塊鏈可以為供應鏈帶來透明度

　　開源分散的數據庫區塊鏈允許消費者檢查其產品的真實性和道德標準。我們購買每個物品後面都有一個故事：人、地點和材料的來源去向，但這些故事常隱藏在龐大複雜的供應鏈中，向消費者呈現的訊息很少，故消費者往往只看到營銷層面。

　　現在，越來越多的消費者要求對產品的製造地點和方式有真正的透明度。歐盟最近的法規要求公司公布更多有關其供應鏈的訊息，並採取措施確保對那些沒有供應鏈的人實施充分懲

罰。但是，即使提高消費者的意識和新的監管，確保產品的監管鏈的真實性和透明度是十分困難的。這時候一種稱為區塊鏈的新技術有很大的潛力可以用來解決這個問題。區塊鏈是一個安全、開放、可審計的共享數據庫，並且沒有單一的集中式運營商。具體來說，區塊鏈用戶能夠以安全、可驗證的方式擴展網路向彼此轉移數位財產，並防止任何一方改變或挑戰正在交換的訊息的合法性，使其具有一定複雜性並帶有更大透明公開度的全球供應鏈。透明度的關鍵在於數據的分散，這意味著沒有一個政黨或機構可以控制。

事實上，一直試圖委託一系列第三方運行系統跟蹤和監督供應鏈，但都沒有成功。事實是，沒有一個第三方能夠使供應鏈更加透明。有一方（或一小部分合作方的集合）監督這種情況，會在系統中產生固有的偏差和弱點。如果該方是品牌本身，或供應鏈中最強大的行動者，則存在重大的利益衝突。這可能導致選擇性披露，因為監測訊息的一方也負責其底線。如果供應鏈數據是由第三方收集的，那麼這一方必須完全沒有利益。另一方面，使用區塊鏈將為供應鏈帶來透明度，允許消費者進行知情採購，並授權政府快速、輕鬆地請求與最遙遠供應商相關的可靠訊息。區塊鏈將完全改變遊戲，以證明、跟蹤和追蹤我們的貨物的來源，這樣的系統可以圍繞所購買的商品的關鍵屬性（諸如道德標準、來源和真實性）提供可信度，通過嵌入在商品標籤中的 QR 碼或珠寶下方的 RFID 標籤，讓消費者可容易地使用智能手機讀取驗證。

客戶的巨大利益將來自真正的監管鏈，即使是最複雜的供應鏈，以非常低成本的安全保證。而且，在我們展望未來時，

如果我們避免過去的錯誤導致由不透明的供應鏈導致持續的環境和社會暴行，「Made in」、「Made with」和「Made by」都必須成為衡量產品的價值。這種模式轉變已經來臨，但它將是區塊鏈技術所帶來的真正革命。

 ## 區塊鏈如何能夠改變供應鏈金融

區塊鏈技術可以顯著影響供應鏈，無論是商品交易、汽車生產還是圖書出版。在當前的交易方式中，供應鏈中的每一方購買商品、增加價值並將這些商品賣給供應鏈中的下一方。這一過程需要為庫存籌資，以及第三方必須為交易提供資金或處理交易。與這種傳統做生意的方式相比，各方可以更聰明地工作，因此使用區塊鏈技術可以顯著的降低成本。供應鏈中的付款也可以在任何時間點發生，並由某種預定的動作所觸發。

區塊鏈應用於供應鏈金融

那麼如何將區塊鏈應用於供應鏈金融（SCF）呢？最重要的是要理解供應鏈本質上是複雜的，從原料供應商、生產商和分銷商一直到消費者的過程，是十分複雜又息息相關。一般來說，供應鏈中的各方可能位在不同的國家，鏈中的每一方都需要為自己的周轉資金和庫存融資，而 SCF 就是各種融資工具的通用術語，用於為供應鏈中的各方提供融資。

在不同國家買賣雙方的實際貿易中，最常見的使用工具是信用證（L／C），這導致交易的過程繁瑣、昂貴、且容易出錯並涉及金融中介來處理交易，而 L／C 的巨大優勢是支付

是安全，並且可以得到銀行的保證。下圖概述了當買方（申請人）和賣方（受益人）交易時，L／C如何工作（①～⑫）。

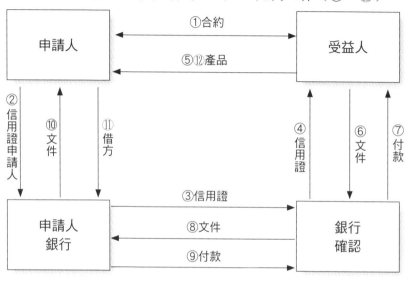

圖 4-11　信用證的運行

L／C的主要優點是保證付款安全，部分抵消了昂貴和麻煩的缺點，通過使用區塊鏈技術的智能合約，除了L／C的優點仍然存在，但缺點被消除；一般來說流程大概是雙方同意交易貨物，並且賣方通過他的錢包接收確認，且在一定時間內支付款項或物品。此保證是有條件的，基於預定定義的標準，帶有貨物的包裝箱必須包含 QR 碼，這是與智能合約相關聯的，當貨物到達約定的點，並且滿足預定定義的標準時，便會執行智能合約，這將觸發所有權轉移給買方，並自動執行到供應商的付款，最大的優點是當結構設置時，其成本是最小的，它們與實體郵件（例如每封信 1 歐元）相比，與電子郵件（每件可忽略的成本）相當。

　　這種為供應鏈融資的方式比當前的經營方式更加便宜且高效。同時,所需的安全性和保證保持不變,該技術可用,但仍應謹慎行事。比特幣一直以來都存在,所以在原則上區塊鏈是被證明的技術,然而上述例子將需要使用於比特幣不同的區塊鏈。全球區塊鏈專家對這種新技術有著巨大的興趣,但在實踐中,根據這個例子,在實踐中只有少數企業在世界範圍內貿易,潛在的利益是顯而易見的,它允許大量簡化(銀行)流程,並顯著降低成本。總而言之,區塊鏈技術可以為企業提供巨大的潛力:提高其供應鏈的控制、速度和可靠性,並且僅佔其當前基礎設施成本的一小部分。

案例一　IBM 利用區塊鏈解決訂單爭議

　　IBM 與供應鏈的上下游廠商利用區塊鏈串連起共享帳本,將交易爭議由 44 天減到 10 天內解決,也讓 IBM 原本卡在供應鏈交易爭議的 1 億美元資金得以活用。

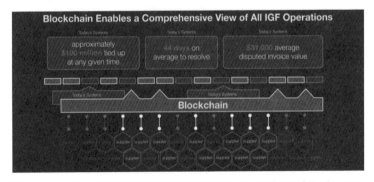

圖 4-12　IBM 將供應鏈的交易資料放入區塊鏈〈取自 IBM 官網〉

　　除了比特幣之外，目前全球最大規模的區塊鏈實例，並非是金融界的應用，反而是 IBM 內部的供應鏈區塊鏈金流系統。主導改造新系統的 IBM 院士 Donna Dillenberger 表示，區塊鏈鬆綁了 IBM 卡在供應鏈交易爭議中的 1 億美元，提升了企業資金的活用度，見圖 4-12。

　　IBM 融資部門（Global Financing，IGF）有一套供應鏈金流服務，提供訂單、庫存、應收帳款等金流服務，給 IBM 內部超過 4,000 家的上下游供應商、經銷商和業務夥伴使用，平均每年交易的總金額更高達 440 億美元。

　　原交易方式是製造業者生產出 IT 設備的零件後，在交由運輸公司進行送貨，最終交付給 IBM。為了完成一份產品訂單，背後一整串流程中有許多人工作業，如訂單建立、包裝送貨、訂單金額輸入、發票寄送等，若有一個小地方出現人為失誤，追溯起來十分麻煩。據 IBM 統計，過去平均每年有多達 2 萬 5 千件的訂單爭議，每件平均得耗上 44 天處理，因爭議而凍結的帳款累計多達 1 億美元，都得延遲付款。

　　臺灣 IBM 技術長徐文暉透露，為了解決內部資金活用這個業務上的痛點，IBM 改用區塊鏈的分散式帳本技術來記錄供應鏈上的各項廠商資料，包含訂單、庫存以及應收帳款等金流服務。採用區塊鏈技術的新版 IBM 供應鏈金流平臺也在 2016 年 9 月正式上線。Donna Dillenberger 在 Edge 2016 大會上揭露更多 IBM 用區塊鏈改造供應鏈交易的細節。

供應鏈大改造，增進業務效率及資本自由度

　　區塊鏈的重點在於可供多方合作夥伴提供資料。這些難以

管理的大量交易資料，全都利用區塊鏈的分散式分類帳作為交易的記錄帳本。IBM 採用了開源區塊鏈專案 Hyperledger，這套平臺採用了私有鏈（Private Chain）架構，設計了一個准許制（Permission）來確認使用者的身份與認證。

在 IBM 供應鏈上則是只有通過准許的供應商或業務夥伴就可以將交易資料上傳到區塊鏈。利用區塊鏈的可追蹤、不可篡改，以及最終結果的一致性，讓這群 IBM 供應商在一個具有隱私、安全的區塊鏈上共享交易記錄。

流程上，當製造業者、運輸公司分別把訂單與送貨資料上傳到區塊鏈，區塊鏈的驗證過程就成為一個工作流程（Workflow），交易的三方可以上平臺檢視目前訂單處在哪一個交易階段，又有哪些是遺漏需要補齊的資料，隨時追蹤訂單進度。更重要的關鍵是如何設計供應鏈的智能合約（Smart Contract）。Donna Dillenberger 表示，區塊鏈就是一個交易資料庫（Database），而智能合約就是應用程式，內嵌在區塊鏈系統中。IBM 利用智能合約來掌握每一項工作的金流運作。

舉例來說，當一份智能合約同時接收到來自製造業者、運輸業者的兩份出貨通知時，才會自動履行合約條件，例如依據訂單撥款給雙方。兩方都是各自獨立存取區塊鏈上的供應鏈資料。因為私有鏈的設計，製造業者與運輸公司雙方各有獨立的帳本，但可以透過區塊鏈伺服器節點身份來共同參與區塊鏈的維護，一旦系統中有任何改變都需要取得其他節點的確認，必須要取得三分之二的參與節點通過共識機制（Consensus），才有可能篡改，例如有份確認後的訂單，任一方想要篡改，得獲得三分之二節點的同意後才行，而這幾乎不可能發生。

　　因此，IBM 這套供應鏈區塊鏈可以提供一個各自可獨立、多中心且不會被篡改的分散式分類帳本，而且在確保商業隱私之下共享訊息。過去散布在每一個上下游供應商、經銷商以及業務夥伴的交易記錄，現在則透過區塊鏈的分散式分類帳本，讓每一個供應鏈上的夥伴都可以有一筆交易的全程檢視模式，例如零件製造商可以隨時在平臺上看見自己的訂單跑到那個階段、貨物是否配送正確，是否送達收貨方等，如此就能減少爭議，這是交易流程透明化帶來的好處。

　　區塊鏈在傳統的供應鏈系統上，減少人為造成的失誤與冗工，有更少的爭議、更快的結算速度，根據 IBM 融資部門統計，可把爭議解決的時間大幅縮短。更重要的是，困在爭議中的資金得以鬆綁，大幅提升了資本調度的自由度。

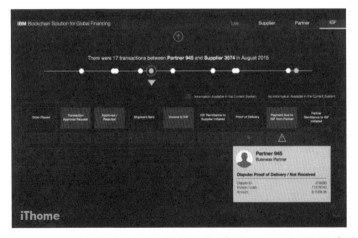

圖 4-13　在區塊鏈上工作流程一目瞭然，有任何問題爭議
　　　　　產生，介面就會顯示出黃色警告〈取自 IBM 官網〉

開源區塊鏈專案 Hyperledger，打造不同產業的應用

　　區塊鏈預估將在 3 年內就會是一個破壞性的新科技，臺灣目前就有醫療器材、製造業、以及電信公司等正試圖瞭解區塊鏈，跨產業應用雖然還未成熟，但區塊鏈技術勢必面臨著不同商業模式與情境。而 IBM 所採用的區塊鏈技術是 Linux 基金會底下的開源區塊鏈專案：超級帳本（Hyperledger）來提供企業服務。致力在推動企業聯合投資、協作的 Linux 基金會，2015 去年 12 月 17 日宣布了開源的 Hyperledger 專案，它的核心宗旨就是用開放原始碼（Open Source）以及開放治理（Open Governance）的方式，制定產業應用的開放標準（Open Standard）。社群參與者可以共同協議技術標準，開發人員就可根據產業特性去建立應用。Hyperledger 的目標，就是要推動區塊鏈技術在不同產業中應用。

　　Hyperledger 並不屬於公有鏈（Public Chain，如：比特幣），它是需要經過用戶審查及認證才能加入區塊鏈交易的私有鏈。透過 CA（Certificate Authority）來進行公鑰、私鑰、數位簽章的發行，同時也要管理使用者的帳戶，確保實名制。除了第一道的用戶認證關卡外，還有兩個確保區塊鏈資訊安全的關卡。在儲存交易記錄的區塊（Block）安全與隱私上，Hyperledger 利用 PKI 加密機制的公、私鑰來執行數位簽章，進行區塊的加密。第三個則是共識機制，三分之二的帳本參與節點互相驗證區塊內的交易記錄。通過共識機制同意的交易記錄，就可以寫入（Append Only）的共享帳本來確保交易資料的不可篡改（Immutable）以及永久保存（Finality）。

商業的運作都是希望有隱私性的，而且資料的安全性也是首要的考量，這也是為什麼 IBM 選擇私有鏈 Hyperledger 作為底層服務的技術。IBM 在 Hyperledger 的董事會與技術委員會分別占了 2、3 席，並且在 2016 年 2 月貢獻了 4.4 萬行程式碼給 Hyperledger。IBM 會投入 Hyperledger，就是因為開源可以省掉不同底層協議的整合成本。使用相同的結構（Fabric），未來在跨產業的整合可減少成本，而且在開源、協作的專案運作上，也可避免單一平臺供應商的壟斷。

案例二　Maersk 用區塊鏈解決供應鏈問題

圖 4-14　Maersk 貨輪〈取自 Maersk 官網〉

總部設於哥本哈根，全球知名的貨運公司快桅（Maersk），宣布他們在 2016 年二月中時，完成了第一個區塊鏈試驗，將上兆美元的的產品運輸過程使用區塊鏈簡化。他們採用的

技術是開源的區塊鏈專案 Hyperledger 旗下的 Fabric。過去，Maersk 的總營業額佔據全球貨運業的 15.8%，但近年來他們也飽受營運慘澹的命運，所以他們也尋求新的應用來降低成本，過去和各個參與方溝通，都是使用大量的紙本溝通，現在他們採用基於區塊鏈的智能合約（Smart Contract）來解決。Maersk 使用 Hyperledger 旗下的 Fabric，替一家法國的能源管理公司施耐德電機（Schneider Electric），將他們的貨物從荷蘭鹿特丹送往美國的紐澤西。過去需要好幾週的時間，去通過美國海關及其他機構，現在，實驗結果只要 4 個節點通過即可，而且每個參與方都可以在有限的權限內看到運輸資料。Maersk 的數位長 Ibrahim Gokcen 表示，公司正替供應鏈管理積極尋覓解決方案，並且也在尋找其他相關的應用。

教育領域應用

　　區塊鏈科技開發之初是用來記錄並確認比特幣網路上所發生的所有交易的，目前該技術正在被越來越多的行業所使用。比特幣是一個去中心化的金融網路，銀行和金融機構是所有行業中對該技術最感興趣的。這些部門對區塊鏈感興趣是意料之中的，然而最近教育機構也開始應用區塊鏈技術。

　　區塊鏈科技提供了無窮的機會，一些教育機構也已經開始計劃實施該科技。教育部門計劃使用區塊鏈技術來記錄和驗證學習成績、考勤記錄和學位證書。通過使用區塊鏈的透明性、安全性和不可更改性技術，教育機構想要讓維護記錄的整個過程更高效、透明和安全。除了效率和安全性以外，在區塊鏈上儲存學習成績也能讓學生在世界任何地方都能訪問他們的文憑和學位證書，而無需擔心丟失證書或重新從學校頒發。

　　塞浦路斯尼科西亞大學就是早期的區塊鏈應用者之一。該校已經在分布式帳本上維護記錄學生的成績。根據 George Papageorgion 的說法，該校其中一個學院的新系統收到了學生社區的良好反饋，他們也非常願意使用區塊鏈科技。巧合的是，尼科西亞大學也是第一批提供密碼學貨幣課程的學校。

　　不僅僅是區塊鏈科技，甚至是比特幣也在慢慢進入主流教育。一些學校已經在校園裡安裝了比特幣 ATM 機。校園商店也開始接受比特幣支付了。學生們則會不可避免地接觸到數位貨幣及其潛在的科技。特別是，當比特幣和區塊鏈技術正在成為很多行業的一部分時，學生們最終都要在這些已經實施了分

布式帳本科技的企業就業。

　　高效和教育結構實施比特幣科技將會幫助改革整個教育系統。再區塊鏈上維護教育記錄不僅僅能允許學生方便地訪問他們的成績，而且還允許雇主也訪問這些訊息以用於招聘目的。包含了所有學生詳細訊息的分布式區塊鏈將會為學生、雇主和機構訪問、分享和驗證文憑提供基於許可的一站式服務站。總之，教育系統使用區塊鏈科技將會預防學位偽造和欺詐，而且還會讓教育系統迅速掌握這種科技。

區塊鏈在教育領域應用的啟示

1. **加強智慧財產權保護，搭建教育信任體系**：可以利用區塊鏈技術的可追溯性實現對教育資產與智力成果的版權保護，從源頭上解決智慧財產權糾紛問題。此外，數位貨幣儲存在區塊鏈上具有較高的安全性與可靠性，在教育領域可以將學生成績、個人檔案以及學歷證書等重要資訊存放在區塊鏈上，防止資訊丟失或被惡意篡改，構建安全、可信、不可篡改的學生信用體系，助力解決當前學生信用缺失以及全球學歷造假等問題。

2. **優化教育業務流程，實現高效、低廉的教育資源交易**：在教育資源分享方面，利用分散式帳本技術實現用戶與資源間的直接連接，能夠簡化操作流程，提高資源分享效率，以此來促進教育資源的開放共用，解決資源孤島問題。在教育資源交易方面，利用去中心化特性剔除交易仲介平臺，實現消費者與資源的點對點對接，從而減少費用支出，

簡化操作流程，打造高效、低廉的教育資源交易平臺。

3. **利用去中心化特性構建去中心化教育系統**：區塊鏈可以用來開發去中心化教育系統，打破傳統教育服務被學校或政府機構壟斷的局面，使得任何具有教育資質的機構均可以開展教育服務並頒發有效的學歷證書，實現正規教育與非正規教育的有效融合，推動全民參與教育體系的變革。

4. **分散式儲存與記錄可信學習資料，實現校企之間高效對接**：學生的個人資訊、學習成績、成長記錄等內容都可採用類似的儲存記錄方式，分散式儲存在教育系統中，在保證資訊真實安全的基礎上，可以向其他學校或招聘單位共用資料內容，作為學生求職面試的重要依據。利用分散式帳本技術向企業用人單位展示自己的學業成績與專業技能，搭建學生與企業交流的橋樑，建立校企合作新模式，以此實現學生與企業的高效對接。

5. **開發教育智能合約，構建網路資源及平臺運行新模式**：在開放教育資源建設方面，利用智能合約的透明、自動執行等特性，可以實現資源上傳、認證、流轉、共用等工作的自動化執行，降低資源分享成本，提高資源共用效率，構建網路資源流轉新形態。此外，利用智能合約可以建設高效、智能的網路學習社區，實現學習社區的「自組織」運行，並即時監控社區生態環境，自動遮罩刪除不當言論，營造積極向上的社區氛圍。

區塊鏈在教育領域的應用模式

　　區塊鏈系統的透明化、資料不可篡改等特徵，完全適用於學生徵信管理、升學就業、學術、資質證明、產學合作等方面，對教育就業的健康發展具有重要的價值。調研發現，當前全球區塊鏈技術的教育應用正處於萌芽狀態，少數教育機構展開了積極的探索。「互聯網＋教育」是全球教育發展與變革的大趨勢，其宗旨是應用網路思維、技術和模式改造傳統教育生態，實現教育系統的結構性變革。區塊鏈技術有望在互聯網＋教育生態的構建上發揮重要作用，其教育應用價值與思路主要體現在六大方面：建立個體學習資訊、打造智能化教育平臺、開發學位證書系統、構建開放教育資源新生態、實現網路學習社區的「自組織」運行以及開發去中心化的教育系統。

1. **建立個體學習資訊，架起產學合作新橋樑：**區塊鏈技術在教育領域可以用做分散式學習記錄與儲存，允許任何教育機構和學習組織跨系統和跨平臺記錄學習行為和學習結果，並永久保存在雲端伺服器，形成個體學習資訊，有助於解決當前教育領域存在的信用體系缺失和教育就業中學校與企業相脫離等實際問題。企業單位招聘時，可以通過合法管道合理獲取學生的任何學習證據資料，用於精確評估應聘者與待招崗位間的匹配度。此外，學習資訊還是學校對於人才培養品質評估以及專業評估的重要依據，有助於實現學生技能與社會用人需求無縫銜接，有效促進學校和企業在人才培養上的高效精準合作。

未來教育研究所（IFTF）和美國高考（ACT）基金會提出

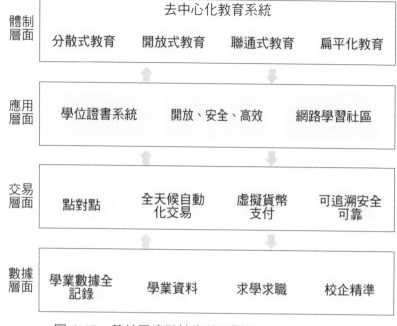

圖 4-15　基於區塊鏈技術的互聯網＋教育新生態

的「學習即賺錢」（Learning as Earning）計畫，其中新思想源於 Edublocks 概念，類似於用來記錄和評估學生學習的「學分」。除了跟蹤學術學習活動外，Edublocks 還可測量和記錄非正式學習，如培訓活動、學校比賽、研究演示、實習經歷、社區服務等，一連串的 Edublocks 形成一個分散式帳本或電子公事包，讓學生在任何時間、任何地點都能獲得所發生的學習信用。學術顧問將專注於說明學生在其電子資訊資料庫中獲得最多的「收入」。畢業時形成的個人電子資訊資料庫，包含「賺取」的各種技能，即學生在學期間獲得的所有 Edublocks，將作為學生求職面試時的

簡歷，也將成為招聘單位選拔人才的重要參考依據。

索尼國際教育（Sony Global Education）在一份報告中指出，發達的區塊鏈底層架構系統將促進學術進展記錄，可將區塊鏈技術作為一個去中心化且又很安全的系統來加密傳輸學生資料。特別是與考試相關的學生學業水準的統計與測量資料，依託區塊鏈技術設計全新、安全的基礎設施系統，不僅能在網路上安全共用，還能永久安全地儲存在雲端伺服器中，隨時供查詢、獲取，為學業水準的測評和記錄方式開拓新的可能，打造未來教育新平臺。該平臺允許學生轉移資料訊息，可以將自己的成績單傳送給心儀企業的老闆，為學生求職面試和企業招聘均提供了極具說服力的材料。

案例一　嘗試把區塊鏈應用到教育領域

索尼國際教育宣布，將區塊鏈技術引入教育領域，作為一個去中心化同時又很安全的系統來傳輸學生數據，應用於 K12 ❶ 領域。目前已經研發出能夠運用區塊鏈來儲存教育數據，並且加密的與服務方和第三方分享的技術。他們相信這能「實現一種全新的應用系統」，能夠成為應試者和他們測試結果的儲存中心，就像一個通用的教育 ID，或者是一個更官方版本的

---

❶ K12 中的「K」代表 Kindergarten（幼兒園），「12」代表 12 年級（相當於高三）。「K12」是指從幼兒園到 12 年級的教育，因此也被國際上用作對基礎教育階段的通稱。

LinkedIn。例如，考試後，學生可以授權考試機構將結果分享給一個或多個第三方評估機構。

索尼國際教育的總裁 Masaaki Isozu 對此表示，他們想要提供一個新的教育平臺，並打造一種全新的教育證書檢驗過程。而之前要獲得這樣的驗證過程是非常繁瑣的，核查一個人在市面上不同的學業水平評估和認證結果，是一個相當費力的過程，因為你需要找到相關學校的聯繫訊息，找到正確的人。而到下一個人的時候，你需要再重新做一遍。因此中型和大型公司經常會把這些工作交給第三方來做，因為這些工作對他們來說非常的消耗時間和金錢。而對於他們來說，只要運用區塊鏈技術，每個人可以在參加過學術水平測試後，讓學業成績永遠安全地儲存在雲端伺服器中，學生和教育者可以授權組織測試的機構，將測試結果安全分享給一個或多個第三方評估機構，在教育領域這將是一項全新的服務。

在一個基於區塊鏈的認證系統中，每個人的考試成績及課程設置都被永久且不可更改地記錄其中。每個人都將能夠自由地，按照自己的時間安排，學習必要的課程，參加必要的考試。對於潛在僱主而言，這些記錄也都是公開可見的。

Isozu 舉了個例子，例如一個學生曾在中國某個省學習，參加過美國某個機構的在線考試，最後從日本的大學畢業，現在又要申請西班牙的一所研究生學院，那麼學校該如何去確認這些五花八門的成績來衡量學生的申請？不同的評估機構有可能會採取不同的方式使用學生的考試結果，隨著教育領域越來越國際化，對學生和學校來說，能夠方便且安全地分享學業數據會提供更多便利。

索尼國際教育的目標是，2017年研發出新的教育基礎設施，把基於區塊鏈的技術應用到其服務中，將會從索尼所舉辦的世界趣味數學競賽（Global Math Challenge）開始。

2. **打造智慧化教育平臺，實現資源與服務的全天候自動交易：**
通過嵌入智慧合約，區塊鏈技術可以完成教育契約和存證，構建虛擬經濟教育智能交易系統。該系統中各種服務的購買、使用、支付等工作全部由系統自動完成，無需人工作業，同時購買記錄無法篡改、真實有效，所有的交易和合約資料都將被永久保存。消費者在該平臺發出購買資訊後，系統會根據智能合約的運行規則自動將對應的學習資料發送給消費者，該資料的物流資訊也將被智慧合約追蹤，當消費者確認收到學習資料時系統自動完成支付，無需手動付款。此外，該交易平臺還提供線上學業輔導和工具下載等服務，學習者可根據學習需求選擇恰當的學習服務，包括一對一線上輔導、難點習題講授等，所有資源和服務均可依據學習者的個性需求實現自主消費。基於區塊鏈技術的智慧化教育平臺與其他交易平臺相比，具有獨特的優勢：

(1)智能合約程式記錄在區塊鏈上，具公開、透明、不可篡改等特性，可以保證交易資訊的真實有效，杜絕欺詐行為的發生。

(2)智能合約程式可以控制區塊鏈資產，能夠儲存並轉移數位貨幣和學習資料，學習者購買資料和服務等交易資訊可隨時被追蹤查詢並永久保存，從而為保障商家和消費者權益提供強大的技術支撐和過程性證據。

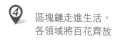

(3)智能合約程式由區塊鏈自動執行，人工無法干預、篡改，一方面能夠提高平臺交易效率，滿足消費者對於知識獲取即時性的需求，另一方面能夠保證交易平臺的可靠性與穩定性，防止交易平臺出現系統性崩潰現象。

(4)智能交易無需類似協力廠商的支付平臺，可以實現學習者與培訓機構、學習者與教師、機構與機構之間的點對點交易，既能節省仲介平臺的運營與維護費用，同時又能提供有品質保證的線上學習服務。

3. **開發學位證書系統，解決全球性學歷造假難題**：隨著就業市場競爭的加劇以及科技的發展，學歷造假成為阻礙教育全球化發展的重要因素。伊利諾伊大學物理學教授 George Gollin 曾對文憑造假現象做過調查，他估計每年約有 20 萬份虛假學歷證書從非法文憑提供商處售出。國際知名調查公司 Hire Right 的一項調查結果顯示，約 86% 的受訪雇主表示他們曾發現應聘者提供虛假學歷資訊。為了解決學術欺詐尤其是學歷造假這一國際性教育難題，麻省理工學院、霍伯頓學校、肯亞資訊和通信技術部等機構開始嘗試引入區塊鏈技術，構建全新的學位證書系統，以實現學歷資訊的完整、可信記錄。

案例二　麻省理工用區塊鏈打造證書平臺

麻省理工的媒體實驗室（The MIT Media Lab）應用區塊鏈技術研發了學習證書平臺。證書頒發的工作原理如下：首先，使用區塊鏈和增強式加密的方式，創建一個可以控制完整成就

和成績記錄的認證基礎設施，包含證書基本資訊的數位檔，如收件人姓名、發行方名字、發行日期等內容；其次，使用私密金鑰加密並對證書進行簽名；接下來創建一個雜湊值，用來驗證證書內容是否被篡改；最後，再次使用私密金鑰在比特幣區塊鏈上創建一個記錄，證明該證書在某個時間頒發給了誰。在實際應用中，上述工作雖然能一鍵操作完成，但是由於區塊鏈自身透明化特性所帶來的一系列隱私問題，目前該軟體系統仍在不斷完善中。

案例三　首用區塊鏈記錄學歷資訊的學校

　　霍伯頓學校（Holberton School）是一所軟體工程師培訓學校，也是世界上首個使用區塊鏈技術記錄學歷資訊的學校，它從 2017 年開始將學歷證書訊息放在區塊鏈上共用，這一做法受到眾多招聘公司的讚賞。霍伯頓學校的聯合創始人 Sylvain Kalache 認為，利用區塊鏈去中心化、可驗證、防篡改的儲存系統，將學歷證書存放在區塊鏈資料庫中，能夠保證學歷證書和文憑的真實性，使得學歷驗證更加有效、安全和簡單，同時能節省人工頒發證書和檢閱學歷資料的時間和人力成本，以及學校搭建資料庫的費用，這將成為解決學歷文憑和證書造假的完美方案。另外，一些國家也開始行動起來，例如，肯亞政府強烈意識到學歷造假給國家教育乃至社會經濟帶來的嚴重影響，為了嚴厲打擊造假文憑的非法行為，目前正在和 IBM 密切合作嘗試建立一個基於區塊鏈的學歷證書網路發布與管理平臺，讓所有學校、培訓機構等都可以在區塊鏈網路上發布學歷

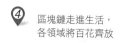
證書，實現學歷證書的透明生產、傳遞和查驗。

4. **構建安全、高效、可信的開放教育資源新生態**：近年來，
   開放教育資源（Open Educational Resources，簡稱 OER）
   蓬勃發展，為全世界的教育者和受教育者提供了大量免
   費、開放的數位資源，但同時也面臨版權保護弱、營運成
   本高、資源共享難、資源品質低等諸多現實難題。如何構
   建安全、高效、可信的開放教育資源新生態，成為當前國
   際 OER 領域發展的新方向。區塊鏈技術有望成為解決上述
   難題的「利器」，推動 OER 向更高層次發展。

   (1)應用區塊鏈技術加強資源版權保護。基於非對稱加密演
   算法保護的版權資訊其安全性與可靠性更高，同時鑒於
   區塊鏈公開透明的特點，任何資源創建資訊都可以被使
   用者查詢、追蹤、獲取，進而有助於從源頭上解決版權
   歸屬問題。資源上傳者可將 OER 的版權資訊和交易資
   訊記錄在區塊鏈上，包括資源創建者、創建時間、資源
   類型等內容。因此，任何教育資源的創建和更新可隨時
   被追蹤和查詢，並被有效證明。

   (2)應用區塊鏈技術降低 OER 運營成本。將區塊鏈技術的
   去中心化應用到 OER 建設中可節省大量仲介成本。用
   戶與用戶間可直接通過點對點的傳播方式進行資源分
   享，從而減少在大量仲介平臺上研發與管理維護的投
   入，改變 OER 運行機制，有效降低 OER 運營成本。

   (3)應用區塊鏈技術促進資源分享。利用區塊鏈的分散式帳
   本技術，將教育資源分散存放在不同的區塊中，通過點
   對點的傳播方式，所有節點將通過特定的、達成共識的

軟體協定直接共用學習物件和工具軟體等資源，既有助於提高共用效率，又可以解決資源孤島問題。未來，借鑒金融領域的跨國支付業務，全球用戶都將實現無障礙的點對點資源共用與即時交易，形成全球無縫流動的超大規模資訊資源開放共用網路。

(4)應用區塊鏈技術提高資源品質。首先資源創建者將資源上傳雲端平臺，再利用非對稱加密演算法使用公鑰和私鑰對教育資源進行分別加密，並存放在區塊中，接著將承載教育資源的區塊廣播全網並等待認證，直到超過51%的節點達成共識通過認證，承載資源的區塊加蓋時間戳記並在網路中以 P2P 的模式流通。資源認證機制中的認證、流轉、共用等環節均由區塊鏈底層內置的智能合約自動完成，全過程公開透明、不可篡改，各個節點上的資源用戶共同認證新上傳資源的應用價值。基於區塊鏈技術的 OER 網路認證機制可以杜絕重複、無效、低品質資源的產生，能有效提升資源品質和資源流通效率。

5. **實現網路學習社區的真正「自組織」運行**：區塊鏈與線上社區的結合，也是區塊鏈技術在教育領域很有前景的應用方向。區塊鏈技術可優化和重塑網路學習社區生態，實現社區真正「自組織」運行，其應用主要在以下三個方面：

(1)使用虛擬幣提高社區成員參與度，形成社區智能流轉體系。應用區塊鏈技術建立社區虛擬幣產生與流通機制，學生通過發帖、提問、回答等行為自動賺取虛擬幣，並可利用虛擬幣購買社區學習資料與服務，從而激發社區

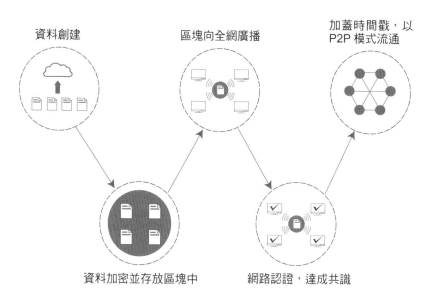

資料創建　　　　區塊向全網廣播　　　　加蓋時間戳，以
　　　　　　　　　　　　　　　　　　　P2P 模式流通

資料加密並存放區塊中　　　網路認證，達成共識

圖 4-16　基於區塊鏈技術的 OER 網路認證機制

　　成員的參與度，形成以虛擬幣作為核心激勵機制與衡量
　　社區貢獻度重要指標的集體智能生成與流轉生態。

(2)利用區塊鏈的可追溯性，能對社區成員發表的帖子和觀
　　點自動追蹤、查詢、獲取，從源頭上保護社區成員的智
　　力成果，防止知識成果被抄襲，從而有利於創新性、原
　　創性觀點的迸發。此外，依託分布式帳本技術，將發表
　　的觀點分布儲存在網路中，根據各個觀點之間的語意聯
　　繫生成視覺化的知識網路圖。隨著觀點的不斷生成與進
　　化發展，社區將聚小智為大智，形成具備無限擴展能力
　　的群體智能網路。

(3)淨化社區生態環境，實現社區成員信譽度認證。智能合
　　約保證網路社區的自動運行，發帖、提問、回答等內容

將自動推送到社區平臺，根據預先定義好的規則程式對社區論壇進行自動化監控，對於歪曲客觀事實或具有誤導性的謠言資訊自動屏蔽刪除，以達到淨化社區生態的目的。同時，可根據社區成員發帖內容與次數對成員信譽進行認證，信譽度認證較高的社區成員可享有社區特權，如多次下載學習資料或發言無限制次數等，以此鼓勵積極向上的發言，從而營造健康向上的社區氛圍。

案例四 專案為導向學習社區─極客豆學院

除了促進社區的自組織運行外，區塊鏈技術還可以在增強社區學習的適應性方面發揮作用。目前，中國的喵爪機構已經應用區塊鏈技術，通過喵爪幣眾籌 Alt School 的方式創建了可以為每個孩子提供定制學習服務、以專案為導向的自我調整學習社區──極客豆學院。在創新學習正式開始前，極客豆學院的教師通過與學生聊天勾畫出詳細的學習者檔案。教師通過向學生提問數學、語言等方面的問題，瞭解學生自身的性格癖好、學習方式、強項和弱點等個性特徵。基於學習者的檔案資訊，極客豆學院可以為每個孩子確定全年的學習目標並細化為每週都會更新的遊戲清單，學生可每天在清單上挑選不同的項目學習，從而實現個性成長。

6. **開發去中心化教育系統，全民參與推動教育公平**：當前教育系統的高度中心化和集權化主要體現在教育體制的中心化上。教育體制是教育機構和教育規範兩個要素的結合體，其中教育機構是載體，包括實施機構和管理機構；教

育規範是核心，即維護機構正常運轉的制度。現階段的教育體系仍以正規教育為主導，由政府機構或學校提供教育服務並進行認證，個人對某一特定學科的精通程度，仍需由受認可的大學頒發文憑或證書來證明，導致教育的管理權被學校和政府所壟斷。

利用區塊鏈技術開發去中心化教育系統，有助於打破教育權利被學校或政府機構壟斷的局面，使教育走向全面開放，形成全民參與、協同建設的一體化教育系統。未來，除了政府機構批准的學校、培訓單位等教育機構具有提供教育服務的資格外，將有更多的機構、甚至個體承擔專業教育服務提供商的角色，並且基於區塊鏈的開源、透明、不可篡改等特性能保證其教育過程與結果的真實可信。例如，一些企業、社區或其他組織均可提供教育服務並進行認證，其頒發的證書將與傳統高校頒發的證書一樣可在全網流通，並可有效證明學生是否掌握了某一知識技能。校際邊界也將逐步模糊，學習者可以自主選擇在任何學習中心或培訓機構學習某門課程，獲得具有同等效力的課程證書，有效證明自己在某一領域的專業知識和技能。多門課程證書的獲得以及學分的積累，將使學生有資格申請獲得國家以及國際教育組織認定的學歷學位證書。

教育應用面臨的挑戰

區塊鏈技術現在正處於起步發展階段，大多數研究聚焦在金融領域。與金融領域相比，教育領域具有更強的獨特性和複

雜性,區塊鏈技術在教育領域的成功應用將面臨推廣運行難、教育資料產權模糊、資料儲存空間有限、區塊鏈技術自身安全隱患所引起的師生隱私保護風險等諸多挑戰。

1. **教育領域實踐經驗少,推廣運行存阻力:**目前全球在區塊鏈技術應用領域尚未普及標準,且大多數研究聚焦在金融領域,其在教育領域的推廣運行將面臨缺乏政策保護與實踐經驗兩方面的挑戰。首先,由於缺乏政策保護與引導,去中心化屬性對傳統教育管理機構將造成強烈衝擊,在利益分配上使得傳統教育平臺遭受重大損失,導致相關機構和部門對區塊鏈技術在教育領域中的應用持謹慎態度,不利於區塊鏈技術的大規模推廣與應用。其次由於區塊鏈技術在教育領域應用案例較少,專家學者對其在教育領域的推廣應用更多持觀望態度,缺乏推動進一步應用的動力。為解決區塊鏈技術在教育領域的推廣運行問題,可從以下三個方面入手:第一,各國應儘快制訂出區塊鏈在教育領域應用的相關法律、法規,從運營機制、技術應用、體制管理等多個層面制定保護細則,確實保障國家、機構、個體在區塊鏈技術與教育應用上的合法權益。第二,制訂確實可行的利益分配方案,妥善處理好傳統教育管理機構和運營平臺之間的利益分配,使區塊鏈技術在教育領域的推廣應用得到各部門認可,減少推廣運行阻力。第三,依託區塊鏈技術和應用發展聯盟等組織,聯合教育領域專家,從區塊鏈國際標準化制訂中借鑒先進經驗,深入研究區塊鏈技術在教育領域推廣應用的熱點和難點問題,制訂區塊鏈技術在教育領域的應用標準與規則。因此,教育工作者

應積極與區塊鏈專家聯合，儘早制定區塊鏈技術在教育領域的應用標準，打通應用通道，提升應用效果。

2. **區塊鏈資料儲存虛擬化，教育資料產權有爭議**：區塊鏈的去中心化特徵淡化了教育管理機構的職責，學生資料管理等工作相對弱化。由於去中心化特性，使得區塊鏈上的資料分散式儲存與記錄，造成學生資料的產權變得模糊。當前教育中的資料管理一般由學校教務處負責，而區塊鏈技術的應用淡化了實體管理部門的職責，使得資料都儲存在虛擬區塊鏈上。因此這些虛擬資料的歸屬權屬於誰？使用權屬於誰？基於資料分析產生的成果的所有權又屬於誰？這一系列的資料產權問題都將成為區塊鏈技術在教育領域進一步推廣應用過程中亟待解決的問題。

基於區塊鏈技術儲存資料的產權問題，相關教育部門需要制定詳細的資料歸屬標準體系與利益價值分配方案。首先，區塊鏈儲存的教育資料，其歸屬權應該屬於資料產生者，即教師、學生和教育管理部門，而不是協力廠商平臺，這是區塊鏈資料儲存的基本原則。其次，任何資料的使用都需要經過數據產生者的書面授權同意，可以授權給公司企業以開發更大的商業價值，但保證資料產生者的個體利益與隱私，是資料使用的前提。最後，在進行校際合作或校企合作過程中，教育資料產生的商業價值需要制訂明確的利益分配方案，除了書面授權涉及的約定收益外，還可以參考著作權使用費的模式，由平臺按固定比例將利益分配給資料產生者、資料提供者以及資料價值開發者，或者可以徵得用戶免費授權，將成果利益完全歸屬於資料價值

開發者。只有制訂明確的資料產權歸屬與使用規範，才能打消教師和學生對於教育教學活動產生的資料所有權的顧慮，從而更好地促進區塊鏈技術在教育領域的應用。

3. **系統網路容量小，資料儲存空間遇瓶頸**：區塊鏈技術是網路金融技術的創新，但眾多技術特性，特別是網路容量，仍處於發展的初級階段。區塊鏈資料庫記錄了每一筆交易，從開始至今的所有資料資訊，任何想要進行資料儲存的使用者都需要下載並儲存承載所有資源資訊的創世塊（Creation Block）。隨著大資料技術在教育領域的應用，教師、學生以及教育管理部門產生的資料量將會呈現爆發式增長，導致區塊鏈中的區塊承載的資料資訊越來越多，這對區塊鏈資料庫的儲存空間提出更高的要求。各類資料量越來越大，一方面導致資料儲存空間受限，影響教師、學生以及管理部門上傳與更新資料資訊，另一方面將會降低資料傳播效率，影響師生對資料獲取即時性的需求。

與其他儲存技術優勢互補形成協同效應，是解決區塊鏈資料儲存空間受限的有效途徑。可將區塊鏈技術與雲儲存技術相結合。Storj 利用區塊鏈搭建去中心化的雲端系統，將教師、學生以及管理機構產生的資料「切割」處理，對各個分割資料進行加密，通過分級儲存的方式被分散儲存到網上其他學校或教育部門貢獻出來的硬碟空間上，從而解決資料儲存空間問題。同時，為保證資料資訊的不可篡改性，Storj 採用一種叫做 Merkle 樹的資料結構，通過對比 Root 節點的雜湊值就可判斷資料是否被修改，如果某些資料資訊被修改或不可用，Storj 通過糾刪碼的方式，從其他

可用的資料塊重構該資料資訊，並保存到其他節點上。因此，將 Storj 雲端儲存技術應用到教育資料儲存中，既可解決資料儲存空間問題，又能保證資料的不可篡改性。

此外，多位學者提出巨鏈資料庫（BigchainDB）的概念，即去中心化資料庫，資料可以達到每秒百萬次寫入，數據儲存量以 PB 計算。其特點主要體現在：(1)去中心化控制及免疫攻擊。(2)節點數量可線性擴展，實現基於 NoSQL 語言的高效查詢和許可權管理。(3)容量可擴展，任何具備法律約束的合同及證書都可安全儲存在區塊鏈的資料庫上。因此，基於區塊鏈技術的各類教育資料儲存均可採用巨鏈資料庫的核心理念，不僅能夠免受攻擊，保證師生資料的安全可靠，還可擴大資料儲存空間，實現教師、學生及教育管理部門資料的高效查詢與管理，從而解決區塊鏈技術在教育領域應用中面臨資料儲存空間受限問題。

4. **匿名技術尚未成熟，師生隱私保護有風險**：區塊鏈技術通過隔斷交易位址和位址持有人真實身份的關聯，達到匿名效果，防止因交易資訊公開透明而導致用戶隱私洩露，但這樣的保護通過觀察和追蹤區塊資訊以及使用者 ID 依舊可以追查到使用者的個人資訊。因此，區塊鏈技術在教育領域的應用面臨師生隱私被洩漏的風險，主要來自以下兩個方面：一是所有交易資訊公開透明，任何資訊都可以被追蹤查詢，進而推斷出某些結論，或對教師和學生的狀態和行為進行預測，不利於教師和學生個人隱私的保護；二是區塊鏈的安全性通過演算法保障，理論上只有超過 51% 的節點用戶同時被駭客攻破後資料資訊才會被洩漏或篡

殺手級應用全面來襲，從老闆到學生都想玩

- 區塊鏈「絕對會」變成新世代的GOOGLE引擎
- 除了金融還能進軍文化娛樂
- 未來區塊鏈也能挑起戰爭
- 解決食安與醫療問題
- 誰會是最大的贏家與輸家

區塊鏈「絕對會」變成新世代的 GOOGLE 引擎

　　最近 2 年來，從矽谷到臺灣，從各國央行到國內外各大商業銀行，從聯合國、國際貨幣基金組織到許多國家政府研究機構，區塊鏈成為討論的熱點，風險投資和產業界也紛紛加大投入力道，「區塊鏈＋」應用創新正在成為引領發展的動力。區塊鏈並不等同於金融科技，它是影響下一世代網際網路的信任與價值基礎科技，帶給人們的長期影響會比短期衝擊來得更大，如果急著炒作，注定無法取得最後的成功。

　　目前，區塊鏈技術被行業普遍認為是「價值網路」的底層架構。相關研究機構認為，網際網路可分為 3 個發展階段階段：「資訊網路 1.0（Internet）」、「價值網路 2.0（Internet 2.0）」、「秩序網路 3.0（Internet 3.0）」，1.0 版本的資訊網路企業，主要解決資訊不對稱問題，讓人們看到了網際網路對於便利人與人溝通、減少資訊不對稱的價值。而區塊鏈驅使的價值網路 2.0，將使得人們能夠在網路上像傳遞資訊一樣方便、快捷、低成本地傳遞價值，尤其是資金，它讓人看到了區塊鏈對於物質和服務增值、資料資產增值、社會價值體系重構的潛力。而秩序網路將會讓人們看到運用區塊鏈等技術手段創新社會組織方式、治理體系、執行規則的前景。

　　資訊網路（Internet）始於 1972 年的 TCP ／ IP，至今已 45 年。40 年前的 TCP ／ IP（傳輸控制協定／網際網路協定）

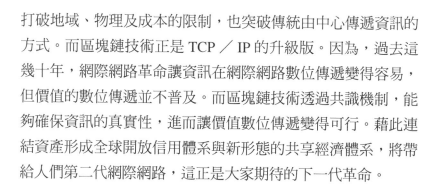

打破地域、物理及成本的限制，也突破傳統由中心傳遞資訊的方式。而區塊鏈技術正是 TCP ／ IP 的升級版。因為，過去這幾十年，網際網路革命讓資訊在網際網路數位傳遞變得容易，但價值的數位傳遞並不普及。而區塊鏈技術透過共識機制，能夠確保資訊的真實性，進而讓價值數位傳遞變得可行。藉此連結資產形成全球開放信用體系與新形態的共享經濟體系，將帶給人們第二代網際網路，這正是大家期待的下一代革命。

區塊鏈不等同於金融科技，而是網路信任基礎科技

　　現在很多一知半解的人覺得區塊鏈只是金融科技的一部分。在他們的認知裡，區塊鏈興起的順序會是：首先有數位貨幣，如比特幣；接著會有「金融科技」（FinTech），最後才會出現信任機制（Trust Foundation）；但我認為，區塊鏈興起之路的順序會是反過來的，首先要有信任機制，接著才是金融科技，最後才會有真正的數位貨幣出現。因為如果沒有信任基礎，連金融科技也將放棄對區塊鏈的嘗試。

　　首先，區塊鏈發展迄今，比特幣的出現只是單一事件，離遍地開花還早。2009 年 1 月，第一枚比特幣發行，迄今每枚比特幣價值約為 900 美元（約新臺幣 3 萬元）。過去 8 年多來，比特幣區塊鏈上共發行了超過 1,600 萬枚比特幣，總市值為 140 億美元左右，約為第 2 名虛擬貨幣的 20 倍，並占整個虛擬貨幣市場近 9 成；但迄今，比特幣的市值也才 140 億美元。其他的 642 個數位加密貨幣加起來市占率約只有 10%，市值

總共十幾億美元而已。以上兩個金額皆遠低於臺灣的外匯存底（比特幣剩下不到 500 萬枚發行額度）。

比特幣的發明人中本聰是個穿越時代的人，從他的區塊鏈設計，可以感覺到，他應該也知道區塊鏈的興起之路必須先有不可篡改的多中心信任機制，金融科技才可能接著發展。但他也知道大眾對「錢」敏感，談到錢，大家眼睛都亮了，所以他先丟出數位貨幣比特幣，來逗大家一下。但是沒想到，接下來各種比特幣的徒子徒孫出現，大家瘋著炒作各種虛擬貨幣。

數位經濟利益分配不均，價值體系亟待重建

我們先回顧網際網路發展帶動的數位經濟，對人們的生活造成什麼影響。網際網路還沒有興起之前，在實體經濟時代，你的鄰居如果開了一家燒餅油條店，可能每天賣個 100 份早餐就可以過活了；但在數位經濟時代，即使有個人嘔心瀝血把數位內容做得超級棒，在 Youtube 上有百萬人觀看，顧客人數是上述早餐店的一萬倍，但 Youtube 可能只給這個人 100 美元，根本無法靠這過活！可是，一旦有了區塊鏈做基礎，第二代網際網路讓價值數位傳遞變得可行，那麼這百萬觀眾能直接方便的給錢，這個人就不必再被中介者剝削。

當中介者賺走數位經濟大部分的好處時，人們也就會更為期待第二代網際網路快點到來。如果沒有區塊鏈這個信任機器的話，勢必所謂中介者或第三方，一個一個中心及黑箱還是將繼續主宰我們的生活。而一個只承載著私利，而沒有真正為使用者創造價值的機制，並不會真正的興起。因此我十分贊同區塊鏈發展必須延續網際網路互聯互通、共享共治精神的看法。

效法矽谷實做精神，炒作不能發展產業

其次，不管是網際網路 1.0 還是網際網路 2.0，要進入人們的生活，都需要網路效應提供一加一大於二、相乘相加的效果，例如 Line 及臉書（Facebook）一旦網路效應出現，市場地位便難以撼動。

對照區塊鏈，其實目前它的發展還在小孩子的階段。今日的區塊鏈的成熟度，正像是 1992 年的網際網路，在 Web（一種資訊服務導向架構，用以支持網路間不同機器操作）還沒出現，也沒有 http 及瀏覽器的時代，大家雖然也用電子郵件，但是對網路安全有很大疑慮，很多個人電腦根本不敢連網；人們有的是許多內部網路（Intranet），而非今天大家用的網際網路。迄今，能夠讓不同的區塊鏈協同的 Web 時刻還沒出現，人們還在等待能給大眾帶來價值的殺手級應用出現、等待區塊鏈的網路效應出現。

區塊鏈是網際網路發展的必然

區塊鏈作為一種全新的底層協議構建模式，它將把目前的網際網路升級為 2.0 版，實現從訊息網際網路向價值網際網路的升級換代。目前，區塊鏈應用已延伸到金融科技、數位資產交易、物聯網與網際網路應用、供應鏈管理、政府公共管理與社會治理、能源管理、智能製造等多個領域，有可能引發新一輪的技術創新和產業變革。

網際網路是工業革命以來人類最偉大的技術發明，因為它解決了任何人之間可靠的、近乎零成本的訊息傳遞，短短二十

年時間就重塑了我們的生活方式。如果「網際網路＋區塊鏈」解決了信任的低成本傳遞的話，它將從根本上改變人類幾千年來的交易模式，使得人類社會的運作更加高效簡單。

我們可以預見「網際網路＋區塊鏈」，也就是網際網路2.0，將會是一個多中心的、去中介的、自組織的、共享數據的可信任網路，現有的網際網路應用以及傳統行業將逐步被重塑，無論是即時通訊、社交網路、媒體，還是銀行、電商、公共服務等等，都將被區塊鏈思維重構，一個嶄新的「區塊鏈＋」應用時代正在到來。

區塊鏈＋，智連無限可能

網際網路從來就不會靜止不動，持續演進是它的常態，歷經資本熱捧、巨頭入場、行業高呼、市場紅利、泡沫膨脹後，如今世界訊息網路正在向價值網路轉型。2008年，區塊鏈概念開始進入人們視野，作為比特幣的底層技術，其去中心化、不可撤銷、可溯源的特徵，被認為是價值網路的開端。如果說互聯網＋開啟了傳統行業走向網際網路的意識覺醒，那麼，區塊鏈＋將實實在在地變革傳統行業的商業模式，而智能化世界的到來，更是同樣需要區塊鏈的支持。

區塊鏈＋各行業，以信任切入，推動底層變革

區塊鏈＋的核心就是要把所有需要中介來做信任的行業逐步消解掉，區塊鏈＋各種行業的本質是解決行業信任的問題，一旦解決了行業信任問題，就可大幅降低交易成本、縮短流

程、提升效率，優化機構，升級商業模式，最終提升整個行業生產力。因此區塊鏈＋會從與信任、溯源最密切相關的產業切入，隨著技術不斷成熟，區塊鏈應用將開啟許多讓人興奮的可能性，它將廣泛地影響智慧財產權保護、供應鏈管理、新能源、公共管理以及智慧產業等各個領域。

1. **區塊鏈＋金融，資產數字化挖掘金融巨大潛力**：2015 年，在 SEC 的監管允許下，納斯達克成為區塊鏈業務的先行者。推出了基於區塊鏈的交易平臺 Linq，促進私人股權以一種全新的方式進行轉讓和出售。在 Linq 上，股份發行人在登陸後可以看到一個管理控制臺來顯示股票期權比例，每一輪投資以後已發行股票的價格，以及估值。

   金融資產交易是相關方基於一定交易規則達成合約。可編程金融代碼能充分表達這些業務合約的邏輯，智能合約讓資產所有者無需通過各種中介機構就能直接發起交易，進一步優化並升級了金融領域運作模式。構建超越現有價值工具的智慧金融系統將不再流於概念。

2. **區塊鏈＋供應鏈，流程優化助力供應鏈升級**：在產品生產與流通過程中所涉及的上、下游連接組成的網路結構，我們稱之為供應鏈。通常這個過程會涉及很多的公司，每個公司都各自負責相應的環節，所有這些環節共同組成了大規模協作的供應鏈體系，在供應鏈體系中，一系列實物和金融交易適時進行著。

   目前全球供應鏈管理水平遠遠低於人們的期望，傳統的供應鏈或貿易金融流程中諸如大量審閱、創建紙質文件、驗證交易單據等環節高度依賴人工，偽造及失誤風險很高。

如果在分布式帳本上管理這些環節，既可以降低偽造、人工失誤等風險。此外由於供應鏈流程複雜，各主體相互不信任，基於信任的交易離不開複雜的書面文件做證明，流程極其耗時且不安全，整體效率低下。

區塊鏈可以緩解訊息不對稱的問題，十分適合供應鏈升級發展。基於區塊鏈的供應鏈管理與貿易金融能有效的改造優化現有大規模協作流程。供應鏈中商品從賣家到買家伴隨著的貨幣支付活動，在高信貸成本和企業現金流需求的背景下，金融服務公司提供商品轉移和貨款支付保障。

3. **區塊鏈＋能源，去中介交易革新能源商業模式**：以用電為例，一般情況下，用電企業或個人主要通過電力公司獲得電力，即使個體或者企業能源生產者通過太陽能、風能等產生剩餘電力也必須通過電力公司餘電上網，再統一轉售用電企業或個人，用電效率普遍不高，區塊鏈技術引入能源領域，將可實現完全的自助交易，它可將 P2P 的交易系統帶入能源領域，讓個體用戶之間交易流通，交易完全點對點無需中間方。

4. **區塊鏈＋公共管理，認證機制全面規範政務管理**：戶籍及身份管理是公共管理重要的一環，在工作和生活中經常需要用到身份證、護照等證件，證件丟失、冒用偽造等為公共管理帶來諸多麻煩，將區塊鏈引入到身份認證機制中，一切就變得很簡單。建立一個數位化且分布式的個體身份訊息，由於它基於共識機制，要想破壞個人身份訊息將很難做到，此外基於區塊鏈的身份訊息驗證也不再由組織（政府機構或公司等）單方面確定，而需要參與方多方驗

證，區塊鏈身份 ID 不可改變、移除、編輯、偽造。

政府的政務公開與訊息公正也將受益於區塊鏈，傳統的政務機制與公證機制依賴政府，而有限的數據維度、缺乏歷史數據訊息鏈等問題導致政府、學校無法獲得完整有效的訊息。學歷造假、政績造假、政務訊息造假現象普遍，利用區塊鏈可以建立不可篡改的數字化證明，在數字版權、智慧財產權、證書以及公證領域都可以建立全新的認證機制，全面規範公共管理。

5. **區塊鏈＋智能產業，數據應用加速智能產業落地：**智能化的世界到來不僅需要智能學習、智能語音、人工智慧、計算機視覺等，還需要區塊鏈。目前的智能大數據很多，但是數據真實性與利用率普遍偏低，通過分布式帳本，則有效解決了數據質量的問題。而隨著智能產品越來越多，智能設備間感應和通信越加頻繁，讓真實數據自由流轉，並根據設定的條件自主交易將成為趨勢。區塊鏈讓所有交易同步、點對點分布式可追溯、總帳本透明安全，個人帳戶匿名，隱私受保護，大數據價值真正被挖掘，智能產業應用落地與運作效率更高。

6. **區塊鏈＋社會公益，透明化監管讓慈善不在「偽善」：**公益的種類和形式繁多，公益基金管理與落實亂象叢生，紅十字會事件後，許多人對公益組織望而卻步。雖然政府在法令中，明確要求慈善組織必須公開帳目，募捐資訊須在指定平臺發布，但現狀改善有限。透明化監管與溯源是社會公益可持續推進的重要環節。根據區塊鏈不可篡改、透明帳本的特性，越來越多的應用出現在公益場景，它將貫

穿公益流程的各個方面，每筆用戶捐款都會記錄在區塊鏈上，公益資金經過公益機構中間的傳遞最終會送達收益人手上，每經過一個資金流轉的節點都會留下一個戳，可以保證資金流向正確無誤。資金流向全流程的溯源記錄清晰可查、不可篡改，保證了透明、開放、可信。

7. **區塊鏈＋醫療，大數據連結推升產業優化整合**：通過區塊鏈技術連接醫療健康產業的各個利益相關方，可創建一個全新的產業框架，讓所有醫療平臺數據通過區塊鏈連接在一起，保證訊息的即時獲取和分享，同時還可防止隱私泄露，保證數據的安全和有效。此外，區塊鏈在醫療數據、藥品供應、藥品防偽、健康網路、基因數據、理賠等方面應用也進一步推進醫療產業的整合。

目前，區塊鏈價值網路發展尚處於早期階段，作為未來社會的底層技術之一它代表了一種更高效率生產力，是網際網路進化史上的重要階段。區塊鏈＋各種行業，正從底層改造並優化整個社會產業鏈的運作方式，它同人工智慧和大數據一樣將是改變人類未來工作方式和生活方式的重要源泉。

除了金融還能進軍文化娛樂

　　一般而言，提到區塊鏈，很多人可能只模糊地認識到這關乎著金融業的未來發展。但其實不然，隨著區塊鏈技術的日漸成熟，不僅僅是金融業，區塊鏈相關的應用可以從最早的數位貨幣應用（例如比特幣）延伸到經濟社會的各個領域，除了金融業外，還有很多行業都可以採用區塊鏈技術，比如供應鏈管理、文化娛樂、智慧製造、社會公益、教育就業等。

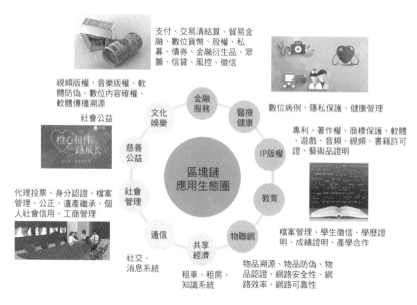

圖 5-1　區塊鏈應用場景概覽

　　不過，需要指出的是，這還只是對未來的設想。在短期之內，區塊鏈的應用仍以金融服務行業為主，其他行業的應用都還處在探索階段。箇中原因其實不難理解，區塊鏈的第一個應

用場景是比特幣,所以區塊鏈應用在與貨幣相關的金融領域的積澱自然會比其他領域要稍深一些;此外,金融業由於其本身的高獲利性,是最有可能吸引優秀人才並為之提供持續動力,以確保這些人能把事情做到極致的一個行業。

案例一　區塊鏈可助唱片業革新銷售模式

先舉一個離金融圈最遠、生活圈最近的娛樂圈的例子。在這個 IP 大行其道的時代,知識產權的保護越來越被重視。區塊鏈可以用來對作品進行確權,證明一段創作作品的存在性、真實性和唯一性。一旦作品在區塊鏈上被確權,它的後續交易都會被記錄,它的全生命週期就變得可追溯、可追蹤。

此外,區塊鏈合約可以使歌手直接向粉絲們銷售音樂,無需再通過唱片公司。這裡就有一例:2015 年 10 月,格萊美獲獎者英國創作人 Imogen Heap 使用了區塊鏈技術,發表她的新歌《*Tiny Human*》。Imogen Heap 的想法是,通過建立一套簡單直接的交易模式,能讓音樂人的作品直接面向聽眾銷售,因為通過區塊鏈完成交易,中間的每一筆帳都一清二楚。

幫 Imogen Heap 發佈單曲的公司叫 Ujo Music。Ujo 希望通過區塊鏈技術能解決流媒體音樂和向歌手支付費用的問題。

案例二　助區塊鏈增加募捐公信力

同樣需要增加數據庫可信度的,還有公益圈。慈善機構要獲得持續支持,就必須具有公信力,傳統慈善機構公信力的一

個重要來源，往往是慈善基金創始人，但現在的公益行為向碎片化、小額化、常態化方向發展；區塊鏈上的數據具有高可靠且不可篡改特徵，天然適合用在這樣的公益場景中。在區塊鏈時代，公益流程中的募集明細、資金流向、受助人反饋等都可以上鏈，在適當的場景有條件地公開公示，極大程度的解決了公益活動中的信任問題。

2016 年 7 月，螞蟻金服就曾嘗試將區塊鏈應用於公益場景，在支付寶愛心捐贈平臺上線區塊鏈公益籌款項目「聽障兒童重獲新聲」，讓每一筆善款可被追蹤。截至目前螞蟻金服的區塊鏈公益項目，已經完成了募集和善款撥付。

案例三　用區塊鏈提升智能製造水準

在現今的傳統製造業中，製造設備和資訊系統涉及多個廠家，要整合這些資訊需要一個中心化系統。這樣就出現一個問題，即所有的訂單需求、產能情況以及突發故障等資訊，都是儲存在各自獨立的系統中，因此，實時獲得製造環節中所有資訊的難度大。而實施智能製造，重點任務之一，是要實現不同製造企業間基於價值鏈和資訊流的橫向集成，從而實現製造的數位化和網路化。而區塊鏈技術可以將製造企業中的傳感器、控制模塊和系統、通訊網路、ERP 系統等系統連接起來，並通過統一的帳本基礎設施，使長期、持續地監督生產製造的各個環節成為可能。

目前 IBM 和三星正在合作一個基於區塊鏈的物聯網基礎設施項目「ADEPT」，其全稱是「Autonomous Decentralized

Peer-to-Peer Telemetry（去中心化的 P2P 自動遙測系統）」。
ADEPT 項目主要是利用區塊鏈形成分散的骨幹網路的物聯網
設備，在移除中心終端後，各級設備之間能夠自動聯繫，進行
設備軟件的更新，補丁或者能源消耗管理。這意味著物聯網設
備不再需要去建立一個統一的中心來調控和溝通。從這個意義
上來說，這可能是最符合區塊鏈的另一個名稱「分布式帳本」
的一種應用場景了。

 ## 區塊鏈＋音樂，也是大有可為

　　想像一個情況：你在蘋果 iTunes 商店中，花新臺幣 20 元
買美國流行樂天后泰勒絲最新發行的單曲；猜猜看，泰勒絲可
以拿走多少版稅？只有新臺幣 0.06 元，中間 19.94 元的差價，
全部跑到中間商口袋了！

　　今天如果有辦法直接跟泰勒絲交易，也許只要花極便宜、
300 分之一價格，就可即時下載小天后熱門又動聽的歌曲！對
於賣家與創作者來說，這種微軟創辦人比爾·蓋茲眼中的零阻
力資本主義，簡直就是個烏托邦，但這個讓生產者與消費者直
接交易的模式，已不是夢想，再不久的未來就能實現。

　　網路打破資訊傳遞的限制，數位音樂讓作品無遠佛屆，音
樂人也能透過社群網路與大眾直接互動，然而在「價值」的傳
遞上，銷售、發行、版權等方面，數位音樂時代和二十年前唱
片工業極盛時期似乎沒有太大的變化，但若應用了區塊鏈的技
術，卻能大大突破諸種限制。

　　區塊鏈是比特幣帶給世界最大的貢獻，經過近十年來的發

展，已經有了許多的變形和延伸應用，如今在全球各大高峰論壇上，原本用於金融業的區塊鏈正在成為高頻詞彙，被越來越多的產業人士及投資人提及。區塊鏈技術更是被視為繼蒸汽機、電力、資訊和網際網路科技之後，目前最有潛力觸發第五輪顛覆性革命浪潮的核心技術。目前於金融、醫療、產權、身份證明、物聯網等眾多領域，都已經有實際運行的案例，音樂產業當然也有，但獲得的關注相對較低。如果，當我們把討論的背景放到音樂行業時會產生怎樣的火花？當音樂行業人士提起「互聯網＋」、「區塊鏈」和「數據透明度」時，他們究竟在討論些什麼？

看區塊鏈如何拯救音樂行業

2016 年 6 月，一家名為 Mediachain Labs 的數位版權保護公司獲得了 150 萬美元的天使投資。該公司聯合創始人表示，元數據⑫的保護，特別是版權資訊的保護總是與訊息傳播產生衝突。而後者總是能取得勝利，因為網際網路為資訊傳播提供了便利，傳播過程中不要求參與者附上特別說明或作者連結。所以，Mediachain Labs 是一個開源的分散式元數據協議，其目的是讓所有參與者在一個去中心化的系統中共用圖片和資訊，這可解決侵權和盜版的問題。而且，Mediachain Labs 判斷未來自助發行會逐漸普及，包括唱片公司、工作室、大型集團、檔案館、美術館、媒體平臺等等都會選擇自助發行。

....

⑫ 元數據（Metadata），又稱元資料、詮釋資料、中介資料、中繼資料、後設資料等，為描述其他資料資訊的資料。

全新的價值傳遞方式

　　從產業源頭來看，音樂人現在能透過社群媒體輕易地和大眾做直接互動，但若談到音樂銷售，從音樂廠牌、代理發行、版權公司、集管團體、金融機構、數位音樂平臺，最後到使用者，中間的層層媒介讓「透明化」難以實現，複雜的權利分潤更是成本昂貴，且效率低落，也就不難理解，最後這個成本只是被轉嫁到了源頭的音樂人身上。

區塊鏈技術的優勢在哪裡？

1. 通過區塊鏈技術，音樂人可以更好地監測自己音樂作品的流量數據。同時這項技術也是目前最先進的，在全球範圍內都可以實現。

2. 區塊連結技術能夠通過更加精確詳細的數據幫助創作者爭取公平的收入報酬。目前，藝人版稅酬勞以及中間代理商支付體系中還存在許多模糊，不透明複雜的地方。

3. 區塊鏈技術提供更加穩定的支付系統，區塊鏈技術將能夠給藝人和創作者帶來更多的收益，這些收益不僅僅是名氣，更是公平公正的版權報酬和更加直接的收入模式，沒有中間商的介入。

　　以 YouTube 為例，YouTube 的視頻作者可以從中得到 10% 的收入提成。但是有調查結果發現，YouTube 實際用戶和視頻的觀看人數遠比其所宣稱的要多，因此視頻作者並沒有得到公平的收入待遇。

　　最完美的想法中，區塊鏈能徹底實現「去中間人」的理想，

使用者可以透過一個連結區塊鏈的播放服務，直接付費給音樂人，再依據所取得的權利享受音樂。音樂人可以保有近 100% 的報酬，且所有數據全部公開透明，連共同創作者之間的受益拆分都可以自動執行（樂團再也不用為了分錢而苦惱）。當然，在現實世界中，中間人有其存在的必要性，只是區塊鏈所帶來的改變，將使他們不須再扮演「價值傳遞」的角色，能更專注地去協助音樂人進行「價值創造」。

舉例來說：2015 年 10 月，英國女歌手 Imogen Heap 把音樂和區塊鏈技術做了一次很好的結合。當時她發行了名為《Tiny Human》的單曲，相關數據都在以太坊（Ethereum）的區塊鏈上。用戶只要將數位貨幣以太幣（Ether）存入其所創建的帳戶中，以太坊的智能合約系統便會自動存入用戶的資金，同時授權用戶 MP3 音樂檔的使用許可。

這保證了用戶在獲得版權授權的同時，Imogen 和其團隊能夠及時直接地獲取收入。結果證明，這項技術確實能夠讓藝人更快更加公平地得到應有的版稅酬勞。Imogen Heap 認為，藝術家的革命即將來臨，與區塊鏈技術的結合將改變這個行業與數據打交道的方式。

進一步來說，如果區塊鏈技術能夠運用到音樂流媒體平臺上的話，由於該技術可以實現對所有你聽或者看的音樂或視頻作品進行標記，那麼藝人和音樂人的作品每被播放一遍，便有可能直接得到 0.07 美分的收入。

區塊鏈技術在音樂行業應用的難度在哪裡？

由於缺乏包含信用和版權資訊的單一數據集，在利益鏈條

錯綜複雜的今天，到底有多少人願意公開版權數據資訊呢？實際上，音樂行業的保守文化將成為區塊鏈技術在音樂領域應用的巨大障礙。沒有一家平臺會願意免費開放數據，版權方也還沒有做好準備。某些時候，版權交易的達成有些不為人知的操作，區塊鏈技術解決的透明度問題在商業上是敏感的。

案例四　全球三間音樂區塊鏈科技公司

Bittunes 區塊鏈科技公司

圖 5-2　Bittunes App 平臺〈取自 Bittunes〉

這間「可以賺取比特幣的」音樂初創公司成立於 2013 年，無任何風險投資，之前總部在澳洲，後來搬到了英國。該 APP 目前只有安卓版，獨立音樂人可以直接把作品在該平臺上通過「比特幣」直接賣給他們的粉絲。

在這個平臺上，如果用戶在 Bittunes 買一首歌，當這首歌有別的樂迷購買的時候，這首歌便可以為用戶帶來更多盈利的

機會，因為比特幣是該平臺的唯一貨幣，因此也就不受地域限制，是一個全球化交易平臺，代表全球性音樂共用的未來。

　　儘管 Bittunes 還處於發展的早期階段，但它改變了獨立音樂行業的遊戲規則，顯然 Bittunes 具備潛力成長為銷售和發現獨立音樂的有效平臺，也具有顛覆音樂行業的可能性。有意思的一點是，該 APP 上還設有「華人音樂」區域。

Stem 區塊鏈科技公司

圖 5-3　合約管理〈取自 Stem〉

　　Stem 成立於 2015 年美國洛杉磯，這家融資 450 萬美元的初創公司在今年上半年上了幾回科技媒體的頭條。Stem 致力於為藝術家或者參與創作的人獲得更加公平、及時、明確的收入份額。方法是上傳原創視頻及音樂作品，Stem 在區塊鏈技術幫助下使用智慧合約，幫助創作者在 YouTube、Apple Music、SoundCloud 和 Spotify 在內的各大平臺上更好的實現商業變現。當然，Stem 的競爭對手是 Google 雄厚資本支援下的 Kobalt 以及其它做著類似工作、想要解決類似問題的科技初創公司。

Peertracks 區塊鏈科技公司

圖 5-4 Peertracks 音樂 App〈取自 Peertracks〉

　　Peertracks 是一個音樂流媒體服務及銷售平臺,粉絲可以在平臺上發現新興音樂人的作品並直接買賣交易。Peertracks 使用的是區塊鏈技術裡的 MUSE。那麼,什麼是 MUSE 呢?MUSE 可以被看作是一個超級資料庫。它作為一個區塊鏈,可以在上面創建一個與音樂有關的所有資訊(歌曲標題、表演藝術家、國際標準記錄代碼 ISRC 等),它保存了與音樂相關的所有支付記錄。

　　Peertracks 通過 MUSE 的區塊鏈機制,將創作者、音樂人和樂迷在「錢」上連接在一起,利用區塊鏈上的智慧合約,平臺可以確保收入分配到創作者藝術家帳戶或其他版權實體的帳戶,而且創作者藝術家能分到高達 95% 的銷售收入。因為 MUSE 提供的是「市場錨定資產」(Market Pegged Assets,簡

稱 MPAs）功能，它確保了所有參與者，包括不理解加密機制的人，都能有滿意的用戶體驗。

在談到為什麼要使用 MUSE 而不是比特幣時，Peertracks 總裁兼聯合創始人 Cédric Cobban 表示：「因為他們不需要面對價格波動和陌生的交易場景。」此外，值得關注的新聞還有音樂眾籌平臺 Pledge Music 創始人 Benji Rogers 的動作，自從 2015 年中他開始寫文章並公開討論區塊鏈技術之後，他可能是目前音樂行業中最積極的踐行者之一了，目前他正在大力推動區塊鏈技術應用在音樂行業的項目——Dot.blockchain。

事實上，在 2016 年 6 月初法國 MIDEM 音樂產業博覽會上，區塊鏈技術在音樂行業的應用也是小組討論的熱門話題之一。在討論中，對該技術抱有極大信心的支持者認為，區塊鏈技術可以讓廠牌、版權代理商、創作者各方在版權收入分割上更加公平，而且歌曲在流媒體平臺上的每一次播放以及每一次售賣，版權收入都會立刻被分配且及時出現在各方的帳戶中。此外，我也相信隨著區塊鏈技術的應用，它對新興藝人的價值會更加巨大，當交易成本降低至 0 的時候，市場裡的小眾音樂人才真正的可以靠音樂生存下去。

目前來看，區塊鏈技術在全球音樂行業的應用已在向前推進，進展讓人吃驚。但總的來說，區塊鏈帶給音樂行業的變革不會那麼快，我們難以想像那麼多相關方：環球、華納、索尼、Kobalt、Merlin、Spotify、Deezer、Songkick 等，它們有一天可能會選擇「聯盟」共同組成一個公共區塊鏈。

從音樂產業的觀點認識區塊鏈

區塊鏈包含許多不同概念，在此藉由音樂產業的事物來做介紹，希望有助於理解。

分布式帳本

以音樂產業為例，發行公司和音樂平臺公司，都會有自己的一份帳本，或者說「往來記錄」，它可能是用一個獨立的 SQL 資料庫，或簡單在電腦上使用試算表和資料夾管理授權相關事宜。當交易規模擴大時，現有作法使得這些作業的往返和確認非常耗費人力和時間，而區塊鏈可以用一個分布式、共同的帳本，來解決此問題，也就是利用同一份帳本來記錄多方的授權行使、素材提交、報表核對、報酬支付等各個動作（廣義的交易記錄）。

試著想像一個情境：一首歌曲上架數位音樂平臺後，音樂人發現提供的資料有誤，需要更新。現行的做法是由音樂人通知發行公司，再由發行公司通知各家音樂平臺。然而，發行公司有可能在過程中出錯，再者最大的缺點是，發行公司若上架一百個音樂平臺就要做一百次的往來確認，非常沒有效率；換個角度看，音樂平臺時常要面對許多發行公司來的更新要求，因此不少平臺都不保證上架後資料更新的時效，有的甚至不保證更新。更別提若同時有一百間發行公司要向一百家音樂平臺做資料更新時，整體消耗的成本有多龐大，和背後可能使多少音樂人的權益受到影響。

若採用區塊鏈，當音樂人的資料更新以一筆交易的形式加

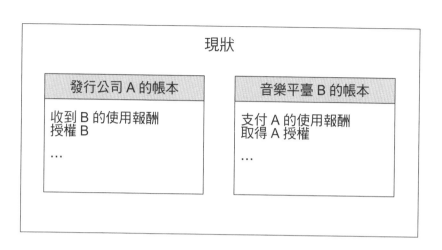

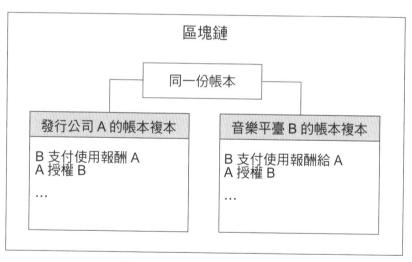

圖 5-5 利用區塊鏈管理帳本

入帳本，它無需透過發行公司通知每一個音樂平臺，因為區塊鏈網路上的節點會自動傳遞這個訊息，音樂平臺只要依據手上的分布式帳本，就可獲得歌曲的最新資料更新，前面那些頭痛的事都解決了。

去中心化共識

然而，這樣的分布式系統中，如何讓點對點間取得信任？比方說：音樂人 A 要將一筆音樂著作財產權在區塊鏈上專屬授權給版權公司 B，在沒有中介單位掌握所有授權情形的狀況下，如何確保 A 不會把該著作重複授權給另一家版權公司 B。

點對點通信的共識問題稱作「拜占庭將軍問題」，中本聰 2008 年在比特幣論文中用「工作證明」作為共識協議成功緩解了這個難題，使得比特幣區塊鏈成為一個有效的「拜占庭容錯系統」，避免雙重支付。簡單來說，區塊鏈用一個密碼學的方法來建立各方的信任，而非傳統的透過第三方，達成所謂的「去中心化共識」，因此區塊鏈也被稱為一個 Trust Machine。

在金流支付的領域，銀行或第三方支付服務就是所謂中介單位，交易雙方透過它們達成信任，但缺點就是交易過程都由中介單位掌控。在著作財產權的領域，目前並沒有可以直接比擬的機構，比較相近的可能只有著作權集管團體。假設，我們要做一個臺灣音樂著作財產權授權平臺，若用傳統的中心化架構，可以用集管團體的資料庫作為中心，當音樂人 A 要將一筆音樂著作專屬授權給版權公司 B，授權平臺會先去中心資料庫確認該筆著作財產權是不是 A 所有、是否已授權給其他人，若確認無誤，便建立此授權記錄，並登記到中心資料庫上。這

個架構可以完成需求，至於缺點我就不再重述。

若這個授權平臺採用區塊鏈，且全臺灣所有的相關資料都已登記在上面，並被整個產業認可。此時，當音樂人 A 要將一個音樂著作專屬授權給版權公司 B，B 可以直接透過分布式帳本上的資料，確認該筆著作財產權是不是 A 所有、是否已授權給其他人。在授權交易完成、並經過數次共識協議（工作證明或其他方式）確認後，資料已難以竄改和消滅，B 便可確保已獲得 A 的專屬授權，不論 A 之後無心或惡意地要重複授權給 B，由於之前的授權記錄已存在，將無法進行。整個授權過程無須透過中介單位，但又可達成交易雙方的信任，這就是「去中心化共識」。

數位共用財

一如財富和資源的分配不均，目前，全世界少數的科技巨頭們掌握了絕大部分的數據，再利用其作為競爭壁壘，最大化自身利益。從商業的角度來看，這無可厚非，但其所衍生的監控、隱私濫用、言論審查等問題，已經引起許多的關注。以音樂產業來說也有類似情況，音樂人的收益從源頭開始被層層分配不是最大問題，最大問題是「有誰分配？如何分配？為何分配？何時分配？」的歷程往往都被隱匿且難以追朔，從而無法得知這中間是否有不公或不當的情況發生。

除了不透明的疑慮之外，數據的難以共用是另一個問題。目前，臺灣的錄音和音樂著作財產權，部分作業由集管團體處理，ISRC（國際標準錄音錄影資料代碼）則由國家圖書館負責，在此架構下，著作權資料都由少數中心化資料庫儲存，管

理單位必須肩負查詢等系統的開發責任，若沒有提供外部接入機制，相關數據在軟體服務上的利用便完全無法實現。

此外，大多數的資訊與數據保留在少數的企業與組織內，我們沒有資格去要求一家公司將其使用者資料、使用行為數據公共化，這是企業的機密和私有資產；也難以去強制集管團體將其著作權資料庫查詢 API 建置完善以供大眾使用，這不是組織設立時規範的義務。而且更實際的問題是，上面提到的例子都需要付出額外的成本。而區塊鏈做為一個分布式系統，某方面來看也是一個自我管理的系統，我們得以利用它擺脫過去由中心單位進行的管理，轉變為由所有參與者遵循區塊鏈協議而形成的自治，即「去中心化自治」。

對音樂產業來說，這可減輕資訊的不透明和隨之而來的信任問題，數據的共用也將更易於發生。對於可共用的數據，例如：音樂的著作權資訊、元數據（Metadata）、各類音樂特徵、使用者輪廓、利用方式等，只要不涉及個人和商業上的隱私，都能利用分布式帳本的特性讓參與者共同使用，未來甚至能透過「同態加密」技術，讓部分隱私資料在加密下也能被分析運用。因此，區塊鏈可被視為「數位共用財」，以積極面來看，這對於提升創作品質、教育學習、著作權管理、學術研究、應用開發，以至於產業和文化的發展，都會有相當大的幫助。

從音樂產業的觀點認識區塊鏈架構

以下從四個層面討論這個應用架構，分別是：介面、智慧合約、記錄、帳本。

圖 5-6　區塊鏈的四大層面

介面

　　「介面」指的是用戶可透過其使用區塊鏈的軟體，它可以是網頁、電腦應用程式、行動裝置 App 等形式。拉高層次來看，也可以把它視為各類從此區塊鏈所衍生的服務，例如：著作權登記查詢、音樂產權交易市場、授權管理、音樂播放、智能合約開發與部署等。由此不難想像，區塊鏈將會為「線上音樂服務」一詞賦予更多可能、創造更多新興應用。

智能合約

　　「智能合約」是第二代區塊鏈如以太坊、超級帳本等最重要的特點。智能合約的概念早在 90 年代就已被提出，用程式撰寫的可自動執行合約，能免除書面合約在管理上的不便，

和條文認定上的歧異。而區塊鏈智能合約所能做到的更不止於此，它讓區塊鏈本身即是一個大型的運算平臺。

除了能記錄約定事項並自動執行，多個智能合約還可以組成在區塊鏈上運行的應用程式。以太坊將此稱為 Distributed Application（DApp），分布式應用。使用者透過介面執行智能合約，產生交易和訊息，並在交易完成後記錄於帳本。

在音樂授權的應用上，智能合約可用來建立和管理授權的相關約定，包括類型、範圍、地域、時間、使用報酬等皆可透過智能合約，在區塊鏈這個 Trust Machine 上運行。除了提高管理的便利性，後續作業如使用報酬分配、合約延展或終止等等，都可自動執行。智能合約所要做的功能如下：

1. **登記**：用以達成著作權之登記並產生登記記錄，後續的讓與和行使都可透過連結追朔至此登記記錄。

2. **讓與**：著作財產權之讓與，不論是全部或部分讓與，可由智能合約產生記錄和執行。往後在進行授權時，多人共有的著作財產權還可透過多重簽章（Multiple Signature）機制，確保在全數同意的狀況下進行授權。所佔比例的報酬分配，也可以由智能合約自動執行。

3. **授權、利用與使用報酬結算**：授權是著作財產權的行使中，最常使用、最複雜、類型也最多的一種。儘管如此，授權仍有不少約定事項是能夠用程式邏輯來描述和執行的，例如：利用期間、地域、方式、報酬等。智能合約可建立授權、產生授權記錄，並在接收利用數據後進行使用報酬的分配，同時產生利用和結算記錄。為符合實際需求，智能合約還必須能處理一個專屬授權的再授權。

4. **使用報酬分享**：在某些情況下，著作財產權人可能會與該
著作的關係人約定使用報酬的分配，例如：某錄音著作財
產權為音樂廠牌所擁有，但在獲得使用報酬時，希望分享
部分給製作人、演唱人或樂手。這同樣也能用智能合約來
進行約定、記錄和執行。

記錄

由智能合約產生的各項記錄。

1. **著作權**：每一筆著作權在登記時都應得到一個唯一的數位
指紋（Fingerprint），作為著作權之識別。著作權登記中並
包含「著作權人位址」（作為身份識別）、著作名稱、元
數據（Metadata）、權利人分配比例等。此記錄即為擁有
人對著作財產權之證明。

2. **登記和讓與記錄**：每筆登記與讓與的交易，也都應留下記
錄，著作財產權持有變化的脈絡也能由此得到。

3. **授權**：一筆授權應包含被授權來源、授權標的物、合約約
定事項等。

4. **利用與使用報酬結算記錄**：利用與使用報酬結算記錄中包
含利用人身份、連結之授權、利用數據、使用報酬支付金
額等。利用與結算數據基於關係人間的隱私資料，應採用
加密技術保護資料隱密性。同一授權會有多筆利用與結算
記錄，唯買斷式授權（Royalty Free）僅有在授權成立時建
立一次利用記錄並同時結算。

帳本

　「帳本」用以保存智能合約、記錄、和其他狀態。我以「利用與結算」為例做了一個架構示意圖（圖5-7）。

　經過多年發展，區塊鏈也因各類不同需求而有了對應的機制變化。除了公有鏈之外，近年也有針對產業生態系所設計私有鏈或聯盟鏈系統誕生，目前最受矚目的兩大陣營分別是企業以太坊聯盟（Enterprise Ethereum Alliance）和超級帳本（Hyperledger）。從產生區塊的方式、隱私保護、權限與角色設定、智能合約架構上都不盡相同。可視產業實際需求選擇適合的技術架構。

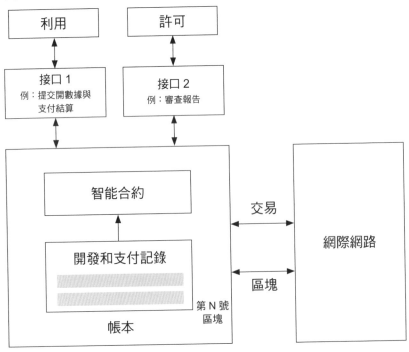

圖5-7　利用與結算

參與者

區塊鏈在各產業生態系中的應用，最困難的都不是技術層面，而是它需要產業內多數人的共同參與。在此架構中，設想的參與者有以下幾種類型：

著作人	著作財產權人	著作財產權代理人	利用人
詞曲作者、音樂製作人、獨立音樂人	著作人、音樂廠牌、投資者	音樂版權公司、錄音代理發行公司	數位音樂平臺、影音媒體、影音製作單位、音樂活動主辦單位、播放音樂之營業場所、個人用戶等等
著作關係人	開發者	集管團體	主管機關
表演者、製作相關工作者、收益分配人、其他	系統核心開發團隊、應用服務商、學術研究單位、其他獨立開發者	錄音著作集管團體、音樂著作集管團體	智慧財產局、國家圖書館、文化部影視及流行音樂產業局

音樂內容與著作權相關應用之外，音樂活動售票也是區塊鏈可以應用的領域，其資料的真實性與不可竄改可避免偽票問題；熱門活動搶票造成的當機、系統錯誤也能透過其分布式計算架構來緩解，雖然目前區塊鏈每秒能處理的交易數仍比不上大型的中心化系統，但在搶票時確保交易完成和免去大量伺服器部署的高額成本上，將有其優勢存在，且票券後續的移轉也

能直接透過同一條鏈完成。

　　區塊鏈已被實際應用在「群眾募資」上，另外像是 Numerai 公司利用區塊鏈做對沖基金數據模型的「群眾外包」，也是一種新的嘗試。未來，音樂的分析、推薦、甚至內容的智能剪輯、後製等人工智慧模型的建立，或許也能透過區塊鏈群眾外包給所有對音樂有興趣的資料科學家，讓數據創造更多價值的同時，也讓資料科學家對音樂產業做出貢獻並得到回饋。

 ## 尚待思考的問題

交易費

　　智能合約在技術上可以做到利用即結算，比如使用者每次播放歌曲時就支付播放費用給權利人。但以實際狀況來看，使用大型公有鏈如以太坊，隨著虛擬貨幣的升值交易費用也會相對提高（區塊鏈的交易費用是支付給產生區塊的礦工），但單次利用（如播放歌曲一次）所要支付的金額通常很低，所以可行性有待評估。使用專用區塊鏈將交易費用固定化是另一種選擇，不過需要思考礦工的誘因和回饋問題。

金流

　　在現階段，若要用區塊鏈完成整個結算流程，帳務部分仍必須透過中心化的金流節點來處理，意思就是，當利用人要支付使用報酬時，需要經由金流節點進行一般銀行匯款或信用卡支付，處理完畢後再由金流節點呼叫智能合約完成整個結算手

續。這樣的做法並不符合區塊鏈的去中心化，但在新的金融體
系建立前，是必須妥協的權宜之計。

所有權證明的證明

如何證明你有權登記這個著作財產權證明？就像「如何證
明我是我？」問題一樣，最後的解答幾乎都回到透過權威公證
機構來證明。目前音樂也是，一家大型音樂版權公司提出的證
明，一定比一個素人提出的證明更容易被採信。何況，全世界
已經有數不清的音樂和錄音著作，那些過去被創造出來的著作
財產權，並不會因為它們沒有被登記在區塊鏈上而不存在。

反過來說，一個用戶也不會因為他把 Radiohead 的
《*Paranoid Android*》登記在區塊鏈上，就代表著作財產權是
他的。有一種方式，是在著作權登記記錄上附加外部連結認
證，像是身份區塊鏈會用連結 Facebook、Google 帳號來佐證。
因此，要建立一個全面的音樂區塊鏈應用，最理想的狀況，還
是要多數內容權利單位的參與，讓音樂產業當前的「狀態」先
被定義，新狀態的產生才能獲得真正的全體共識。

 ## 區塊鏈＋音樂未來展望

所有產業革新的成功與否，技術因素往往都只佔 10%，
剩下 90% 都是人的因素，音樂產業當然也不例外。目前看到
的音樂區塊鏈應用，多數選擇的路徑都是跳過大部分產業參與
者，直接連結音樂人與終端使用者，但在數位音樂發展已經相
當成熟的當下，我認為這樣的方式不容易成功，因為如果去掉

了人，那就只是技術的展示，而不是新生態系的建立。如何讓產業內的所有參與者都找到加入的誘因，加入後又要如何適應角色的轉變，可能是比技術層面還要重要的問題。

　　直觀來看，區塊鏈可以解決音樂產業的許多效率和信任問題，大幅降低中介處理的成本，讓音樂人獲得更多收益，進而生產更多優質內容，為產業創造正向循環。而原本以交易中介作為商業模式的業者，則勢必面對一波必要的轉型，但這樣的轉型將是良性的，若能將繁瑣耗時的作業交給區塊鏈，可以更專注於鏈下業務的開發，這包含內容、創意、行銷、企宣、媒合、報酬收取、費率制定等許許多多「人」才能處理的問題，這才是使用新技術進行產業革新的目的。屆時，區塊鏈幫助的將不只是音樂人，而是所有人。

未來區塊鏈也能挑起戰爭

作為很多人熟知的比特幣的背後技術，區塊鏈「天生」就具有保證訊息完整性的功能。這也是其從一開始就將數據儲存和數據加密步驟相結合的產物。簡單點說，區塊鏈可以被視為一條長長的「鏈條」，數據存放在鏈條當中，同時鏈條每個「下一節」都是將「上一節」所需儲存訊息結合之後，再次整體不可逆加密之後得到，只要這一節能夠與上下兩節特徵對應，那麼就可以肯定這一節是原始訊息、沒被他人修改。

反觀軍事，訊息的完整性一直很重要。從第一、二次大戰期間大規模間諜戰與反間諜戰，再到現代戰爭體系下指揮與情報，這些都直接與性命相關，還決定這戰爭輸贏。而核武器更是如此，這把懸在全人類頭頂的達摩克利斯之劍威力可怕，但是控制權只掌握在極少數人手中（總統身邊的核按鈕）。雖說現代軍事體系中已經建立了多重驗證、口令分開保存、多人同時操作等一系列措施。但在一系列戰爭末日電影中，已經一次又一次地「模擬」了駭客如何突破這個體系，通過外部接口下達假命令。但如果真的能夠藉助區塊鏈技術，或許能夠在一定程度上降低「冒充」的可能性，或者是在被「冒充」第一時間就發現對方。

最後，區塊鏈這項技術如果將其變為現實，對於那些開著戰車、飛機、甚至是指揮著衛星的軍人，他們只需要專心執行自己的工作就可以。按這個趨勢，軍事領域應用很可能將會在區塊鏈未來應用中成為僅次於金融方向的存在。

區塊鏈技術有何軍事應用價值

除了在網路購物、資產認證和慈善捐贈等民用領域越來越多的應用外，實際上，區塊鏈技術在軍事領域存在多種可能的潛在應用。例如，在情報人員工作績效激勵、武器裝備全壽命跟蹤、軍事人力資源管理、軍用物資採購、軍用物流等方面均有潛在應用。

情報工作績效激勵

近年來，美軍看中了區塊鏈在記錄交易時的匿名性，開始將其應用拓展到情報收集領域，實現激勵金的隱蔽定向支付。區塊鏈採用了非對稱數位加密技術，交易雙方均有一對公鑰和私鑰：公鑰對應比特幣地址（即帳號），私鑰用於數位簽名。對於每筆交易，雙方均要用私鑰進行簽名，向對方證明自身身份的合法性。「證明」過程具有匿名性，原因如下：

1. 任何參與者均可申請帳號，不受國別、地域等限制。
2. 帳號的生成無需實名認證，通過帳號不能反向核查用戶的真實身份。
3. 用戶可以擁有多個帳號，不同帳號之間沒有直接關聯，用戶擁有的真實比特幣數目難以統計。

區塊鏈的這種特性兼顧了用戶訊息的安全和隱私，但也常常遭到反對人士的攻擊，稱其為「洗錢」和毒品交易等非法活動提供了便利。美軍則從區塊鏈的技術特性出發，在情報領域為其找到了恰當的應用。眾所周知，情報提供者或「線人」需要隱秘的身份和行蹤，傳統的轉帳、現金等激勵金支付方式極

易被跟蹤甚至鎖定。但通過比特幣作為支付中介，就可以巧妙地「斷裂」支付通路，讓情報資金流轉難以追溯，從而有效保護情報人員的安全。

情報需求方和情報人員註冊比特幣帳號，然後情報需求方使用法幣在比特幣交易平臺購入一定數量的比特幣，並在該平臺上與情報人員完成交易，情報人員收到比特幣後，可以將其兌換成市場上通用的法幣，從而完成激勵金的定向支付。比特幣交易平臺在整個支付流程中扮演了「黑箱」的角色，其中「購入」、「交易」、「兌換」三個關鍵環節都可以匿名完成，實現了交易雙方關鍵訊息的隱藏。在該應用中，比特幣充當交易中介，因而屬於區塊鏈技術的基礎應用層級。

武器裝備全壽命管理

裝備從立項論證、研製生產、交付服役到退役報廢，需要對全壽命週期內的設計方案、試驗結果、戰技狀態等大量數據資料進行記錄備案，目前通常採用紙質或電子媒介作為存儲介質，這種傳統方式存在以下缺陷：

1. 安全難以保障，紙質或電子檔案通常是集中保存，沒有容災備份機制，一旦出現不可預見的重大災難，數據極易永久丟失。

2. 轉移交接困難，裝備轉隸時，需要將大量的檔案材料一併交接，容易損毀或遺失。

3. 缺乏有效監管，除了裝備使用方的相關人員以外，其他人無法對檔案封存狀況進行監督，難以避免篡改和刪除等非法操作。

如果引入區塊鏈技術，讓上級主管部門、裝備管理部門和裝備使用方，甚至裝備生產廠家都參與到裝備戰技狀態的更新與維護環節中，形成一個分布的、受監督的檔案登記網路，各方均保存一個完整的檔案副本，就可以有效解決上述幾個問題，提高檔案的安全性、便利性和可信度。

相似的軍事應用還有軍事人力資源管理，通過區塊鏈記錄每個乾部的任職履歷，形成無法篡改的個人電子檔案，從技術上徹底解決傳統幹部管理系統存在的問題和積弊。武器裝備全壽命管理和軍事人力資源管理均屬於區塊鏈技術的升級應用，系統關注的重點是基於區塊鏈實現數據的安全儲存和唯讀保護，有價幣被弱化甚至被另外形式的載體替代。

軍事智能物流

現代化的軍用物流正向智能時代邁進，全過程包括智能倉儲、智能包裝、智能運輸和智能配送等環節。要真正實現智能化，離不開後勤部門、倉庫、物資、工具（包括包裝、裝卸、運輸和拆解等）和物資需求方等參與者的智能化（或手段的智能化）。這樣一個由人和物聯接的網路，事實上構成了小型的物聯網，利用中心化的管理策略實現系統的運轉是不可行的，主要原因有：

1. 物流鏈形成一個地理上時刻變化的動態系統，難以在固定位置建設訊息服務中心，構建可移動的訊息服務中心不僅需要投入大量資金，且存在系統維護、數據交換等難題。

2. 過分依賴於訊息服務中心的可靠性，一旦訊息服務中心出現故障，將影響到整個物流系統的正常運轉，而軍事應用

更強調系統的健壯性和戰時抗毀傷能力。

　　拓展應用層的區塊鏈技術可以有效解決智能化軍用物流面臨的組網通訊、數據保存和系統維護等難題。系統中的人和物動態、自主組網，構成一個去中心化的對等網路，無需中心伺服器，分布式的結構提高了系統的生存能力；接入網路的節點之間可以直接或以中繼方式進行通信，實現訊息自由交換；物流鏈條中的重要數據訊息，如用戶需求、倉儲貨品、裝載運輸、配送中轉等，統一保存各區塊中；區塊鏈的維護須接受全網節點監督，個別節點的非法操作不僅會遭到大多數節點拒絕和抵制，而且會降低自身信譽級別，保證了系統的有序高效運轉。

　　智能化軍用物流屬於區塊鏈技術的拓展應用。當然，除了區塊鏈技術外，該應用涉及的關鍵技術包括電子商務、供應鏈管理、智能交通、RFID 和無線傳感器等，這些技術的綜合集成，將為智能化軍用物流甚至物聯網提供完整的解決方案。

案例一　區塊鏈在軍事方面的應用

　　2016 年 4 月下旬，北約的通訊與訊息局（NCIA）宣布為了發展「先進的技術解決方案」將舉辦 2016 創新挑戰活動。於是北大西洋公約組織（NATO，簡稱北約）的通訊部門舉辦創意提交活動，活動期間要求參與者提交關於區塊鏈應用的想法，但需屬於軍事級別的區塊鏈應用，即使其在公共場合稱需要的區塊鏈應用是開放式的。具體來說，該組織要求區塊鏈應用與「軍事物流」、「採購和財務」以及「對軍事感興趣的其他應用」相關。而至少有一個北約成員國（比如美國）已經顯

示出對區塊鏈應用於軍事方面的興趣。

這是可能的，區塊鏈的分布式數據共享性可以找到進入北約物流應用的方式，而且該技術還可應用於軍用產品及服務的支付。這次活動也在尋求連結設備方面的意見，因此使用區塊鏈的建議也會在該地區被提出。

 **注資區塊鏈技術保衛核武安全**

圖 5-8　高級研究計劃局

區塊鏈在非金融領域的應用一直十分緩慢，但該技術極有可能具有十分珍貴的軍用價值。高級研究計劃局（DARPA）是美國國防部一個傳奇的研究部門，負責研發用於軍事用途的高新科技，該部門目前正在大力向區塊鏈項目注資，意欲探索能否使用區塊鏈技術來安全儲存高度敏感數據，這些數據極有可能來源於核武器或軍用衛星等高度機密項目。

區塊鏈技術此案例歸結起來，在電腦安全性方面可以稱為

「訊息完整性」。如果系統或數據被人查看或者更改時，都可以進行追蹤。DARPA 區塊鏈項目的經理 Timothy Booher 做了這樣的類比：相比於為城堡築起高牆以防止有人入侵，更重要的是要知道是否有人待在城堡裡面，以及他們在裡面幹什麼。

區塊鏈是一個去中心化的、不可更改的帳本。區塊鏈可以永久地記錄網路或者資料庫的修正，這樣就防止了入侵者掩蓋自己的痕跡。在 DARPA 的案例中，區塊鏈技術可以提供重要情報：駭客是否在資料庫中修改了某些東西，或者他們是否正在監視某一軍事系統。

Booher 說道：「只要是使用武器的地方，數據完整性都是極其重要的。所以，對於核武器和衛星的指揮控制，甚至是所有指揮控制系統中來說，訊息完整性都是至關重要的。」

一種基於區塊鏈技術的數據完整性監控系統

DARPA 向 Galois 和 Guardtime Federal 公司授權了一份價值 180 萬美元的合同，這兩家公司將會驗證 Guardtime 的無密鑰簽名基礎設施（KSI，Keyless Signature Infrastructure）的準確性，這是一種完整性監控系統。換句話說，一種能夠驗證用於驗證和監控的系統的驗證器。

根據公告，這份合同將會資助一項「重大工作」，這項工作將會尋求推動所有形式驗證所需的基於區塊鏈的監視系統和工具的發展。Galois 是一家位於美國波特蘭市的技術公司，專業致力於「形式驗證」，這是一種方式，用於為某個系統是否按照計劃運行提供數學保證。

公有鏈上的 KSI

這種無密鑰簽名基礎設施是一種基於區塊鏈的安全技術，由 Guardtime 開發，是一種由電腦工程師、網路構架師、軟體開發者和安全專家組成的網路安全解決方案集合。KSI 所使用的區塊鏈技術使用了一種公共帳本，就像比特幣區塊鏈那樣。交易數據記錄在 KSI 帳本上面，移除了對可信任的用於驗證或者鑑定的需要。保留了透明度和問責制，同時無需密鑰。

對於 DARPA 來說，KSI 的功能適用於快速檢測高級持續性威脅（APTs），可以嵌入的形式保存在網路中。攻擊者經常通過他們的 APT 能力來破壞網路安全性，也經常被發現是造成複雜網路漏洞的重要原因。這種 KSI 監視系統的運行是通過持續不斷地驗證數據完整性、數據處理人員和整個系統。從根本上說，這將提高系統的基礎網路安全基礎設施的觸發敏度。事實上，可以減輕攻擊程度，同時還能維護系統完整性。

儘管 DARPA 使用 KSI 的用途並未披露，不過這家聯邦機構在最近的創新研究工作中提出了一個提案，要開發一種基於區塊鏈技術的去中心化消息平臺。同時，Guardtime 的 KSI 將會在英國進行部署，用於確保核電站的安全。

案例三 Guardtime 確保核設施免遭網路攻擊

安全專家 Guardtime 已經被授權來保護英國核電站、防洪系統和電網，以防止這些重要設置遭受網路攻擊，使用它基於哈希計算的密碼學無鑰簽名基礎設施的區塊鏈技術。這個英國

基礎設置協議是與 Future Cities Catapult 進行合作，這是一家位於英國的優秀企業，主要關注於智能城市創新。

區塊鏈系統可在無須信任的環境下，通過分布式數據節點來避免單個節點遭受攻擊的情況，可以通過驗證來創建私有網路，也可以像比特幣一樣通過許多公開節點來組成一個完全公開的網路。Guardtime 已經開發了類似於區塊鏈這樣的安全網路解決方案。公司的網路安全專家，有些有美國軍方背景，有些則是愛沙尼亞的技術創新者。這些工業應用能夠讓核電系統和子系統保持完整性，並確保平臺和網路的管理與控制。

他們可以連續監控平臺的完整性，讓那些對於管理軟體訪問權限操作者們可以實時觀察系統全局，並且能夠糾正未經批准的配置調整，這樣可以確保沒有惡意軟體在應用程式中運行，以及讓配置好的數據負責任的運行。他們表示，這項技術主要就是防止曾經在伊朗的 Natanz 發生的事情會影響英國。

震網（Stuxnet）病毒於 2010 年 6 月首次被檢測出來，是第一個專門定向攻擊真實世界中基礎（能源）設施的「蠕蟲」病毒，比如核電站，水壩、國家電網。網際網路安全專家對此表示擔心。2010 年 12 月，一位德國電腦高級顧問表示，「震網」電腦病毒令德黑蘭的核計劃拖後了兩年。這個惡意軟體 2010 年一再以伊朗核設施為目標，通過滲透進 Windows 作業系統，並對其進行重新編程而造成破壞。

Guardtime 創建了無鑰簽名基礎設置，將會內置在工業級區塊鏈中，這樣可以對系統內任意數據或者全部數據進行簽名，並且在歷史上任一時間、地點和真實性進行獨立驗證。Catherine Mulligan 博士是 Future Cities Catapult 的數位戰略和

經濟主管,他在一份聲明中表示:「Guardtime 獨特的許可管理區塊鏈能夠實現大規模系統的完整性,並且對於英國核心基礎設施的安全性上擁有巨大的潛力,將會在政府的產業戰略中成為重要的組成部分,並且向全世界演示每個城市如何能夠在未來變得更加『智能』。」

邁向未來的軍事科技,尚缺臨門一腳

區塊鏈的技術創新,是訊息從自由傳輸到自由公證的質變,極有可能成為未來網路基礎協議和信用範式的「顛覆性」技術,在訊息時代創造新的應用價值。上述對區塊鏈的技術原理、應用層級及其在軍事領域的潛在應用進行了分析,但該技術真正在軍事領域獲得推廣應用,還需解決如下幾個難題:

1. 訊息保密問題。軍事訊息密級較高,並要求在一定範圍內可控。儘管可以使用非對稱加密技術獲得較強的訊息安全性,但仍然面臨訊息密級與承載網路密級間不對等的問題。

2. 網路構建問題。區塊鏈應用需運行在一個去中心化的對等網路之上,參與者的數量和興趣是系統正常和可靠運行的基本前提,構建具有一定規模的對等網路尚存在困難。

3. 監管控制問題。在對等網路中,用戶之間點對點即可完成事務處理,繞開了中心服務器,訊息流轉是自主分散的,因而應用中面臨著訊息自由交換與集中監管控制的矛盾。

解決食安與醫療問題

　　比特幣，最初的目的是為了避免人們的生活被中心化貨幣體系，以及政府和中央銀行所制定的有缺陷的政策所毀滅。當中本聰發布比特幣白皮書的時候，又有誰想到它可以用來拯救生命，又能保障食品安全、新鮮。

　　區塊鏈技術的運用，將有效促進醫療與食品發展。通過區塊鏈技術打通醫療、營養、農業、檢測、生產加工各個環節，有助於為公眾打造營養健康高速公路。專家指出，區塊鏈作為構建未來網路空間的核心技術，其開放性、訊息不可篡改等特性，未來在食品、醫療領域都會有巨大發展潛力。

區塊鏈將為你帶來安全、透明又新鮮的食品

　　食品問題的重點是食品的各個營養指標要達到標準，相關檢測是關鍵，如果將食品檢測設備與區塊鏈進行軟硬體相結合，檢測的數據指標真實性將真正獲得消費者認可。加強最新訊息技術區塊鏈技術的應用，將極大提升食品安全的監管能力，也將更好地保障消費者的知情權。

　　對於區塊鏈食品應用，區塊鏈可提供一套買賣雙方都能接受的信用體系。比如一袋白米，消費者可通過白米包裝上的獨特二維碼，查到這袋大米從種植的土地到播種施肥，再到物流倉儲等一切訊息，而這些訊息有兩個區別以往的顯著特點，一是記錄在區塊鏈上不可逆不可篡改，二是這些訊息大部分是機

器自動上傳的。比如在稻田裡放上傳感器，時刻將稻田水溫、污染與否等情況自動上傳到不可篡改的區塊鏈上，讓種植者與購買者都可以隨時查詢。讓公正的陽光灑遍糧食從種植到餐桌的每一個環節。

案例一 食品＋區塊鏈

常聽到區塊鏈技術用於金融業，但它還能運用在「食品」上，全球最大零售企業沃爾瑪（Wal-Mart）就以區塊鏈的追蹤技術，時刻檢查食品的保質期限，減少食物的腐敗和浪費。而之前臺大黑客松就以食安為主題，做為競賽的內容，可看出食安問題愈趨被注重，將來食品管理結合區塊鏈的追蹤技術若發展的更成熟，相信不只食品業者安心，消費者也更放心。

沃爾瑪正在嘗試使用區塊鏈技術追蹤食品來源，確保存貨處於保質期內，以此保證倉存食物的安全性，及追查變質食品源頭。通過食物貨品上的電子憑證，沃爾瑪能隨時跟蹤每一件食物貨品在供應鏈中的位置，從發貨位置到檢查員，從航運公司到派件員等。只要發現某件食物貨品存在質量問題，沃爾瑪員工能在幾分鐘內追查到這件貨品的全部運輸軌跡，以及同批貨品的位置，並馬上採取回收、封存等措施。

每一件食物貨品可追溯：回收更快，運輸效率也更高

一旦食物貨品爆發了大腸桿菌問題，他們可以立即找到問題來源，花費的時間從以往的數天縮短到數分鐘。目前區塊鏈追蹤技術還在試驗階段，沃爾瑪只把它用在美國包裝產品、中

國豬肉貨品兩個類別上，但試驗階段包含運往多個商店的數千個包裹。就成效來說，這一技術也不只為食品安全「補洞」，食品物流速度提升帶來的收益，也是沃爾瑪看中它的原因。

沃爾瑪借助區塊鏈追蹤技術，能更快地向下游的食品商店供貨，同時憑藉更敏感的貨品日期追查能力，減少食物腐敗和浪費。這對於急凍食品、生鮮食品等對儲存條件和保質期非常敏感的貨物來說意義重大。對此，區塊鏈追蹤技術讓消費者和公司都更有信心。認為更強的可追溯性，將全方位提升食品系統，這有助於提高食品流通的效率。

食品訊息誰都可看，但誰都不可修改

作為一種分布式數據儲存方式，區塊鏈技術除了響應速度迅捷之外，最大特點在於其不可篡改性。區塊鏈技術運用到食物儲存領域之後，食物貨品每經過一個供應鏈環節就需要相應的「關卡」記錄一次，如出倉檢疫人士、分銷商、物流渠道、零售商等接手貨品都需要完成記錄。每一個「關卡」的人士都能輕易查看貨品的運輸訊息，但沒有權限篡改這些訊息，以保證交易公正和食品訊息真實透明。

據美國疾病控制與預防中心（CDC）數據，2015 年美國各地衛生部門收到的關於食源性疾病暴發的報告超過 1000 起，預估約 4800 萬人受害，住院 12.8 萬人，死亡 3000 人。隨著食品材料源頭複雜化，保質期難以估計，商家出於利益出售過期食品情況也並不罕見，世界食品安全的挑戰日益嚴峻。而食品銷售領域直接影響顧客人身安全，對此沃爾瑪拿出的應對方案之一就是投入區塊鏈技術。如果這個「實驗」成功，沃爾瑪

將會在其全球食品銷售網路使用區塊鏈技術追蹤食品，成為最大的區塊鏈技術布局者。

用區塊鏈來解決食品安全問題

被傳媒多次報導的食安事件，讓大家防不勝防，相隔沒多久又一起食安事件，爆出得事件愈多，媒體愈喜歡追著跑，惡性循環之下，消費者對食品信心全失，但進口貨價格昂貴，並非人人負擔得起。以上問題世上除了國家領導人，大概不會有第二個人能夠解決。除非「它」不是人，是區塊鏈。

這個科技（區塊鏈）不需要信任何人或任何政府，只需要相信數學和演算法。區塊鏈的本質，不需要有可信任的中介人，因為交易是由演算法共同驗證。傳統上，在貨品的生產過程、物流程序以至銷售期間，不管如何自動化系統化，最難避免的風險往往出於「人」的身上。區塊鏈說到底不外乎一個科技，如何可以防止環環相扣的「人為問題」？

區塊鏈的特性是數據記錄由所有使用的人管理和擁有，不可能被任何人單方面竄改，因此基於物聯網技術及不同的傳感器（Sensor），從原材料採購、生產、加工、物流以至銷售等程序中，從貨品處不斷收集有關品質的數據，再加上每項記錄都有不可被更改的時間戳記（Timestamp），這樣以公開透明大數據方式監察，假貨及異常商品都會立即變得無所遁形。例如可以在不同的生產過程中，加入能偵測三聚氰胺分子的化學傳感器，收集產品中三聚氰胺含量的數據，然後以區塊鏈系統去記錄，並增加食安資料的公開透明度，讓任何人都可以參與

監察奶粉質量。

生產商可以在奶粉罐身貼上標籤，讓任何人也可以即時上網查閱奶粉的成份和生產日期等詳細資料，透過公開透明的生產、包裝和運輸機制，消費者不用相信生產商和監管機構本身，也可以放心選購奶粉。有關科技的應用，將會對大中華區以致全球的食品安全作出很大的貢獻。

臺灣的衛福部長林奏延早前亦提議將「區塊鏈」系統推動到「食品安全追蹤追溯系統」上。林奏延指出由於衛福部所推行的追溯系統，強制要求業者將上下游資料都供給食藥署查察，但驗證耗費龐大人力，若能引用「區塊鏈」結合資訊及密碼學，能大幅減少驗證人力耗損。

區塊鏈也準備為醫療領域帶來一番新氣象

部分業內人士認為，醫療是區塊鏈技術自金融後第二大的應用。因為，現在醫療檔案的保管一直解決不好，假如醫療資料中的身高、體重、血糖、血壓等訊息泄露了，雖然不是很大的問題，但是當個人資料採集愈來愈多時，資料泄露就會產生很大的問題，最典型的例子就是指紋、身份證等個資。

如果這些資料出現大規模的泄露，會出現非常深遠而龐大的影響。會比蘋果的明星私人照片泄露還要大得多，如果連蘋果這樣閉源的系統數據庫都可以泄露，其他中心化的數據庫其實都有很嚴重的潛在問題。還有就是基因圖譜，如果個人的基因數據泄露，會產生很嚴重的未知災難性影響。中心化的數據庫都是很難確保其安全性的，很多業內人士認為區塊鏈是人類

現在能想到的唯一的解決方案。

　　區塊鏈有三個對醫療很重要的優點：首先是多節點，因為備份多，難以被摧毀。再來是區塊鏈的數據不能被竄改，這個在醫療科研上有很重要的作用。最後是區塊鏈能做到多私鑰的複雜權限保管，可以設置只有一個或者多個人能打開，可以設置複雜的時間上和多把私鑰才能打開的設置。醫療特別適合多權限的保管，病人、護士、醫生都是應該不一樣的，而且最好讀取權限還有時間上的限制，過了某個治療時間段只有某個治療醫生才能讀取。

區塊鏈也許是唯一安全的數據保管方案

　　長久以來，健康數據的中心化保管很容易導致數據的大規模洩露，而隨著指紋數據應用和基因數據檢測手段的普及，越來越多的人擔心一旦發生洩露，將會導致災難性的後果。而區塊鏈由於多節點、無法竄改、低成本和能進行多簽名複雜權限的管理，也許是目前人類能找到的數據保管最佳方案。

　　考慮到所有和健康相關的敏感資料：身份特徵、疾病情況、治療方案，以及支付情況，一個人的健康狀況可能是這個人最私密的訊息，但是過去，往往一次又一次，這些相關訊息出現大規模洩露，導致個人健康數據被流傳到網上。例如美國第二大醫療保險公司 Anthem 被駭客入侵，偷走 8000 萬病人和僱員的記錄；加州大學醫療網（UCLA Health）遭駭，450 萬病人資料被竊。在這些數據洩露的例子中，往往是由於網路操作的問題引起，讓所有的數據暴露在駭客的面前，一個單點故障就能夠導致所有人的訊息遭到威脅。

而區塊鏈技術可以通過多簽名私鑰和加密技術來防止這種情況的出現。當數據被哈希加密後，放置在區塊鏈上，並使用多簽名技術，就能夠讓那些獲得授權的人們才可以對數據進行訪問。使用這種技術，將能夠制定一定的規則來對數據進行訪問，必須獲得授權才能夠進行，無論是醫生、護士或者病人本身都需要獲得許可；或許，在某些情況下，可以設定需要 3 個人中 2 個人授權才可以進行。

案例二 各家醫療企業紛紛開始投入區塊鏈

區塊鏈企業 GEM，目前已經獲得了 700 萬美元的投資來擴展它的企業平臺，已經和健康行業內多個不同利益相關方進行合作來評估是否需要區塊鏈技術。就類似於金融行業，當設計一個區塊鏈應用時，需要考慮醫療健康行業內多個相關利益者。如果能夠將每個獨立相關方鏈接到一個有凝聚力且可以共享讀寫的數據庫，真正的區塊鏈創新將會發生。能夠讓保險公司、醫院結算部門、貸款人和病人共同使用一個區塊鏈來管理支付，能夠在整個行業中大規模的減少問題。

區塊鏈網路絕不止於僅僅用於解決醫療健康數據保存方面，收付款將會是另一個發展方向。如果區塊鏈能夠在管理醫療付費的整個過程中被使用，也將能夠管理病人醫療記錄的整個過程。區塊鏈能夠讓其他多個組織來訪問網路。而不需要擔心數據安全和完整性。病歷可被多方進行創建、共享，並且能夠讓多方進行追加更新，將會重塑整個行業的效率和透明度。

GEM 的平臺使用了多簽名技術，硬件安全模塊（HSM，

Hardware Security Modules），和加密密鑰鏈來解決身份和訊息訪問安全，將會成為區塊鏈協議的一個應用層。一個區塊鏈可以永久性記錄和保存網路活動，用戶在這個身份認證框架內被授權的情況下，進行索引或者追加記錄。

Factom 和 Health Nautica 正在尋求安全的醫療記錄和審計跟蹤解決方案。他們通過數據加密後寫入比特幣區塊鏈，並且通過時間戳來確保數據精度。這些記錄完全無法被篡改，因為它是寫入到區塊鏈中的，並且在沒有權限的情況下無法閱讀。Health Nautica 希望能夠提升賠償流程的處理效率，和記錄無法改變的確定性。

Tierion 是另一個區塊鏈初創企業，通過使用區塊鏈記錄搭建了一個數據儲存和驗證平臺。該企業在 2015 年宣布和飛利浦醫療集團完成了首個項目。

對於區塊鏈和醫療健康領域進行結合，最令人感到興奮的原因是這完全是一個全新的領域。隨著企業和醫療機構看到區塊鏈技術對於金融領域的影響，將會讓在醫療健康領域中逐漸開始推廣和實施該技術，並且希望獲得金融級的安全和效率。

區塊鏈＋醫療藥品，打造不可偽造的臨床試驗

隨著開發人員繼續發掘比特幣底層區塊鏈技術的新應用，其中的一個重大突破，便是這種技術在藥品開發和測試流程領域的應用。藥品開發是一種成本高並且耗時的過程。矽蛋白和藥物模塊化程序，雖然已經大幅降低了新型藥品開發所需要的時間，但是仍舊需要數年時間才能正式上市。為了推出藥品，首先必須通過嚴格的實驗鼠和人體測試，只有在相關的監管機

構，如食品及藥物管理局（FDA），對這些測試進行審核並通過時，藥品才會被允許進行出售。

即使藥品能夠在治療疾病方面很好地發揮其作用，也可能引起一些很嚴重的副作用，致使出現其他的嚴重健康問題，甚至會威脅到生命。臨床試驗的進行不僅是為了監測藥品效力，同樣還要檢查所有的副作用，同時衡量正面和反面的效果。因為，藥品公司和科學家可能只會選擇性地分享，藥品的正面影響而忽視一些副作用，例如一種帕羅西汀抗抑鬱藥品被報導能夠有效治療患者的抑鬱，但之後的研究證明這種藥品並沒有如此高效，相反地，帕羅西汀被發現其副作用會增加自殺行為。這種臨床試驗偽造行為直接威脅到了患者的生命，如今區塊鏈在臨床試驗記錄方面的應用可以徹底根除偽造行為的出現。

案例三 在區塊鏈上記錄臨床試驗協議

圖 5-9　區塊鏈＋醫療

　　為了防止藥品企業和研究人員偽造數據，並提高新藥的研究效率，劍橋大學研究人員與醫生格雷格‧歐文（Greg Irving）創建了一種基於區塊鏈的系統，用於記錄和獨立驗證臨床試驗協議是否遵循了研究規定。歐文在這種概念驗證中應用了比特幣區塊鏈的不可更改性。目前，歐文與約翰‧霍爾登（John Holden）共同在 F1000 Research [13] 上發布了這個概念。

　　歐文創建的這個概念驗證的目的，是為了確保藥品企業或者研究人員不會偏離實際的臨床試驗，防止他們修改真正的試驗協議，來滿足他們想要的結果。作為這個概念驗證的一部分，歐文使用了一份來自 Clinical Trials.gov 網站的研究協議條目，他創造了一個無格式文本文件，該文件包含了預先確定的端點以及上傳者所描述的計劃分析。

　　他們用哈希計算器，給臨床報告設計獨特的數位簽名。再用另一個在線工具 Strongcoin 的比特幣錢包，將簽名轉化成比特幣公鑰，然後再把它「花掉」。那麼這筆「交易」的記錄、時間等就能自然而然地被儲存。這些交易將公鑰記錄在區塊鏈上，交易驗證在區塊鏈上更加容易進行。

　　要是想檢查這個報告是否被更改，就要用原始文檔生成一個新的比特幣公鑰。如果兩種公鑰相互匹配，則不僅能夠通過時間戳證明文件的存在，還能夠證明該文件還未被更改過。這樣能提高效率甚至能阻止有害的藥物上市。如果文件內容被更

---

[13] F1000 Research 是一個開放性的研究出版平臺，提供海報、幻燈片和科研論文即時並且無源於編輯偏見的出版。所有文章受益於透明的同行評審，並公開所有的原始數據。

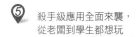
改過，則創建的 SHA-256 哈希將會與最初的不同，導致不同
的公鑰產生。

歐文描述整個過程是有效的，因為確認文本存在的比特幣
能夠從錢包重新取回，同時維護臨床試驗協議的完整性。儘管
歐文使用了一種手工的方法來創建這個概念驗證，不過同樣能
夠自動進行並且是公開的。協議出現的任何變化都可以被記錄
在一種單獨的條目下，通過使用一種對應的私鑰和公鑰，這些
變化可以使用相似的方式進行驗證。

雷格‧歐文和約翰‧霍爾登的研究符合《赫爾辛基宣言》：
要求所有的臨床試驗都要記錄和公布在公開可訪問的資料庫
中，同時防止數據操作實踐，比如試驗結果變更，選擇性發布
試驗結果，這些都會破壞試驗結果發表內容的完整性。

誰會是最大的贏家與輸家

能在接下來的幾十年中，帶給我們重大的影響的科技，已經來臨了。但它不是社交媒體，不是大數據，也不是機器人，更不是人工智慧。各位將會很驚訝地發現，那就是比特幣所基於的根本技術「區塊鏈」。它現在雖然名氣不是很響亮，但我相信它會是下一世代的網際網路，而且它很有希望可以為每個企業、社會、個人帶來很多好處。

過去幾十年，我們有資訊網路。當我寄一封電子郵件或者一份幻燈片或者某樣東西給你時，我實際上寄給你的不是原創版本，而是一份副本，這樣很好，這是大眾化的資訊。但當我們談到資產時，比如說金錢或是金融資產的股票、債券、紅利積點、知識產權、音樂、藝術、投票權和其他資產，寄一個副本也就是盜版給你，就不是什麼好事了。這就是長期以來稱之為「重複花費」的問題，時至今日，我們依然完全仰賴大型的中間機構像是銀行、政府、大型社交媒體公司、信用卡公司等，讓他們在我們的經濟活動中建立信用關係，而這些中間機構在各種商業行為及交易過程中，扮演了重要的角色，從個人的信用審核到身份辨識、從清帳到結算以及交易記錄的保存。整體而言，它們表現得很不錯，但之後問題也越來越多了。

打從一開始，它們這些中介機構就是中心化的。這也意味著，它們可以被駭客入侵，而且還有增加的趨勢，例如 JP 摩根、美國聯邦政府、LinkedIn、家得寶等都有被駭客入侵的記錄，簡直防不勝防。然而，它們也把好幾百萬人屏除在經濟活

動之外，例如錢不夠的人不能在銀行開戶，且它們也浪費了很多人力與時間。今天發一封信到世界任何一個角落，只要幾秒鐘的時間，但透過銀行體系，卻得要好幾天或幾個禮拜，才能把錢從一個城市轉到另一個城市，而且它們所費不貲，只是把錢轉到另一個城市，就要收取 10～20% 的費用。他們手中還握著我們所有的資料，這意味著，這筆資料不能變現或者用它來改善我們的生活，我們的隱私被侵犯了。但最大的問題是，它們超出自身應有範圍地挪用數位化時代的無形資產：我們的財富雖然增加了，但社會的不公也跟著增加。

除了有資訊網路，還要有價值網路

大型的全球記帳本，由好幾百萬臺的電腦來運作，而且每個人都可以使用。各種類型的資產，從金錢到音樂，都不用透過中間機構的介入就能完成儲存、移動、交易、交換、管理的動作，那會如何呢？要是有一個價值的天然媒介那該有多好？

2008 年的金融海嘯，也許是因為這樣的時空背景，一位匿名者叫中本聰的人，創造了數位現金協議的白皮書，運用在一個叫做比特幣的加密電子貨幣上。這個加密電子貨幣讓人們可以不用透過第三方就能建立信任、直接進行交易，而這看似一個簡單的動作，引起了很大的迴響，在世界上很多地方，造成了轟動，讓很多人不是興奮、害怕就是感到有趣，但這項科技真正厲害的地方，就是它背後的「區塊鏈」技術。

這是人類史上第一次，各地的人們可以互相信任彼此點對點地處理事情。而這個信任的機制，不是由一些大型機構所發

布的，而是由集體的加密方式以運用一些頂尖的密碼學所組成的，因為信任就是科技的天性，稱它為「信任協議」。

數位資產，像是金錢、音樂、這當中的所有東西，並不是集中在一個中心地方存放著，而是用最高級的密碼科技存放在世界各地的帳本裡，當一個交易產生時，它就會被記錄在全球各地好幾百萬臺的電腦裡面。此外，世界各地還有一群人被稱之為「礦工」的人。他們不是地底下的年輕人，他們是挖數位貨幣的礦工。他們的電腦有超強的運算能力比世界上所有的 Google 電腦還要快 10 到 100 倍，這些礦工做了很多工作，每 10 分鐘，就會有一個區塊產生，有點像是網路的心跳，每一個區塊記錄著前 10 分鐘所有的交易。所以如果我想駭進區塊中，例如說我想用同樣一筆錢，同時支付給兩個人，我就必須駭進該區塊，加上之前所有的區塊，以及所有區塊鏈之前的歷史交易記錄，而且不只一臺電腦，必須同時駭進上百萬臺的電腦，這些電腦都是使用最高級的加密技術、在全世界運算資源最強的環境下監視著我的一舉一動。這比我們現今所有的電腦系統還要嚴密，這就是區塊鏈可以安全運作的原理。

比特幣區塊鏈僅是其中一個，還有很多其他的。以太坊區塊鏈是由一位名叫 Vitalik Buterin 的加拿大人所建立的。他現在 22 歲，這個區塊鏈有一些神奇的功能。其中一個是，你可以在這個平臺上建立智能合約。正如其名，它是一份可以自我執行的合約，它有強制性、管理與執行的能力還有付款能力，某種程度而言，合約本身也像是個銀行帳戶，可以處理人與人之間的約定，目前，在以太坊區塊鏈下，已經有很多專案正在進行，從股票市場新的替代方案到新民主模式的創建，在這些

模式下，政治人物是需要為人民負責的。

 ## 新世代區塊鏈網路帶來的變革

圖 5-10　魯布‧戈德堡機械〈取自藝術家網站〉

　　所以為了要了解區塊鏈將帶來甚麼樣的大改變，我們從金融服務業開始講起。魯布‧戈德堡機械是一部複雜到不行的機械設備，但它只會做一些簡單動作，像是打一顆蛋或關一扇門，它讓我聯想到現今的金融服物業。舉個例子，你在轉角的一家商店刷卡，然後會有一串的數位資訊流，流穿過好幾家公司的電腦，有些電腦系統的主架構都還是 1970 年代的，比很多人都還要來的老，三天後交易完成了。對金融產業的區塊鏈而言，根本沒有「結清」這回事，因為付款及結清是同一個動作，它只是帳本上數位的變動。所以華爾街及全世界的金融市

場，都相當關心這項科技的發展，關心他們是否會被取代，或者要如何擁抱這項科技進而獲得成功。那麼我們為什麼要關心這件事？這邊再描述一些這項科技的其他應用。

繁榮

第一世代的網際網路、資訊網路，為我們帶來了財富，但並不是共享的繁榮，因為社會不平等也跟著成長。而這陰影潛藏在憤怒者與極端主義者的心理，因此我們會看到現今的世界，充滿了保護主義、排外主義等各種糟糕的現象，英國脫歐就是最佳例子。所以，我們可以發展一些方法來解決不公平的問題。因為現今唯一的方法就是財富重新分配、納稅機制的改革，我們有可能事先分配好財富嗎？能否藉由財富增長大眾化、吸引更多人參與經濟活動、確保得到公平的報酬等來改變財富起初的創造方式呢？這邊有五種方式可以做到。

第一，各位知道世界上 70% 擁有土地的人，他們的土地權利有瑕疵呢？比如說，你在宏都拉斯有一塊小農地，有一天，一些獨裁者當權，他們說：「我知道你有一張薄薄的紙證明你擁有這塊土地，但根據政府的電腦記錄，你這塊地是我朋友的。」這種現象在宏都拉斯很常見，而這樣的問題到處都有。埃爾南多·德·索托，拉丁美洲最偉大的經濟學家，他說，這是就經濟流動性來說的頭號問題，比有銀行帳號還要重要，因為如果你的土地沒有合法的權利證明，你就不能對抗這樣的事件，你也不能為未來做打算。所以目前，已經有公司開始協助政府，把土地權利放到區塊鏈裡面，一旦放進去了，就不能更動了，也無法駭進去更改。這樣就能為好幾百萬人創造出繁

榮。

第二，有很多作家，提到 Uber、Airbnb、TaskRabbit、Lyft 等等說它們是屬於共享經濟的一部分，這些點子都很棒，大家一起創造共享財富，但我的看法是這些公司並不是真正的共享。實際上，他們會成功的原因是因為他們不分享，並把服務整合起來，然後賣掉。舉個例子，要是有一家由房東們所組成的公司，我們就叫他 B-Airbnb 公司好了，他們在區塊鏈上申請登記，而不是價值 25 億美金的 Airbnb 公司，那又會如何？當有人要租房間的時候，他們上區塊鏈登記住房需求，過濾了一些條件，區塊鏈幫他們找出他們想要的房間，然後協助雙方做出合約、驗證彼此的身份，只要透過他們在系統上建立的數位付款方式，區塊鏈就能幫忙處理付款流程。甚至也能處理評價問題，因為如果客戶給 5 顆星，那個房間的排名就會往前，而且不能更改。所以，矽谷大型共享經濟的破壞者是有可能被消滅的，而這對繁榮才是好的。

第三，從已開發國家到發展中國家的最大的資金流不是企業投資，也不是國際支援，而是匯款。這群散布在全球的海外區民，他們離開故鄉把在海外賺來的錢匯回到家裡，平均一年有 6000 億美金，且還在持續成長，這些人簡直是被搶劫了。

Airbnb
預訂獨一無二的房源，像當地
人一樣體驗城市。

圖 5-11　Airbnb 官網

　　阿奈兒多明戈是一位女管家，她住在多倫多，每個月她帶著現金，去西聯的辦公室，匯款給她在馬里拉家鄉的母親，西聯會收取她 10% 的手續費；而且錢要 4 ～ 7 天才能匯到；她母親永遠不知道錢甚麼時候會到，她每個禮拜要花 5 個小時來處理這件事。2016 年 6 月，阿奈兒多明戈用了一個叫 Abra 的區塊鏈的 App，她從手機寄了 300 金到她母親的手機裡面，匯款過程完全沒有透過任何中間機構，然後她母親查看她的手機設備，它有點像 Uber 的介面，螢幕上有很多 Abra 的出納員跑來跑去，她點選了一位距離她 7 分鐘遠的五顆星出納員，那個人出現在她家門口，直接給她菲律賓幣，然後她直接把錢放口袋，而這整件事情前後不到幾分鐘，只收她 2% 的手續費，這是人民繁榮興盛的好機會。

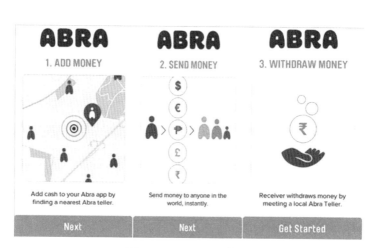

圖 5-12　ABRA 介面

　　第四，在數位年代，最有價值的資產就是數據。數據真的是一個全新的資產類別，也許比之前的資產類別還要大，像是農業經濟之下的土地，或像是工業廠房、甚至是金錢。數據是由你、我以及其他所有人共同創造出來的資產，我們在日常生活中，留下了很多數位的足跡，而這些足跡匯集起來，會變成鏡中影像的你，一個虛擬的你，而這個虛擬的你，甚至比你還了解你自己，因為你根本記不起你一年前買了甚麼，或者說一年前，你在哪個地方。但是這個虛擬的你，卻不是由你所持有的，這是個大問題。所以目前，已經有公司開始創造一種記錄身份的黑盒子，一種由你個人所擁有的虛擬的你。當你到世界各地旅行的時候，這個黑盒子會跟在你身邊，而且它非常非常「吝嗇」，當你要做交易時，它只會給出少量的必要的資訊，之後這個化身會把這些訊息全部清空，讓你可以兌現交易。這是件很棒的事情，因為它可以幫助我們保護我們的隱私，而隱私就是自由社會的基石，讓我們把這個資產的控制權要回來，

讓我們自己擁有自己的身份記錄並且自己管理它。

第五，有很多的內容物創作家，並沒有得到相對應的公平補償，因為在第一代的網際網路智慧財產權是不被重視的，例如音樂，音樂家在整個產業的食物鏈裡，幾乎是被遺棄的。舉個例子，如果你是位作曲家，20 年前你寫了一首相當熱賣的歌，專輯賣了 100 萬張，你大概會有 100 萬元的收入，可是現在你寫了一首流行歌，有 100 萬的流覽量，但你卻拿不到 100 萬元，你可能只拿到 1000 元。

所以，伊莫珍·希普葛來美獎的歌手兼創作家，已經開始把音樂放進區塊鏈生態系統，稱它叫「Mycelia」。那些音樂有綁定一份智能合約，這樣她的音樂智慧財產權就能被保護起來。你想聽歌嗎？它是免費的，或者只需要往電子帳戶裡匯幾塊錢，你就可以聽取音樂；但如果你想把歌放進你的電影，那就不同了，智慧財產權都是有約束性的；或是你想要把它弄成手機鈴聲？那也不同。她說，歌曲創作變成了一門生意，你把音樂放在平臺上，它自己就會開始賺錢，保護創作者的權利，因為音樂本身在銀行帳戶的辨識系統下，有支付功能，所有的錢都會回流到藝術家身上，由藝術家來控制產業，而不是那些強勢中間媒介。如今，不僅只有詞曲創作家，任何內容物創造者，像是美術，發明、科學發現、新聞工作者，那些以前沒有得到合理公平待遇的人，用了區塊鏈技術，他們就能如魚得水地賺錢，這是很棒的事。

除了這五個機會，還有其它的，都是為了要解決一個問題「繁榮」，這也是最不被關注的問題，而區塊鏈是可以解決的。當然，不是科技創造了繁榮，是人創造的，但我要提醒各位，

我再說一遍，科技精靈已經逃離了枷鎖，在人類歷史上的某個
時間被某些未知的人或團體召喚出來了，這次的改變給予了我
們再次嘗試去改善的機會，再一次重繪經濟權力版圖的機會，
改寫舊思維的機會，並且可以解決世界上一些最困難的問題，
如果我們願意的話……。

區塊鏈的贏家與輸家

區塊鏈主要作用是提升金融市場效率，而現在有很多「出
售效率」的第三方服務公司，他們最容易受到區塊鏈的威脅。

結算中心的危機

銀行之間自行結算後，結算中心的收益會出現危機。區塊
鏈提供的公共總帳為網路中所有參與者所見及所信，這可能取
代結算中心的功能。區塊鏈很可能讓交易雙方相互結算，繞過
了結算中心，只需要中央證券登記處向帳戶轉移所有權即可。
不過遺憾的是，雖然技術上是可行的，它仍需要各方屬於同一
區塊鏈。另外，監管方也需要參與到各類交易中。監管者之所
以喜歡 CCP 模式，是因為能在一處查看交易流程，追蹤風險。
而且雙邊交易可能損失 CCP 帶來的一些好處，比如即時結算
需要即時全額支付，這可能讓流動性管理更複雜。

託管銀行

託管銀行主要處理現金及證券的交割，但它也為交易增加
了成本，會向帳簿記錄、電匯及還款收費。託管銀行與結算中

心一起服務經紀商,並就管理證券和現金收費。託管銀行要將所有訊息發給經紀商,從而核對交易記錄。可以預見的是,託管銀行能從效率提升中受益,所以它們也在積極試驗區塊鏈。資產管理公司 Northern Trust 已經在與第三方合作,紐約梅隆銀行和美國道富銀行也在進行內部測試。託管銀行在可靠及安全性上一向都有聲譽,也了解如何迎合監管者,所以他們對區塊鏈的應用會逐步推進。

託管銀行最初會從區塊鏈帶來的效率提升中受益,比如減少經營成本,其系統也適於更快的結算,而市場也樂於接受更短的結算周期。但從長期來看,託管銀行的重要性會降低,因為託管及後勤服務會因區塊鏈而過時。

投行會是最大受益者

從長遠來看,區塊鏈的主要作用是降低金融機構的成本,這會通過移除中間人,減少中介費並降低基礎設施複雜度來完成。另一個好處是加快結算時間及周期,這可能為大型銀行節省數百億美元的費用,並解放一部分清算資金。結算成員需要繳存一定數量的結算擔保金,而如果結算時間變短,擔保量也會減少。不過與結算風險有關的資金量相對較少,因為多數證券交割是按 T + 3 來的,總量較小。

區塊鏈將振作贏家,也會帶來輸家

在金融政策領域,沒有什麼問題比區塊鏈的影響更有爭議了。區塊鏈是數位貨幣比特幣背後的分布式記帳技術。這種技術會不會威脅金融中介的利潤,甚至危及它們的商業模式?它

會不會削弱央行對全球支付和證券處理的控制？抑或它是簡化繁雜過程、提高抗壓能力和增強透明度的工具？

實施改革的理由很明顯。即使負利率的危險實驗被證明比許多人擔憂的要短命一些，在溫和增長的經濟中，銀行對更高營運的需求依然會存在。那麼，削減成本的關鍵是什麼？答案是充分利用新技術以提高生產率。這便是區塊鏈的用武之地。它有望在多個站點和地理區域提供獨特的共享數據庫，作為所有交易的公共帳本。由於可擴展性和相關標準等問題尚未解決，大範圍推廣可能仍是 10 年後的事情。與此同時，儘管圍繞該技術有大量炒作，但仍存在幾個認識誤區。

對比較激進的區塊鏈支持者來說，分布式帳本意味著一種 P2P 系統，消除了對中間人的需求。不過，銀行和政策制定者都沒有認真考慮過建立「無許可」網路的想法，主要是由於反洗錢和「了解你的客戶（Know Your Customer，KYC）」的規則。這無疑會帶來由誰負責的問題。

另一個時常出現的說法是區塊鏈會消滅現存的基礎設施。但它的可擴展性還沒有經過驗證，企業不能冒險用一個未經驗證的系統處理數萬億美元的日常資金流。區塊鏈將需要能夠與現有技術銜接，才能做到可用和成本可承受。這在更大程度上是進化，而不是革命。

對於政策制定者來說，這意味著什麼？要讓區塊鏈技術得到發展，監管者必須採取「不傷害」姿態。監管機構應該對新技術抱中性態度，但他們可以採取一些實際步驟鼓勵區塊鏈創新。摩根士丹利（Morgan Stanley）近期一份報告列出了銀行業採用區塊鏈技術的十個潛在障礙，這些障礙中有半數需要政

府當局合作才能克服。區塊鏈技術的普及有賴於法規，而大部分法規尚未出來。

首先，監管者需要與數位化身份認證、智能合約、標記化、隱私和數據所有權等領域的創新者開展合作。其次，需要應對相關法律問題。比如，在去中心化的系統中，該由誰負責？在網路分布於眾多地區和企業的情況下，誰有管轄權？現有法規該如何修改，以適應新的技術和商業模式？更普遍地說，服務共享可能成為今後 10 年銀行業的核心關鍵。監管將扮演支持這一轉型的關鍵角色。考慮到多頭管理不利於整合，健康的金融系統將要求更多共擔成本。這其中就包括 KYC 等領域，在法律解釋各不相同的情況下，這些領域尤其難以管理。

區塊鏈也許會帶來戲劇性的改革。一旦它做到這一點，將會出現輸家——就像證券交易所在經歷技術劇變時，場內交易員發現自己變得多餘那樣。不過，這並不意味著所有中介的末日，相反，它將振作贏家，他們能管理比過去高幾個層級的成交量，而成本只有過去的一個零頭，還能為投資者提供更多功能。區塊鏈革命一旦發生，可能被證明對客戶也同等重要。

地球人類的下一個文明——區塊鏈

當我深入了解區塊鏈的技術後，我認為它將是地球人類的下一個文明。它去中心化、數據完整公證的特性，將改變以往兩造之間需仰賴信任第三方進行中間媒介來從事交易的活動，如轉帳、支付、資料記錄、價值轉移。大幅提升了經濟活動的效益，能將價值直接傳遞到具有生產力的一方，從治理角度來

看，我認為它不將只是做為金融科技（FinTech）的應用技術，而是可運用在整個社會科學領域。

去中心化讓價值回歸個體

區塊鏈是一種共同、透明共識的協議，其基本概念是打破過去必須依賴第三方的中央化交易帳本，而讓大家共同維護共同的帳本（資料庫），上面記載所有的交易記錄。透過帳本就可以傳輸 Token，Token 可以代表任何東西，包括每個人的數位分身資料（如戶籍、個人財產資料）或權利，自己可決定並允許 Token 傳輸自己的資料給另一方。區塊鏈上的帳本如同電子郵件一般，包含寄送者、交易內容、收取者等資訊，例如 A 將金錢傳送給 B 就是一個交易記錄。將數個交易記錄打包在一起，加上雜湊函數（Hash）簽證，就可以形成一個區塊，而區塊跟區塊的連結形成鏈，整個區塊鏈就如同形成帳本的連網，在這共識網路協定之上，則可做出許多的應用，因此也有人認為區塊鏈將成為下一代的網際網路。

區塊鏈包含五大基本應用功能，分別是做為交易媒介、記帳單位、儲存價值、電子公證、智能合約，前三項是貨幣基本功能，而電子公證是因區塊鏈帳本具數據公證與不可否認性，因此可以將一些資訊寫入區塊鏈做為電子公證的歷史記錄。而智能合約則是以條件式的程式碼方式呈現在區塊鏈上，首先是建立條件，例如每個月須存款到某帳戶，若連續三個月沒收到存款則觸發事件，事件可以包括執行價值移轉，例如將數位資產直接移轉給他人，或透過第三方處理實體資產。

區塊鏈是比特幣背後的技術，由於區塊鏈是基於數學演算

法的信任網路，其防偽與不可竄改性能降低對中介者的依賴，例如比特幣帳本具有分布式容錯、電子簽章、審計線索、隱私保護、高度安全、互通性與全球存取等特性，目前許多業者均已投入區塊鏈技術並籌組聯盟來推動發展，以生態系影響力來看，除了歷史最久的比特幣之外，包括專注在智能合約的以太坊、由 IBM 等業者所成立專注在商業應用的超級帳本計畫，以及大陸成立的 Chinaledger、R3 CEV 的 Corda 等都是目前值得關注的區塊鏈列強。

開啟無邊想像，區塊鏈多元應用

談到區塊鏈的應用，在金融應用方面，知名的案例包括將美元數位化的 Tether，以及透過分布式帳本進行外匯交易的 Ripple。而美國那斯達克證券交易所（Nasdaq）也利用區塊鏈技術開發 Linq 平臺，從股票發行者到投資人之間的所有活動，包括股票發行、股票交易／交割、投資人之間溝通、線上拍賣、線上簽約等都可在 Linq 平臺進行。總括來說，區塊鏈技術對金融體系造成很大衝擊，以後每個 App 都能與銀行或保險公司一樣提供相同服務。以信用卡交易為例，將來我們可自行保管、交易我們的信用，不需透過信用卡組織來管理信用代幣，只需解決風險管理問題，就可直接授權與對方進行交易。

而在非金融應用方面，知名的例子如英國 Everledger 公司用於證明鑽石的產地，從礦山一直到消費者，可追蹤每顆鑽石交易歷史並保存證書，以杜絕鑽石欺詐；區塊鏈可應用在供應鏈的追蹤，如茶葉從產地採茶製茶、分級包裝到運輸、經過銷售通路到消費者手上，每個歷程都會記錄在分布式帳本中，參

與者可查詢所有歷程，每個歷程由上個歷程進行把關認證。

此外，DTCO 團隊也與臺灣生技新藥發展協會合作全球第一個區塊鏈生技新藥產學合作平臺，這是一個基於區塊鏈帳本技術的的智慧財產交易平臺，在新藥研發階段時，只要有 Ideas 或文件就可進行電子公證（IP Notary），使用雜湊函數取得文件的指紋（Hash），再將此指紋寫入區塊鏈中，讓區塊鏈為新藥的智財進行電子數據公證。其他應用包括健康醫療、綠能發展等。而區塊鏈智能合約應用在交通運輸上，則是最能體驗共享經濟 P2P 租賃的模型。

同樣利用以太坊智能合約技術研發的 Augur、GNOSIS 等未來事件預測與交易平臺也是有趣的應用，它建立一個市場機制，有疑惑希望求助的人可來設計問卷，擁有 Token 的網民則可投票預測結果，但需要付費才能投票，一旦預測準確成真則可獲得獎勵，此一機制我稱之為智能議會，它也是一種有別於電腦運算可輔助決策的機制。最後，當未來企業經理人的工作都透過投票或區塊鏈技術自動啟動時，人類只扮演邊緣的角色——股東，而未來企業 DAO 會回報成果給股東。

從無人車、物聯網等智慧城市應用到帶入預測市場治理概念的 Augur，這是我認為區塊鏈不只是在金融科技而在社會科學領域都能發揮的原因，很有可能將來我們的市長只是一個智能合約！相對於其它新興科技，區塊鏈還在一個剛出生的時期，有許多的挑戰，但潛力與影響力卻是相當大，政府部門更應加強區塊鏈的投入，在金融科技上更開放，吸引世界各國人才與創業家，在此建構生態系統，如果他們都來申請成為臺灣電子公民，做全世界的生意，那臺灣就會越來越好。

學習領航家—— 新絲路視頻
一饗知識盛宴，偷學大師真本事

新視野
New
Horizons

新思路
New
Ideas

新知識
New
Knowledge

兩千年前，漢代中國到西方的交通大道——絲路，加速了東西方文化與經貿的交流；兩千年後，新絲路視頻 提供全球華人跨時間、跨地域的知識服務平台，讓想上進、想擴充新知的你在短短的 50 分鐘時間看到最優質、充滿知性與理性的內容（知識膠囊）。

活在資訊爆炸的 21 世紀，
你要如何分辨看到的是資訊還是垃圾謠言？
成功者又是如何在有限的時間內
從龐雜的資訊中獲取最有用的知識？

想要做個聰明的閱聽人，你必需懂得善用新媒體，不斷地學習。新絲路視頻 提供閱聽者一個更有效的吸收知識方式，快速習得大師的智慧精華，讓你殺時間時也可以很知性。

師法大師的思維，長智慧、不費力！

新絲路視頻 節目 1～系列重磅邀請台灣最有學識的出版之神——王擎天博士主講，有料會寫又能說的王博士憑著紮實學識，被朋友喻為台版「羅輯思維」，他不僅是獨具慧眼的開創者，同時也是勤學不倦，孜孜矻矻的實踐者，再忙碌，每天必定撥出時間來學習進修。在新絲路視頻中，王博士將為您深入淺出地探討古今中外歷史、社會及財經商業等議題，有別於傳統主流的思考觀點，從多種角度有系統地解讀每個議題，不只長智識，更讓你的知識升級，不再人云亦云。

每一期 新絲路視頻 1～系列的王擎天主講節目於每個月的第一個星期五在 YouTube 及台灣的視頻網站、台灣各大部落格跟土豆與騰訊、網路電台、王擎天 fb、王道增智會 fb 同時同步發布。

新絲路視頻1-1
歷史真相系列
大國崛起之
根本因素
王道增智慧 王擎天 主講

新絲路視頻1-2
歷史真相系列
明十三陵之謎
王擎天 主講

新絲路視頻1-3
歷史真相系列
明朝的那些事兒
王道增智慧 王擎天 主講

新絲路視頻1-4
歷史真相系列
萬曆十五年&
無敵的末日
王擎天 主講

新絲路視頻1-5
歷史真相系列
明亡清興
所謂的南明
王道增智慧 王擎天 主講